# Monimuotoinen traumaperäinen stressi

Jukka Packalén

# Monimuotoinen traumaperäinen stressi

## Hyvä elämä traumoista huolimatta

© 2024 Jukka Packalén
Kustantaja: BoD • Books on Demand GmbH, Helsinki, Suomi
Kirjapaino: Libri Plureos GmbH, Hampuri, Saksa
ISBN: 978-952-80-7226-3

# Sisällys

# Esipuhe

Vuonna 2018 tapahtui yksi elämäni suurimmista käänteistä. Traumaperäisen stressin loputtomalta tuntuva vuoristorata oli vienyt minua kuin pässiä narussa vuosikausia. En pystynyt toteuttamaan itseäni tai kasvamaan ihmisenä. Paremminkin taannuin henkisesti ja näin tulevaisuuden pimeänä, mutta lyhyenä. En ollut pystynyt vuosiin toteuttamaan viimeisintä työuraani musiikin parissa kuin muutamia tunteja viikossa. En kyennyt lukemaan, enkä kirjoittamaan, enkä ajattelemaan kirkkaasti. Olin täysin identifioitunut traumaperäisen stressihäiriön ja masennuksen diagnooseihin; olin peruuttamattomasti rikkinäinen ihminen.

Sitten koin henkisen heräämisen. Se ei kuitenkaan liittynyt mitenkään uskonnollisiin kokemuksiin omalla kohdallani, vaan sain henkisiä voimavarojani takaisin yllättävällä tavalla. Vaimoni oli huomannut, että minulla on huolestuttavan paljon pitkiä hengityskatkoksia öisin. Haukoin nukkuessa ilmaa kuin hukkuva. Apneaa minulla oli ollut vuosikymmenet, mutta nyt vaimon huoli oli niin suuri, että en enää voinut vältellä tutkimuksia. Tutkimukset paljastivat, että olen hengittämättä öisin valtaosan ajasta ja happisaturaatio laski yön aikana vaarallisen matalaksi. Ei ihme, että mieli oli sumea enkä kokenut itseäni levänneeksi tai virkeäksi, vaikka nukuin nukkumasta päästyäni.

Sain CPAP-laitteen, ja tämä uniapnean hoito teki minusta viikossa uuden ihmisen. Yhtäkkiä pystyin jälleen reflektoimaan, lukemaan, kirjoittamaan ja ajattelemaan asioita läpi. Tässä uudestisyntymisen tilassa tajusin elämäni suunnan, mielekkyyden ja tarkoituksen olevan kadoksissa, ja esitin kaksi perustavaa kysymystä: Kuka minä olen tänä päivänä, ja mikä on elämäni tarkoitus?

Etsin vastauksia kysymyksiini jokaisesta päähän pälkähtäneestä suunnasta. Jonkinlaisia suuntaviivoja antoivat vuosikymmeniä aiemmin suorittamani filosofian ja sosiaalipsykologian opinnot. Opiskelin evoluutiopsykologiaa, mindfulnessia ja positiivista psykologiaa, mutta niiden anti jäi kovin laihaksi. Niinpä tein sen liikkeen, jonka jokainen moderni ihminen tekee elämän suurimpien kysymysten äärellä. Kysyin Googlelta: mikä on elämän tarkoitus?

Löysin valtavasti mainintoja Viktor Franklista. En ollut kuullut hänestä koskaan. Tätä piti selvitellä enemmän. Luin kuin lukemisen nälkä olisi kasvanut vuosikausia. Sain oivalluksia, jotka tempaisivat minut henkisen kasvun tielle. Pian päätinkin ryhtyä opiskelemaan Viktor Franklin perustamaa terapiasuuntausta: logoterapiaa ja eksistenssianalyysiä.

Puolen vuoden opintojen jälkeen minulla oli pakottava tarve jakaa traumaperäisen stressin kanssa elämisestä sekä opinnoista saamani oivallukset traumatisoitumisesta kärsivien ja heidän läheistensä kanssa. Kirjoitin kolmen viikon vimmaisessa flow-tilassa kirjan *Traumasta henkiseen kasvuun – kokemustietoa traumasta, masennuksesta ja ahdistuksesta*, jonka julkaisin itse vuoden 2019 alussa. Kirjoitin kirjassa auki omaa traumamatkaani, ja artikuloin sen vähän minkä osasin trauman olemuksesta, hoidosta ja mahdollisuudesta elää hyvää elämää traumatisoitumisesta huolimatta. Viitekehyksenä käytin filosofista holistista ihmiskäsitystä, johon olin logoterapiaopintojen osana tutustunut.

Saamani palautteen perusteella vertaiseni pitivät kirjasta, koska se tarjosi kokemuksia, joihin peilata omia kokemuksia, ja se antoi pohdittavaa ihmisenä olemisesta myös laajemmin. Kirja heijasti ennen kaikkea sitä, etten enää kokenut traumatisoituneita rikkinäisiksi, vaan ihmisiksi, joilla on tarkoituksellista elämää elettävänä riippumatta menneisyyden, ja nykyisyyden, taakoista. Logofilosofian, logoterapian taustafilosofian, opit olivat menneet perille.

Logoterapiaopintojeni jatkuessa pysyin saman tematiikan parissa ja tein logoterapiaohjaajan lopputyöni otsikolla *Trauma, tajunta ja transsendenssi*. Tutkin traumaa ilmiönä psykologian sekä eksistentiaalis-fenomenologisen ja logofilosofisen ihmiskäsityksen valossa. Olin jo aiemmin tunnistanut, että traumatisoitumisella on voimakas kehollinen aspekti, mutta rajasin tämän näkökulman tilasyistä lopputyöstä pois.

Kantava ajatus lopputyössä oli sama kuin aiemmin kirjoittamassani kirjassa: traumatisoituminen on vaikea, välillä halvaannuttavakin elämän haaste, mutta elämä on siitä huolimatta aina tarkoituksellista ja jokaisella ihmisellä on elämän suuressa palapelissä juuri hänelle sopiva kolo.

Logoterapiaopintojen jatkuessa kiinnostuin myös traumaattisen stressin syvemmästä olemuksesta ja sen kehollisesta aspektista, joten aloin opiskella ammattilaisille tarkoitettuja kursseja asian tiimoilta. Kursseja on sittemmin vuosien varrella kertynyt parikymmentä ja tutuiksi ovat tulleet lukuisat eri tavat ymmärtää traumatisoitumista ylipäätään. Näin syventyi myös näkemykseni kehon merkityksestä traumatisoitumisen kokonaisuudessa. Niinpä hakeuduin keholliseen hoitoon, psykofyysiseen fysioterapiaan, oltuani vuosikymmenen pelkästään keskusteluterapian asiakas. Kehollinen oleminen on ajan oloon muuttunut vihollisesta ystäväksi.

Olen dokumentoinut opinnoista saamiani oivalluksia blogiini osoitteessa **Traumainfo.fi**, jonka kirjoituksista olen saanut vertaisilta ja ammattilaisilta ilahduttavaa palautetta, mistä olen nöyrästi kiitollinen.

Samalla olen jatkanut filosofian opiskelua ja syventänyt näkemystäni filosofisesta ihmistutkimuksesta. Tätä epämuodollista tutkimustyötäni ovat hidastaneet pandemia ja muutenkin kaoottisessa käymistilassa olevan maailman ja yhteiskuntajärjestyksen vaikutukset stressiherkkään kirjoittajaan. Jokaisesta vuodesta on kulunut valtaosa vaikeiden stressireaktioiden kanssa pärjätessä, ilman kapasiteettia elää syvästi tarkoituksellista elämää. Mutta olen myös saanut elää itselleni tärkeiden arvojen mukaisesti aina vaikeimman traumaoireilun väistyttyä.

Edellisen traumakirjani kirjoittamisesta on nyt kulunut kuusi vuotta, ja olen oppinut myös viime vuosien takapakeista. Vuoristorata on hetkeksi pysähtynyt, ja niinpä pitkän suhteellisen tasaisen kauden ansiosta on aika kypsä uuden kirjan kirjoittamiselle. Tietoni aihepiiristä on kasvanut eksponentiaalisesti, mutta kirjan perusjuoni on sama kuin aiemmin. Aloitan jälleen kokemustiedosta. Sen jälkeen avaan traumaperäisen stressin ilmiötä mm. diagnoosien ja psykoneurobiologian valossa.

Kirjan kolmas osa opastaa lukijaa elämään mahdollisimman tasaista, tasapainoista ja tarkoitukselliselta tuntuvaa elämää toksisesta ja traumaattisesta stressistä huolimatta. Kirjan lopuksi painopiste on harjoituksissa, jotka jaan kolmeen kategoriaan: itsen vakauttaminen, itsemyötätunto ja intentionaalinen elämä, eli tarkoituksentäyteisen elämän tavoittelu. Viitekehyksenä kokonaisuuden ymmärtämiseksi on edelleen filosofinen holistinen ihmiskäsitys.

Ymmärrys siitä, että ihminen sovittaa ja hallitsee traumoja itsessään voidakseen elää aidosti tarkoituksellista, arvojen mukaista elämää, kasvoi minussa Viktor Franklin logofilosofiseen ajatteluun tutustumisen ansiosta, ja se on minulla johtotähtenä jokapäiväisessä elämässä. Siksi se on myös tämän kirjan konseptuaalinen perusta.

# Johdanto

Tämän kirjan aiheena on monimuotoinen traumaperäinen stressi. Käytän traumaperäisestä stressistä rinnakkain käsitteitä traumaattinen stressi, traumatisoituminen, tai vain trauma. **Monimuotoinen traumaperäinen stressi on ilmiö stressin jatkumolla. Se on yksilön sietokyvyn ylittävä, vuosia jatkunut stressi, joka on pysyvästi muuttanut hermoston toimintaa. Hermostolliset muutokset aiheuttavat lukemattomia heijastusvaikutuksia terveydentilaan, tunnekokemuksiin, käyttäytymiseen ja ajatteluun. Monimuotoinen traumatisoituminen muuttaa perustavasti sitä, miten ymmärrämme itseämme ja muita, ja miten maailmassa toimimme.**

Monimuotoisesta stressistä puhutaan monilla muillakin käsitteillä. Samasta ilmiöstä käytetään käsitteitä "kompleksinen traumaperäinen stressi" ja "kehityksellinen traumatisoituminen". "Kompleksinen trauma" käsitteenä korostaa trauman vaikutuksia kaikkiin ihmisen olemuspuoliin: traumatisoitumisesta seuraa konkreettisia terveysongelmia, minkä lisäksi trauma vaikuttaa myös siihen, miten reaktiivisia ja defensiivisiä olemme. Edelleen trauma kompleksisuudessaan vaikuttaa toiminnanohjaukseemme sekä mahdollisuuteemme käyttää henkisiä voimavarojamme ja nähdä elämässä tarkoituksia ja kasvumahdollisuuksia. "Kehityksellinen trauma" käsitteenä korostaa ilmiön alkuperää hermoston kehityksen kannalta tärkeissä varhaislapsuuden ja teini-iän kiintymyssuhteissa.

Kansainvälisessä tautiluokitusjärjestelmässä (ICD-11) tätä ilmiötä kutsutaan kompleksiseksi traumaperäiseksi stressihäiriöksi (engl. *Complex Posttraumatic Stress Disorder*, CPTSD). Patologisoivaa tauti- tai häiriöajattelua ja mielenterveysdiagnooseja kritisoidaan nykyään yhä painokkaammin, ja perustellusti, kuten myöhemmin tarkennan. Asetun itsekin kriittiselle kannalle: traumaattinen stressi on joukko luonnollisia ja ennustettavia kehon muutoksia, jotka syntyvät pitkään jatkuneen, sietokyvyn ylittävän stressin seurauksena. Näillä muutoksilla on heijastusvaikutuksia koko ihmisen eksistenssiin. Häiriöstä ei siis ole kysymys, vaan luonnollisesta ilmiöstä. Siksi käytän "stressihäiriön" käsitettä ainoastaan viitatessani tautiluokituksiin.

Usein käytetään myös käsitteitä "emotionaalinen" tai "psyykkinen" trauma, kun puhutaan traumatisoitumisesta. Tällä on pitkät juuret, koska traumaymmärrys on syntynyt alun perin psykiatrien ja psykologien työn tuloksena. Tällaisen puheen etuna on se, että traumatisoitumiseen voidaan viitata erotettuna niistä fyysisistä vammoista, eli traumoista, joista puhuu traumatologia, joka on lääketieteen ala, joka käsittelee tapaturmien seurauksena syntyneiden fyysisten vammojen tutkimusta ja hoitoa kirurgisesta näkökulmasta.

Itse ajattelen kuitenkin, että traumatisoituminen on vahvasti kehollinen ongelma, eli autonomisen hermoston uudelleenkalibroituminen ja lihasmuistin mekanismeja. Pidän siksi emotionaalisen tai psyykkisen trauman käsitteitä ongelmallisina, vaikkakin ymmärrettävinä.

Tämän kirjan ensisijainen kohderyhmä ovat monimuotoisen trauman kanssa elävät vertaiseni. Toivon, että he löytävät tästä kirjasta tapoja ymmärtää itseään uudestaan myötätuntoisella ja häpeää lievittävällä tavalla. Kirjan loppuosan harjoitukset on omistettu erityisesti heille, niiden opastaessa itsen vakauttamisen taitoihin, itsemyötätunnon kehittämiseen ja henkisten voimavarojen käyttöön. Nämä samat asiat ovat arvokkaita myös traumatisoituneiden läheisille.

Jos vertaiseni kokee kirjani tieto-osuuden ja tekstin juoksutuksen seuraamisen kuormittavaksi, voi olla hyvä siirtyä suoraan luvun 10 harjoituksiin, ja palata muuhun tekstiin, kun aika on sille kypsä.

Trauma-ammattilaiset hyötyvät kirjastani peilaamalla omia ajattelu- ja toimintatapojaan suhteessa ihmisen hoivaamisen filosofisiin kysymyksiin ja siihen, mitä pidetään tuoreimpana ymmärryksenä traumatisoitumisesta ja sen hoitamisesta. Toivon kirjan kirvoittavan kriittistä keskustelua siitä, mikä on hyvää traumahoivaa.

Koska traumatisoituminen on ilmiö stressin jatkumolla, tästä kirjasta hyötyvät myös kaikki liian pitkään toksista stressiä kokeneet sekä he, jotka työskentelevät ja elävät vaikeasti stressioireilevien ihmisten kanssa. Uskon että tämän kirjan opeilla olisi annettavaa kiihkeän paineiseen työelämäänkin, vaikka työyhteisöjen ongelmia ei osattaisi nähdä toksisen stressin heijastumina.

## Kirjan rakenne

Kirjan aluksi kuvaan kokemuksiani monimuotoisen traumaperäisen stressin kanssa elämäni eri vaiheissa. En ryve traumamuistoissa, koska sillä on potentiaalia uudelleentraumatisoida minun itseni lisäksi myös lukijoita. Kuvaan yksinkertaisesti sitä, millaisia vaikutuksia traumaattisella stressillä on elämääni ollut. Se, etten häpeä mitä minussa on liiallisen stressin seurauksena, tarjoaa toivottavasti tartuntapintaa sille, miten tämä ilmiö nähdään keskuudessamme jokapäiväisessä elämässä. Kysymyksessä ei suinkaan ole hullujen hulluttelu, vaikka traumatisoituneet esiintyvät esimerkiksi populäärikulttuurissa suorastaan vaarallisina mielipuolina – usein sarjamurhaajina.

Kirjoitan seuraavaksi auki sen filosofisen ihmiskäsityksen, johon koko kirja nojaa. Sen kulmakiviä ovat eksistentiaalis-fenomenologinen holistinen ihmiskäsitys – jota työsti vuosikymmenten elämäntyönä Lauri Rauhala – sekä siihen niveltyvä Viktor Franklin ihmiskäsitys ja logofilosofia. Tämän luvun ajattelen olevan erityisen tärkeä niille, jotka työskentelevät ihmisten tutkimus- tai auttamistyössä, koska heille oman toiminnan filosofisen perustan reflektointi on välttämätöntä. Ihmiskäsityksemme heijastuu väistämättä toiminnassamme, osasimme sitten eksplikoida sen tai emme. Vakaumukseni on, että ihminen on ymmärrettävä holistisena kokonaisuutena, jotta hän tulee kokonaan ja oikein nähdyksi ja ymmärretyksi sekä aidosti ja adekvaatisti autetuksi. Tämä luku on keskeinen siksikin, että siinä määritellään kirjan perustavan filosofisen viitekehyksen lisäksi käsitteitä, joihin viittaan läpi kirjan.

Tämän jälkeen kuvaan traumaymmärryksen historiaa lyhyesti, 1800-luvun lopulta nykypäivään. Luku on yleissivistävä ja antaa mahdollisuuden reflektoida myös sitä, kantaako lukija mukanaan jo kauan sitten vanhentuneita käsityksiä traumoista ja niiden hoidosta.

Sen jälkeen kuvaan traumaperäistä stressiä diagnoosien ja oireiden valossa. Keskustelen samalla mm. diagnoosiajattelun ongelmallisuudesta ja medikalisaatiosta. Tämä keskustelu on keskeistä kaikille sote-alalla ja terapeuttina työskenteleville.

Tämän jälkeen on aika kuvata tarkemmin traumatisoituminen ilmiönä. Avainsanoja tarkastelussa ovat stressin jatkumo, erilaiset traumatyypit, lapsuudenaikaiset haitalliset kokemukset, traumaattinen muistaminen ja polyvagaalinen teoria, joka on erityisen arvokas näkökulma traumojen ymmärtämiseen.

Tässä luvussa esitetyn tiedon valossa toivon ihmisten ymmärtävän, miten trauma on luonnollinen ilmiö, ja kaikki siihen liittyvät vaikeatkin käyttäytymistendenssit ovat biologisesti mielekkäitä. Kenenkään ei siten ole syytä tuntea itseään huonoksi ihmiseksi siitä, että ihminen organismina toimii kuten sen on tarkoitettu toimivan.

Häpeän sijaan voi viljellä myötätuntoa ja löytää tuosta samasta organismista mekanismeja ja voimavaroja, joilla arkea, toimintakykyä ja ihmissuhteita häiritsevää oireilua voi hallita. Traumamekanismien ymmärtäminen lisää myötätuntoa niin itseä kuin muitakin kohtaan, koska kukaan ei ole traumoista täysin vapaa. Samalla vastaan kysymykseen siitä, miten traumojen vaikutuksia lievennetään ja voidaan jopa eliminoida.

Seuraavaksi käsittelen ihmismielen moninaisuutta ja eheyttävän sisäisen puheen kehittämistä. Tämän luvun ajattelu tulee sisäisen perheen systeemiterapiasta (*Internal Family Systems*, IFS). IFS:n ajatusrakennelma tarjoaa inspiraation ymmärtää itseä uudella ja syvemmällä tavalla ja nähdä mielen moninaisuus luonnollisena asiana, eikä häiriötilana. IFS auttaa myös suhtautumaan myötätunnolla omiin reaktiivisiin käyttäytymismalleihin.

Tämän jälkeen käyn keskustelua siitä, mikä on hyvää traumahoivaa. Näiden kysymysten pitäisi koskettaa kaikkia traumatisoituneiden kanssa työskenteleviä, ja antaa asiakkaille osviittaa terapeuttien työotteen adekvaattisuuden arvioimiseksi. Laajennan tämän jälkeen keskustelua siihen, mitä traumainformoitu toiminta terveydenhuollossa ja arjessa tarkoittaa.

Seuraava kirjan harjoitusosa on omistettu kaikille, jotka painivat vaikeiden (traumaattisten) stressioireiden kanssa. Se koostuu harjoituksista, jotka olen luokitellut kolmeen ryhmään.

Itsen vakauttamisen harjoitukset tähtäävät stressireaktioiden hallintaan. Näitä harjoituksia innoittavat mm. polyvagaalinen teoria sekä monimuotoisen trauman kanssa erityisen merkittävää työtä tehneen Eric Gentryn *Forward-Facing*-nimellä kulkeva ajattelutapa.

Toinen osa harjoituksia on tarkoitettu itsetuntemuksen ja erityisesti itsemyötätunnon lisäämiseen. Harjoitukset perustuvat sisäisen perheen systeemiterapian ajatteluun.

Kolmas harjoitusten ryhmä pyörii intentionaalisen elämän ympärillä. Nämä logofilosofian inspiroimat harjoitukset johdattelevat lukijaa löytämään tarkoitusta elämässään kaikissa tilanteissa ja elämään arvokasta, arvojen mukaista elämää. Logofilosofian käsite intentionaaliselle elämälle on itsen transsendenssi, ja se tarkoittaa ihmisen synnynnäistä tahtoa tehdä hyvää, sekä kykyä ja tahtoa kurottautua itsekeskeisyydestä kohti arvokkaita, tarkoituksellisia asioita ja kohtaamisia elämässä. Elämällä intentionaalisesti ihmisestä tulee kokonainen ihminen ja inhimillinen sanan varsinaisessa mielessä.

# Kirjan kieli

Lukijalle on varmasti jo tästä johdannosta käynyt ilmi, että kirjassa esiintyy viljalti erikoissanastoa, joka kumpuaa milloin filosofiasta ja milloin psykoneurobiologiasta. Pyrin olemaan uskollinen käsitteille, joita käytetään kussakin tässä kirjassa esiintyvässä teoriassa tai ajattelutavassa, ja määrittelen ne sopivassa kontekstissaan. Pahoittelen jo etukäteen munkkilatinan määrää ja puolustaudun sillä, että se on pyrkimystä tarkkuuteen ja alkuperäisten ajattelijoiden kielenkäytön kunnioitukseen.

Olen myös luennoijana saanut useammin kuin kerran sellaista palautetta, että minussa yhdistyy katu-uskottavuus, ellei suorastaan katujätkä, ja akateemikko. En ole kumpaakaan, mutta syleilen tätä ajatusta ja otan täyden vastuun eklektisestä tavastani ajatella ja ilmaista itseäni. Traumamatkan isoin anti voi olla se, että joutuu tarkastelemaan itseään rehellisesti ja valitsemaan kuka haluaa olla, traumatisoitumisesta huolimatta. Valinnan vastinpari on aina luovuttamaton vastuu: seison sanojeni ja sanavalintojeni takana.

Kannan siten täyden vastuun myös tekemistäni tulkinnoista. Erityisesti filosofisesta keskustelusta on usein löydettävissä kokonainen tulkintojen kirjo, ja totuutta lähestytään keskustelemalla tulkinnoista. Tulkitsijan tehtävä on ottaa vastuu tulkinnoistaan, eksplikoimalla ne parhaan kykynsä mukaan.

Toivon, että lukija antautuu avoimeen ja ennakkoluulottomaan dialogiin tekstini kanssa, kuten kirjoittajana olen tehnyt kirjassa esitettyjen teorioiden ja näkemysten kanssa. Kun kirjoittajan teksti ja lukijan subjektiivinen maailmankuva törmäävät, on maailmankuvan mahdollista laajentua ja integroida uusia, suotuisia merkitysyhteyksiä, jotka vaikuttavat siihen, miten tahtoo maailmassa toimia.

# Kiitokset

Haluan kiittää terapeuttiani Annaa turvallisesta tilasta, jossa purkaa traumoja ja olla läsnä sen kanssa, mikä huomiota kulloinkin tarvitsee.

Kirjan tekemisen on mahdollistanut rakkaan puolisoni Virpi Blomin editointityö ja sparrausapu kaikissa kirjan tekemiseen liittyvissä kysymyksissä.

Haluan osoittaa syvän kiitollisuuteni myös vertaiselleni ja ystävälleni, suomen kielen professori Taru Nordlundille, joka on toiminut tekstin ensilukijana ja joka on kannustanut minua kirjan tekemisessä. Käymämme keskustelut vuosien varrella tämän kirjan aihepiirien äärellä ovat rikastaneet maailmankuvaani ja syventäneet käsitystäni ihmisenä olemisesta.

Olen kiitollinen myös siitä, että olen netin välityksellä saanut opiskella suorassa yhteydessä traumaymmärryksen johtohahmoihin, kuten Stephen Porgesiin, Arielle Schwartziin, Elizabeth A. Stanleyyn ja Eric Gentryyn.

Jukka Packalén
Traumaselviytyjä
Accredited Member of the International Association of Logotherapy and Existential Analysis
Certified Trauma Support Specialist, Trauma Institute International
Certified Post Traumatic Growth Specialist, Forward-Facing Institute

# 1. Eräs monimuotoisen trauman kokemus

Kun pyritään ymmärtämään ihmisen traumaattisia kokemuksia, kaksi kysymystä muodostaa perusorientaation ongelmaan: mitä ihmiselle tapahtui ja mitä ihmisessä tapahtuu sen seurauksena. Ensimmäisestä kysymyksestä on tärkeä ymmärtää, että vastaukset siihen ovat täysin yksilöllisiä. Mitään sääntöjä sille, minkä kaltainen olosuhde vaikeasti ylittää kunkin stressinsietokynnyksen ja on siten traumaattista, ei yksinkertaisesti ole, vaikka esim. posttraumaattisen stressihäiriön diagnoosin valossa voisi asian laidan tulkita toisin (ks. luku 4.1).

Toisilta kuitenkin valuu rankkakin kokemus tai elämäntilanne kuin vesi hanhen selästä, kun toiselle se jää kummittelemaan lopuksi elämää. Tämä johtuu siitä, että kunkin ihmisen olemisen kokonaisuus kehkeytyy elämän mittaan aina täysin ainutlaatuiseksi ja joka hetki uusiutuvaksi (ks. luku 2.1).

Jokainen ihminen on absoluuttisesti yksilö ja samalla jatkuvassa uudeksi ihmiseksi tulemisen tilassa. Ihminen on aina tässä hetkessä jo toinen kuin oli hetki sitten. Kun lukija on lukenut edelliset lauseet, hän on eri henkilö kuin ennen lauseiden lukemista. Samalla hän on jatkuvasti toisin, ja kokee asiat toisin.

Näin on siitä huolimatta, että meillä on myös olemisen tapoja, joissa ikään kuin elämme menneisyyttä yhä uudestaan, erityisesti implisiittisen muistamisen ja autonomisen hermoston mekanismeissa (ks. luku 7), ja siitä huolimatta, että useimmilla on ymmärrys omasta minuudesta varsin staattisena oliona.

Kokonaisuus, joka kokee ja ymmärtää asioita, on silti aina uusi. Jos näin ei olisi, ei muutoskaan olisi mahdollinen. Reagoisimme maailmaan pelkästään ennustettavilla ja toistuvilla tavoilla. Vaikka tällaisia pandeterministisiä (ks. luku 2.2) fantasioita on olemassa, ei niitä tästä kirjasta löydy, koska niitä on äärimmäisen vaikea perustella muuten kuin redusoimalla ihminen joksikin muuksi kuin mitä hän on, kutistamalla ihminen karikatyyriksi.

Ihmisen jatkuvasti uusiutuvan olemassaolon prosessissa traumaattiset muistotkin ovat jatkuvasti pakostakin uudesti ymmärrettyjä. Myöhemmin (luvussa 6.2) selviää, miten tässä piilee myös traumaattisten muistojen korjaamisen ja eheytymisen mahdollisuus ymmärtämällä ne uudestaan.

Traumaattisiin muistoihin liittyy myös dilemma: hallitsematon palaaminen niihin sisältää uudelleentraumatisoitumisen potentiaalin. Kun traumalaukaisijoita voi saada myös toisten traumakokemusten lukemisesta, olisi ajattelematonta kirjoittaa yksityiskohtaisesti auki sitä, mitä itselleni sietämätöntä olen kokenut esimerkiksi kotona, koulussa, armeijassa, ihmissuhteissa tai työelämässä.

En voi palata ymmärtämään asioita niin kuin koin ne tapahtumahetkellä, koska olen jo kaikin puolin aivan eri ihminen. Siksi en niinkään keskity siihen, mitä minulle tapahtui, vaan alussa esittämäni kysymysparin jälkimmäiseen osaan: mitä minussa on tapahtunut ja tapahtuu sen seurauksena.

# 1.1. Oman traumakokemukseni historiaa

Minulle elämäni tarinan rekonstruointi on ollut haastava työ. Terapiassa tähän onkin käytetty vuosia. Näin on siksi, että narratiivista muistoa elämän kulusta ei synny traumatisoituneella samalla tavoin kuin suhteellisen vähän stressiä kokeneella (traumaattisesta muistamisesta ks. luku 6.1).

Lähtötilanteeni terapiassa oli se, että lapsuuteni sekä merkittävä osa aikuisuudestani paljastuivat minulle alussa vain fragmentteina, kokoelmana katkonaisia episodimuistoja. Koin eläneeni vuosikausia vain epäselvässä sumussa tai usvassa. Tiesin, että lapsuuteni oli raskas, mutta sen enempää en oikein osannut siitä kertoa – en muuta kuin yksinkertaisia faktoja perheen köyhyydestä, riitaisuudesta, ja isän alkoholismista ja väkivaltaisuudesta.

Enempää en olisi alkuun edes pystynyt palaamaan lapsuuden muistoihin joutumatta kaoottisten traumaoireiden vietäväksi. Traumamuistojen kanssa työskentely voi olla hidasta ja vaatii aina turvallisen tilan. Oman tarinani rekonstruktiossa on ollut arvokasta ja hyödyllistä kuunnella myös lapsuudenkavereiden kadehdittavan yksityiskohtaisia kertomuksia yhdessä kokemistamme tapahtumista.

Terapiatyön ansiosta ymmärrän nyt, että olen kokenut pitkään jatkuneen stressin vaikutuksia siitä lähtien kuin mihin muistini yltää. Erityisesti olen koko ikäni kärsinyt kivuista, joille ei löydy objektiivista selitystä esimerkiksi kehollisesta tapahtumisesta. Toinen, koko elämän mittainen matkatoveri ovat olleet lähes jokaöiset rajut painajaiset.

Koen myös usein sietämättömäksi sellaisen kivun, jota muut sietävät ilmeisen helposti. Viime aikoina olen alkanut jäsentää tätä puolta kokemuksistani aistiyliherkkyyden käsitteen kautta. Pieni kolotus, voimakas tuoksu, visuaalinen tai auditiivinen kokemus, joita joku muu ei ehkä edes huomaisi (tai joita hän osittain saattaisi jopa pitää miellyttävinä), kuormittavat minua kohtuuttomasti. Tästä on seurannut se, että olen varhaisteinistä asti sulkenut aisteja pois mahdollisimman paljon.

Aloin elää pääni sisällä, kuuntelematta kehoa, jo varhaisteininä. Ymmärrän nyt, että dissosioin paljon, elin päiväunelmissa (yleensä muusikkona tai jonkun tytön rakastamana) ja rajoitin aistejani keskittymällä musiikkiin ja kirjoihin. Parasta oli soittaa levyjen mukana tai kuunnella niitä kuulokkeilla silmät kiinni. Näin pääsin pakoon köyhän monilapsisen perheeni jatkuvaa älämölöä ja riitelyä. Vielä tänäkin päivänä minua kuormittaa ihmisten ilmoilla olemisen hälinä, hölinä, meteli ja auringon kirkkaus tai sateen tuntu iholla. Niinpä matkaan kaikkialle kuulokkeet päässä, itsestään tummenevat silmälasit silmillä ja lippalakki päässä.

Ns. erityisherkkiä ihmisiä kuvataan helposti kuormittuviksi, liikaa kokeviksi, mutta elämän ilmiöitä syvästi ymmärtäviksi henkilöiksi. Tästä näkökulmasta erityisherkkyyttä pidetään synnynnäisenä ominaisuutena eikä traumaattisten kokemusten seurauksena, ja tälle katsotaan löytyvän myös tutkimusnäyttöä.[1]

Itseäni lapsuuden perhe moitti toistuvasti "liian herkäksi", ja moittii toisinaan vieläkin. Itse näen itseni täynnä myötätuntoa herkkänä, ja jos herkkyys todellakin on synnynnäistä hermoston herkistymistä, on se todennäköisesti yksi selitys sille, miksi monet viattomatkin tapahtumat ovat voineet ylikuormittaa ja traumatisoida minua. Minun kokemuksessani herkkyys ja traumatisoituminen kietoutuvat yhdeksi kokonaisuudeksi.

Oman pääni sisällä elämisestä on seurannut asteittain kasvanut vieraantuminen omasta kehosta ja sen tarpeista. Olen kokenut kehoni lähinnä kivun lähteenä, enkä ole kuunnellut nälkää tai levon tarvetta tai tarvetta liikkua. Kuuteentoista ikävuoteen mennessä minusta oli tullut langanlaiha, musiikista ja rakkausfantasioista elämisen energian saava, liikkumista täysin vieroksuva pitkätukkainen kloppi.

Erityisen vastenmielistä minulle oli koulun joukkueurheilu, jossa minialfaurokset harjoittelivat testosteronin aggressiivista tursuttamista. Sain hämmentyneen urheilulääkärin uskomaan, että polvissani on mystinen kipuoireyhtymä, jonka varjolla sain vapautuksen liikunnasta. Polveni kylläkin kipuilivat kovasti, mutta tulkitsen nyt kivun traumaperäiseksi. Trauma esiintyy usein kipuina tavalla, joka metaforisoi stressiä ja ahdistusta ja kehoon kohdistuneita hyökkäyksiä.[2]

Kivuista ja liikunnan vieroksumisesta seurasi se, etten saanut kokea myöskään liikunnan ja levon vuorottelusta seuraavaa palautumista ja stressin purkautumista. Jatkuvasta stressihormonien läsnäolosta kieli korkea verenpaineeni, jolle ei löytynyt koulun terveydenhoitajan vastaanotolla mitään tyydyttävää selitystä.

---

[1] Ks. HSP Suomi 2024.
[2] Vrt. Broom 2018.

Aikuistuminen ei tuonut helpotusta stressioireisiini, päinvastoin. Armeija nujersi minut tavoilla, jotka synnyttivät mielessäni ensi kertaa konkreettisia itsetuhoisia ajatuksia. Armeijan jälkeen työskentelin hoitoapulaisena vanhusten sairaalan kuormittavissa olosuhteissa. Opintoihin päädyin lopulta kiinnostuksesta abstraktia ajattelua ja ihmisen auttamista kohtaan, ja aloin opiskella filosofiaa ja sosiaalipsykologiaa. Haalin itselleni sivuaineita tietojenkäsittelystä sosiaalilääketieteeseen.

Vaikka opinnot tuntuivat aluksi sujuvan kuin itsestään hyvällä menestyksellä, minulla oli lapsuuden olosuhteiden toisintona vaikea toimia tavoitteellisesti, fokusoidusti ja suunnitelmallisesti. Huomioni sai se, mistä käsin minua kulloinkin eniten liehiteltiin. Olin ensimmäisessä stressaavassa pitkäaikaisessa parisuhteessani oppinut dissosioimaan tietokoneen avulla: uppouduin tietokoneiden ja verkkojen maailmaan unohtaen kaiken mitä ympärilläni tapahtuu tai mikä minulta vaatisi pitkäjänteistä huomiota. Tämän seurauksena minusta tuli näppärä tietokoneiden käyttäjä. Kuulin yliopiston kutsun vahvistaa instituution tietoteknistä osaamista ja eksyin asteittain irti opiskeluista IT- ja nettialalle 20 vuodeksi.

Nykyään ymmärretään hyvin, miten stressaavaa tietotyö itsessään on. Pelkkä älylaitteen käyttäminen synnyttää ylivireyttä (ks. luku 7.2) ja stressioireita. Tunnettu ilmiö on esimerkiksi ruutuapnea (engl. *screen / keyboard apnea*) eli älylaitteen käytön aikaiset hengityskatkokset. Kun saat viestin, johon tuntuu pakottavalta vastata, tutki hengitystäsi. Huomaat, että saatat jättää hengittämättä pitkiäkin aikoja. Hengityksen häiriintyminen on klassinen stressioire.

Stressioireiden kertymisestä seuraa pyrkimys löytää tapoja niiden helpottamiseksi. IT-alalla yksi keskeinen stressioireiden lievityksen tapa oli – ainakin niissä piireissä, joissa minä liikuin – avokätinen viinan kanssa läträäminen. Alkoholi todellakin rentouttaa väliaikaisesti, mutta juopottelun dilemma on se, että krapula ja myöhemmin ilmenevät vieroitusoireet ovat itsessään puhdasta stressiä. Pitkään jatkuessaan liiallinen alkoholinkäyttö onkin jo itsessään merkittävä stressin aiheuttaja.

Alkoholin lisäksi löysin ahmimisen tavaksi lievittää stressiä, ja muutuin lyhyessä ajassa langanlaihasta vaarallisen ylipainoiseksi. Vuosien saatossa lihottavat psyykelääkkeet ovat tuoneet ongelmaan kokonaan uuden vaihteen. Tällaisten mekanismien yhteisvaikutuksesta syntyy lopulta metabolinen oireyhtymä.

Geneettiset mekanismit tuottavat epäilemättä oman osansa stressiin liittyvistä kehollisista muutoksista, mutta myös lapsuuden aikaiset haitalliset kokemukset ja niiden aiheuttama jatkuva stressihormonien virtaus sekä autonomisen hermoston krooninen epätasapaino vaikuttavat suoraan aineenvaihduntaan ja immuunijärjestelmään. Lopulta elimellisiä ongelmia kasaavat myös pyrkimykset lievittää stressiä dysfunktionaalisilla tavoilla, eli ns. elämäntapavalinnat.[3]

Jo tässä kohtaa on hyvä huomata, että yksittäinen inhimillinen ja fyysisesti manifestoituva ilmiö, kuten vaikkapa metabolinen oireyhtymä, on johdettavissa monista erilaatuista tekijöistä, kuten kohtalonomaisista tekijöistä (esim. geenit), fysiologisista prosesseista ja ihmisen omista valinnoista. Tämä heijastaa sitä, miten ihminen on holistinen kokonaisuus, mikä on seuraavan pääluvun aihe.

Omakohtaisesti tutuksi vuosien varrella on myös tullut vireystilan aaltoilu. Kehon ja tajunnan tilat ovat tuntuneet aaltoilevan mielivaltaisesti toisaalta ylivireisen stressaantuneen, aggressiivisen ja pakonomaisen toimimisen, ja toisaalta alivireisen masentuneen, lamaantuneen ja elämästä ja kontakteista vetäytyvän olemisen välillä. Aaltoilu on hämmentävimmillään jokapäiväistä. Kokemus on traumatisoituneiden parissa yleinen. Tällainen näkymättömien voimien armoilla oleminen syö uskoa omaan itseohjautuvuuteen, kun kokee elämän olevan itsen hallitsemattomissa. Tämä syö väistämättä myös uskoa maailmaan ja muihin ihmisiin, koska mikään ei tunnu olevan ennakoitavissa.

Kun koko elämä tuntuu aiheuttavan oirehdintaa ilman yksiselitteisesti tunnistettavaa syytä, omaa elämää alkaa vaistonvaraisesti kaventaa toivoen, että

---

[3] Vrt. esim. PACEs Connection 2024, Rosenberg 2017, Morey ym. 2015 ja Seematter ym. 2005.

oireet helpottaisivat. Välttelykäyttäytyminen on sekin hyvin yleistä. Itse olen rajoittanut milloin ihmiskontakteja, milloin aistit ylikuormittavaa kaupungilla liikkumista tai olen rajoittanut työvelvoitteita tai asiointia viranomaisten kanssa, tai vaikkapa rahan kanssa tekemisissä olemista.

Ymmärtäessäni nyt hyvin omaa traumahistoriaani, nämä kaikki rajaukset ovat olleet johdonmukaisia tapoja yrittää välttää traumamuistoista suoraan muistuttavia tekijöitä. Jos esim. on lapsena tullut mielivaltaisesti mitätöidyksi, on Kelalle lähetetyn hakemuksen hylkäyspäätöksen vastaanottaminen suora muistutus traumoista. Traumamuistamisen sisäisestä logiikasta huolimatta välttelykäyttäytyminen ei kuitenkaan ole kovin suotuisa strategia elämässä, jossa kaikkia stressaavia tekijöitä on mahdotonta välttää, ellei sitten aio elää erakkona erämökissä yhteiskunnan ulkopuolella.

Ihmisellä on sisäsyntyinen tarve olla yhteydessä muihin ihmisiin. Ihmislapsi syntyy maailmaan täysin avuttomana ja riippuvaisena huolenpidosta.[4] Emme gasellin lailla tupsahda maahan, nouse jaloillemme ja opi nopeasti välttelemään petoja ja hankkiutumaan ravinnon äärelle. Se suoja, hoiva, ravinto, kosketus ja kaikki muu, minkä saamme varhaisissa kiintymyssuhteissa ensimmäisten elinvuosiemme ajan, on suotuisalle kehitykselle ja suoranaiselle hengissä selviämiselle välttämätöntä. Hermoston tasolla tämä biologinen imperatiivi olla yhteydessä muihin (ks. luku 7) näkyy niin, että synkronoimme stressitilaamme automaattisesti muiden ihmisten kanssa. Jos olen rauhallisessa seurassa, olen rauhallinen. Jos olen stressaantuneessa seurassa, olen itsekin stressaantunut. Lapsuudenkodissani olin alituiseen stressaantuneiden ihmisten seurassa.

Tästä neurologisesta mekanismista seuraa yksi suurimmista traumatisoitumisen dilemmoista: haemme ja janoamme läheisiä ihmiskontakteja, mutta olemme heille stressaavaa seuraa vireystilojen aaltoilusta johtuvassa ailahtelevaisuudessamme. Kun muut stressaantuvat meistä ja me heistä vielä lisää, syntyy kivuliaita noidankehiä, jotka ajavat ihmissuhteita kriiseihin, joista kaikki suhteet eivät palaudu.

---

[4] Ks. esim. Feldman Barrett 2021, 47-61.

Kun tähän yhdistää sen, että kehityksellisen trauman kanssa eläville ei ole syntynyt lapsuudessa kokemuksia siitä, miten ihmiskontaktissa tapahtuvia katkoksia korjataan, voi sosiaalinen elämä tuntua lohduttoman vaikealta. Sosiaalinen media on tässä suhteessa erityisen toksinen. Kun ihmiset ovat lähtökohtaisesti stressaantuneita sosiaalisen median pyörteissä, reaktiivisuuden noidankehiä syntyy erityisen helposti verkon näennäisen anonyymiyden ja kehon kielen puuttumisen siivittäminä.

Traumatisoituminen ei vaikuta ainoastaan ihmissuhteisiin, vaan myös siihen, miten kohtelemme itseämme sisäisessä puheessamme. Olen itse viljellyt armotonta itsekriittisyyttä, häpeää ja suoranaista itsevihaa. Sisäinen puhe voi joko laukaista tai lieventää traumareaktioita. Voimme siis omalla asenteellamme itseämme kohtaan kumuloida traumoja traumojen päälle ruoskimalla itseämme traumareaktioistamme, tai voimme tulla tietoiseksi sisäisen puheen merkityksestä ja muuttaa sitä suotuisammaksi (ks. luku 8.1).

Sinnittelin tämän kaltaisista kokemuksista ja oireista huolimatta jatkuvasti sietokykyni ylittävän stressaavassa työelämässä, kunnes isäni kuoli alkuvuonna 2008. Hänen kuolemansa nosti vaietun menneisyyden kehoni viestien kautta olemiseni keskiöön: heti hänen kuolemansa jälkeen aloin oireilla sietämättömän voimakkaasti kivuilla. Sain päivittäin useita paniikkikohtauksia, jotka manifestoituivat koko torson alueella tuntuvana puristavana kipuna, joka pakotti minut toimistoni suljettujen ovien taakse makuulle itkemään.

Lääkärit alkoivat tutkia mystistä kipuoireyhtymää. Koska olen lihava, eliminoitiin tietysti oireiden sydänperäisyys. Keuhkoille tehtiin röntgen ja vatsa tähystettiin. Lopulta epämääräisestä ongelmastani ottivat kopin fysioterapeutit ja erilaiset selän niksauttajat ja leipojat. Fysioterapeutit olivat äimän käkenä, kun kaveria sattuu pelkkä seisominen. Ja istuminen. Ja makaaminen. Fysioterapeuttisista hoidoista ei ollut hyötyä, ja joskus ne pahensivat tilannetta.

Jälkeenpäin ymmärrän, että hoitoja antanut fysioterapeuttini ei ollut turvallinen, koska hänen oma hermostonsa synkronoi minun stressini kanssa ja hän oli stressaantuneena jännittynyt ja käskevä. Sopivan hoitajan, eli turvallisen ja rauhallisen hierojan tai osteopaatin, käsissä koin turvaa. Se olikin pitkään tärkein apuni, joka kuitenkin tarjosi vain hetkellistä helpotusta.

Koin jatkuvasti täysin sietämätöntä ylivireisyyttä, joka lopulta kulminoitui siihen, että sain jo töihin valmistautuessa paniikkikohtauksia, jotka tuntuivat sydänkohtauksilta. Viikonloput olin alavireinen zombie, elävä kuollut ja sain tehtyä mielekkäitä asioita, kuten musisointia, vain pakottamalla ja koin, että tämäkin rakas osa elämääni kuormitti sekin enemmän kuin antoi. Vuoden loppuun mennessä minulta olivat loppuneet kaikki voimat. Kun kävin kävelyllä viisaan ystävän kanssa, hän kertoi minulle olevansa huolissaan ajatusteni ja koko maailmankuvani synkkyydestä. Sain tuosta keskustelusta ajatuksen, että ongelma saattaakin olla alkuperältään psykologinen.

Hakeuduin työterveyspsykologin vastaanotolle. Hän osasi tarttua kiinni siitä, että oireeni olivat alkaneet samana päivänä, jolloin isäni kuoli. Hän teetti minulle *Impact of Event Scale* -traumatestin, jonka tulosten perusteella hän totesi, että traumatisoitumisen mahdollisuutta ei voi poissulkea ja hyötyisin hyvin todennäköisesti traumapsykoterapiasta.[5] Tästä alkoi oma matkani traumaperäisen stressin hallitsemiseksi.

Niin vaikeina ovat traumaoireet vyöryneet tuosta lähtien, että olen vuoden 2008 lopusta ollut lähes keskeytyksettä terapiassa pysyäkseni ylipäätään elämän syrjässä kiinni. Välillä on ollut helpompaa, mutta aina tuki on tuntunut tarpeelliselta, koska vaikeat kaudet voivat edelleen lamaannuttaa toimintakykyni täysin. Viime vuoden marraskuusta tämän vuoden maaliskuuhun asti olin pedin ja nojatuolin välillä vaeltava voimaton oirevyyhti. Minulla tuohon vuodenaikaan liittyy vuosittain toistuva vaikeampi oireilukausi, jonka tulkitsen johtuvan vuodenaikaan sidotuista asioista, jotka suoraan muistuttavat lapsuuden traumoista.

Ei auta asiaa, että ympärillä on pimeää, minkä koen ruokkivan dissosiaatiota — maailmasta ja itsestä irtaantumista. Kun uutiset samalla vyöryttävät sotia ja toksista politiikkaa, ja sosiaalinen media tuntuu menneen pysyvästi sekaisin

---

<sup>5</sup> Käypä hoito 2020a.

sylkien avointa vihamielisyyttä, eivät voimavarani riittäneet viime talvena asioiden käsittelyyn tai edes elämän elämiseen mielekkäästi, saati tarkoituksellisesti.

Vuodenajan stressaavuuden hellittämisen jälkeen oloni helpottui juuri sen verran, että pystyin lukemaan ja opiskelemaan muutaman kuukauden tauon jälkeen, ja pystyin jälleen tekemään itsesäätelyharjoituksia. Tämä onkin elämäni keskeisin dilemma: olen joko verrattain vakaa ja kykenevä suoriutumaan tavoitteideni tavoittelusta, ja ainakin jotenkin pitämään huolta itsestäni, tai sitten olen täydellisessä kaaoksessa, jolloin mistään ei tule mitään. Pahimmillaan en tiedä herätessäni kumman olemisen tavan vuoro tänään on.

Mutta juuri nyt miellyttävän pitkään jatkunut vakaampi kausi mahdollisti jälleen tavoitteiden asetannan (tämän kirjan kirjoittaminen, uuden opiskelu ja kunnon kohottaminen), minkä seurauksena oireiden noidankehä on kääntynyt itseään ruokkivaksi henkisen kasvun spiraaliksi.

## 1.2. Mikä on minua auttanut eniten

Terapia on ollut minulle keskeinen ja välttämätön tapa alkaa käsitellä sitä, mitä minussa tapahtuu traumojen seurauksena. Olen traumaperäisen stressin toteamisesta lähtien ollut mm. kolmivaiheisessa traumapsykoterapiassa, eklektisessä dynaamisessa (psykoanalyyttisessä) psykoterapiassa, kognitiivis-behavioraalisessa terapiassa, EMDR-terapiassa, psykofyysisessä fysioterapiassa ja mindfulness-pohjaisessa terapiassa. Jotkut hoidot ovat kestäneet kolme kertaa, toiset vuosia, ja pisin terapiasuhde tähän mennessä kesti noin 7 vuotta.

Lisäksi olen opiskellut lukuisia traumaterapiamuotoja itse sekä perehtynyt laajasti psykoedukaatioon ja traumojen hoidon gurujen oppeihin. Tämäkin on ollut tärkeä osa itseni ymmärtämistä ja hoivaamista.

Olen psykoterapiassa alkanut ymmärtämään itseäni ja ongelmallista kehosuhdettani sekä psyykkistä reaktiivisuuttani. Tämä on parantanut itsetuntemustani ja pystyn nyt viljelemään myös itsemyötätuntoa. Hyvä psykoedukaatio luo suotuisan perustan juuri tämänkaltaiselle työlle, joten pidän sitä kriittisenä traumahoidon elementtinä. Psykoedukaatio terapioissani on kuitenkin ollut niin pinnallista, että olen joutunut ottamaan sen kunnolla haltuun itsenäisesti opiskelemalla.

Viisaiden psykofyysisten fysioterapeuttien ohjauksessa olen löytänyt kehoni: olen oppinut hyväksymään rasitetun kehoni ja kuuntelemaan sen tarpeita paremmin. Kehollisten menetelmien helpottavan vaikutuksen ansiosta olen myös alkanut tuntea niitä kohtaan niin paljon vetoa, että olen opiskellut niitä itsenäisesti ja ohjatuilla kursseilla jo muutaman vuoden ajan. Ilman mainitsemiani fysioterapeutteja tämä olisi tuskin ollut minulle mahdollista, koska keho oli minulle vihollinen, jonka kanssa en halunnut olla missään tekemisissä. Tarvittiin turvallinen toinen käymään kanssani matkaa kehoon.

Olen lopulta löytänyt terapeutin, joka pysyy reguloituneena tai vakaana (ks. luku 7.3) ja läsnäolevana, kun käyn vaikeita kokemuksiani läpi. Tästä hermostojemme yhteisregulaatiosta tai yhteissäätelystä on tullut minulle tähän mennessä paras tekijä traumamuistojen ratkaisuun. On myös valtavan arvokasta, että terapeuttini palauttaa minut jatkuvasti kehon tuntemuksiin ja rauhoittumisen kokemuksiin keskustelun ohessa.

Viktor Franklin logofilosofian löytäminen aiheutti kopernikaanisen käänteen ihmiskuvassani: sen opeista on tullut minulle elämänfilosofia ja tapa suhtautua elämään intohimolla jokainen hetki, jolloin saan oireeni riittävästi hallintaan. Minulla on nyt elämäntehtäviä täytettävänä, vaikka kuinka kärsisin ajoittain erittäin vaikeasti toimintakykyä lamaannuttavista oireista.

Elän rakastavassa parisuhteessa, jota ilman olisin tuskin hengissä. Tässä suhteessa olen oppinut vastaanottamaan ja toivottavasti peilaamaan takaisin rakkautta sen puhtaimmassa, epäitsekkäässä ja toisen ehdottomasti hyväksyvässä muodossa.

Aidosti arvostavia ja arvokkaita kohtaamisia olen saanut myös traumavertaiselta, jonka kanssa olen saanut jakaa kokemuksia trauman kanssa elämisestä ja pyrkimyksestä henkiseen kasvuun traumoista huolimatta. Myös mahdollisuus hoivata rescue-kissojamme ja saada heiltä kiintymystä on parantavaa.

Logofilosofian ja kehollisten menetelmien ansiosta olen oppinut ymmärtämään, että kaikki traumaattisen stressin korjaavat tekijät löytyvät jo minusta itsestäni. Ne löytyvät arvolähtöisestä tavoitteellisesta toiminnasta, kehon kuuntelemisesta ja sen viestien ymmärtämisestä sekä itsesäätelyn mekanismien jokapäiväisestä harjoittamisesta ja itsemyötätunnon vaalimisesta.

Niinpä nämä elementit muodostavat rungon myös esitetyille harjoituksille. Olen opettanut ja opastanut ihmisiä työkseni eri rooleissa lähemmäs 30 vuotta. Periaatteeni on alusta asti ollut, etten siirrä eteenpäin mitään, mitä en omasta kokemuksestani tiedä toimivaksi ja tehokkaaksi. Kirjan anti on siis käytännössä testattua.

Kaikkein arvokkain voimavara rakkauden ohella elämäni matkalla on myös löytynyt itsestäni. Se on peräänantamattomuuteni, jonka ansiosta en yksinkertaisesti osaa antaa periksi ennen kuin olen löytänyt ratkaisuja elämäni pieniin ja suuriin haasteisiin heti kun voimavarani siihen riittävät. Tämä ominaisuus vei minut nuorena miehenä tietoteknisen työn pariin asiantuntijan ja saarnamiehen uralle, joka lopulta vain lisäsi stressiä valmiiksi hauraassa ja kuormittuneessa systeemissäni.

Nyt samainen peräänantamattomuus auttaa minua purkamaan tuossakin työssä kumuloitunutta stressiä. Tahdon ajatella, että tämänkaltainen tahtoni ja kykyni parantaa olosuhteita ja itseä on se, minkä Viktor Frankl hienosti nimesi ihmisen henkiseksi uhmavoimaksi.

Palaan omiin kokemuksiini läpi kirjan konkretisoidakseni, miten kuvaamani ilmiöt näkyvät traumatisoituneen arjessa. Kokemuksiin vetoaminen on osa hyvää psykoedukaatiota ja käsiteltävien asioiden normalisointia.[6] Merkitsen kokemustiedon kursiivilla erottaakseni sen asiatiedosta.

---

[6] Brackman & Hedrick 2024.

# 2.  Filosofinen holistinen ihmiskäsitys

*Pyrin tässä luvussa eksplikoimaan, kirjoittamaan auki sitä ihmiskäsitystä, jonka kontekstissa ymmärrän traumatisoitumista. Tämä keskustelu on luonteeltaan filosofista ja vaatii oman tapansa käsitteellistää asioita. Jos lukija lukiessaan irtaantuu ruumiistaan tylsistymisestä, tai jos tekstin ajatuksenkulku tuntuu muuten mahdottomalta niellä, voi kevein mielin siirtyä lukuun 3. Monimuotoinen trauma tulee silti muun kirjan lukemalla riittävästi ymmärretyksi. Tällaisessa lukutavassa jää vain ymmärtämättä tekstissä esiintyvien käsitteiden tausta sekä niiden välinen suhde ja määrittely (esim. mitä on psyykkinen kontra henkinen). Ihmistyön ammattilaisille ja henkisen kasvun mahdollisuuteen vakavasti suhtautuville tämä luku on kuitenkin keskeinen.*

Mikä on ihmiskäsitys? Jokainen ihmisen tutkija, auttaja tai muuten ihmistä ymmärtämään pyrkivä perustaa toimintansa ja valintansa ihmiskäsitykseen, tiedosti hän sen tai ei. Niinpä on järkeenkäypää, että tiedostetun ihmiskäsityksen perusteella on helpompi toimia tarkoituksellisesti kuin ilman läpiajateltua ihmiskäsitystä. Timo Purjon mukaan oman ihmiskäsityksen eksplikointi on keskeistä itse asiassa kenelle tahansa, joka haluaa kasvaa henkisesti ja kehittyä eettisesti.[7]

Ihmiskäsitys on filosofinen analyysi siitä, mitä kaikkea ihminen kokonaisuutena on.[8] On siis selvää, että jos ihmisen ymmärtämisen pyrkimys perustuu puutteelliseen käsitykseen ihmisestä, on olemassa riski, että jotain olennaista jää huomiotta. On tietenkin luonnollista, että erikoisalojen asiantuntijat tutkivat ja analysoivat fokusoidusti osaa ihmisestä, mutta silloin näkemättä jää helposti tutkittavan tai analysoitavan ihmisen kannalta kriittisiäkin asioita.

*Havainnollistan edellä sanottua esimerkillä: kun olin erikoistuvan urologin ja hänen avustajiensa tutkittavana oman sairaanhoitopiirini keskussairaalassa, oli urologin fokus niin sidottu virtsarakkoni tähystyksen tekniseen*

---

[7] Purjo 2014, 14.
[8] Vrt. Rauhala 1993, 68–69.

*toimenpiteeseen, että hän ei lainkaan huomannut paniikkikohtausta, jonka toi-
menpiteen aikana sain. Hänen edessään realisoiduin redusoituna pelkäksi
virtsatieksi. Nyt tiedetään, että rakkoni toimii kuten pitää, ja olen yhtä traumaa
rikkaampi. Koska virtsaamisongelmat ovat usein stressiperäisiä, olisi paniik-
kikohtaus ollut arvokasta tietoa diagnoosin kannalta, puhumattakaan siitä,
että paniikkikohtauksen huomioiminen olisi tehnyt toimenpiteestä tutkittavalle
siedettävän.*

Tiedostettu ihmiskäsitys auttaa näkemään metsän puilta. Ihmistä tutkivat eril-
listieteet nojaavat kuitenkin tarkoituksellisen suppeaan oman alansa rajaamaan
osaan ihmisestä. Rajaus terävöittää kysymyksenasettelua ja auttaa kumuloi-
maan uusiutuvaa ymmärrystä tutkimuskohteesta. Psykologi tutkii psyykkistä
ihmisessä, hammaslääkäri tutkii suuta jne. Näitä suppeita näkemyksiä tutki-
muskohteesta voi kutsua ihmiskuviksi, erotuksena ihmiskäsityksestä. Kuiten-
kaan mitään periaatteellista estettä sille, että esim. hammaslääkäri tahtoisi ym-
märtää asiakkaansa myös psyykkisenä, henkisenä ja elämäntilanteellisena ih-
misenä, ei ole.

Filosofinen ihmiskäsitys ei koskaan ole reduktionistinen, pelkistävä, vaan se
pyrkii aina olemaan holistinen, käsitys ihmisestä kokonaisuutena. Holistinen
analyysi tutkii, mitkä ovat kokonaisuuden osat tai olemuspuolet, mikä on nii-
den olemisen tapa ja mikä on se osien vuorovaikutus ja dynamiikka, jolla osista
tulee kokonaisuus. Purjon mukaan holistisuus tarkoittaa ehyttä, jakamatonta
kokonaisuutta, jonka eheyttä ja koskemattomuutta tulee vaalia.[9]

**Seuraavassa esitetty filosofinen ihmiskäsitys perustuu eksistentiaalis-fe-
nomenologiseen ajatteluun.** Purjon mukaan eksistentiaalisessa fenomenolo-
giassa yhdistyy filosofisena menetelmänä ihmisen tajunnan tutkimus (fenome-
nologia) analyysiin ihmisen olemisen kokonaisuudesta (eksistenssi).[10]

---

[9] Purjo 2012, 84–85.
[10] Purjo 2020, 26–27.

Fenomenologinen tutkimus viittaa tässä filosofi Edmund Husserlin työstä alkaneeseen ajatteluun, ja sen kehittely eksistentiaaliseksi fenomenologiaksi sai alkunsa filosofi Martin Heideggerin työstä.[11]

Heideggeria voi perustellusti pitää yhtenä viime vuosisadan filosofian merkittävimmistä hahmoista. Critchleyn mukaan viime vuosisadan ns. mannermaisen filosofian keskustelua ei voi ylipäätään ymmärtää ilman Heideggerin pääteosta *Oleminen ja aika*, joka julkaistiin alun perin vuonna 1927.[12] Heideggerin opit vaikuttivat keskeisesti myös filosofisten ja eksistentiaalisten terapioiden syntyyn ja Olemisen ja ajan keskeiset ajattelutavat elävät edelleen orgaanisena osana näitä terapiasuuntauksia.[13] Kenties suurin näistä on Viktor Franklin perustama logoterapia ja eksistenssianalyysi, jonka ajattelutavoilla on keskeinen asema tässäkin kirjassa.

Heideggerin pahamaineisen vaikeasti ymmärrettävän pääteoksen keskeisin anti on nähdä ihminen maailmassa-olevana (*in-der-Welt-Sein*). Väliviivat Heideggerin sanastossa tarkoittavat, että ne muodostavat yhden kokonaiskäsitteen. Heideggerin kielenkäyttö on hämmentävää, eivätkä hänen käyttämänsä käsitteet useinkaan tarkoita samaa kuin ne arkikielen käsitteet, joita ne muistuttavat. Tämä johtuu siitä, että Heidegger puhuu ihmisen olemassaolon ymmärtämisen filosofisesta perustasta tavalla, jolle ei ole ollut olemassa vakiintuneita käsitteitä ennen Heideggerin työtä. Heidegger on siis joutunut kehittämään uuden kielen olosuhteiden pakosta.

Ymmärrän maailmassa-olemisen käsitteen niin, että sen taustalla olevan näkemyksen mukaan ihminen ei koe, havainnoi, tutki ja muokkaa subjektina objektia nimeltä maailma ja sen ilmiöt, vaan maailma on aina jo ihmisessä annettuna, osa subjektia. Maailma tarkoittaa kaikkea, jonka kanssa hän on tekemisissä ja joka ei ole ihminen itse. Ihminen on erottamattomasti maailman osa, ja maailma on erottamattomasti osa häntä. Me emme tiedä mitään siitä, millainen on maailma, jossa ihmistä ei ole.

---

[11] Vrt. Rauhala 1993, 69.
[12] Crichley 2009.
[13] Ks. esim. Deurzen 2019.

Lauri Rauhala ilmaisee asian niin, että ihminen ei asetu suhteeseen maailman kanssa vasta tietoisten pyrkimysten kautta, vaan ihminen on jo olemassaoloon tullessaan maailman rakenteiden alainen ja niiden osa.[14]

Ihminen ei ole vain objekti spatiaalisessa suhteessa tai syy-seuraussuhteessa toisiin objekteihin. Ihminen ei ole kuin tuoli huoneessa. Ihminen elää ja oleskelee huoneessa ja ymmärtää sen huoneeksi täynnä tarkoituksellisia ja käsillä olevia esineitä, jotka ovat suhteessa hänen puuhiinsa ja projekteihinsa. Ihmiselle maailma on hänen maailmansa, jonka hän valmiiksi tuntee ja jossa hän osaa toimia orientaationsa mukaisesti. Ihmiselle, joka ruokailee pöydän äärellä, pöytä on eri asia kuin pöytä sitä valmistavalle puusepälle. Ruokailija haluaa esim., että astiat mahtuvat pöydälle, joka on vakaa, ja kaikki on aseteltu nätisti. Puuseppä taas huolehtii pöytää valmistaessaan materiaaleista, mitoista, väreistä, pöydän rakentamisessa tarvittavista työkaluista ja tekniikoista jne.

Edellä sanottu on arkijärjelle pöllämystyttävän itsestäänselvää. Ennen Heideggeria kukaan ei kuitenkaan ollut eksplikoinut tätä, saati ottanut sitä ihmisen filosofisen analyysin keskeiseksi lähtökohdaksi. Ihmistä oli tutkittu subjektina, jolla on sisäinen elämä, ja joka on maailmassa, jossa on objekteja, kuten vesi on lasissa.

Usein ymmärrämme myös arjen tohinassa toisen ihmisen vain objektiksi, jolla on ominaisuuksia, emmekä ihmiseksi, jolla on elämää, tavoitteita ja tarkoituksia elettävänä. On ilmeistä, että tällä on implikaatioita ihmisten kohtaamisille ja hoitamiselle, kuten mainitsemastani karusta urologiesimerkistä käy ilmi.

Vaikka esimerkiksi psykiatriassa ihmisten esineellistämisen pitäisi itsestään selvästi olla poissuljettua, lyhyissä psykiatrien kohtaamisissa asiakkaiden kanssa he saattavat nähdä autettavassa vain oireita ja lääkityksen tarpeita. On surullista, että psykiatrialle on peräänkuulutettu holistisempaa tapaa ymmärtää ihmistä jo vuosikymmeniä alan itsensä sisältä, ilman että siitä olisi tullut ilmeistä valtavirtaa.

---

[14] Rauhala 2009, 151. Ks. myös McManus, 103–104.

Hyvä esimerkki on skotlantilaisen psykiatri R.D. Laingin klassikko *The Divided Self*, joka julkaistiin alun perin jo vuonna 1960. Teoksessaan Laing peräänkuuluttaa nimenomaisesti eksistentiaalis-fenomenologista otetta psykiatrin työhön. Laing kirjoittaa:

> "Eksistentiaalinen fenomenologia pyrkii luonnehtimaan ihmisen kokemusta itsestään ja maailmastaan. Tämä ei ole niinkään pyrkimystä kuvata hänen yksittäisiä kokemuksiansa objekteina [vrt. psykiatristen diagnoosien oirelistaukset], vaan hänen maailmassa-olemisensa kontekstissa. Skitsofreenikon hullut sanat ja teot jäävät käsittämättömiksi, ellei niitä ymmärretä hänen eksistenssinsä osana."[15]

Laing on syvästi – kuten kirjasta käy kauniisti ilmi – humanistinen ja kärsivää ihmistä arvostava, ja tulkitsen hulluudesta puhumisen skottilaiseksi sarkasmiksi, parodiaksi esineellistävästä puhetavasta. Eksistenssillä hän tarkoittaa ihmisen olemista ja elämismaailmaa kokonaisuutena.

Silmiinpistävää on, että kirjassaan Laing joutuu pohtimaan, miten hän saa kohdattua kärsivän ihmisen koko tämän ihmisyydessä, kun koko psykiatrinen ja (silloin vallalla ollut) psykoanalyyttinen kieli työntää ihmisen itsensä etäälle, objektiksi. Esineellistävä asenne on Laingin kuvauksessa tuon ajan diskurssissa vallalla oleva, ja kliinisestä työstä puuttuu luonteva tapa puhua ihmisen eksistenssin kokonaisuudesta.

On tärkeää pohtia, onko psykiatrinen kielenkäyttö olennaisesti muuttunut 60-luvun jälkeen tavalla, joka heijastaisi fundamentaalista muutosta sen tausta-ajattelussa ja asenteissa? Onko ihminen, joka tänä päivänä on psykiatristen kohtaamisten keskiössä, ymmärretty holistisesti? Tapa puhua ihmisestä kokonaisuutena on joka tapauksessa olemassa, kuten seuraavasta luvusta käy ilmi.

Toinen Heideggerin keskeinen käsite on vaikeasti käännettävä *Sorge*, joka vaatii taustoitusta. Rauhala ymmärtää Sorgen ilmiönä niin, että ihminen on determinoitu tulemaan sekä itse valikoitujen että kohtalonomaisesti valikoituneiden

---

[15] Mt., 23, käännös oma.

olemisehtojensa mukaiseksi.[16] Saamme siis maailmasta valmiina esim. geenit, perheen ja kulttuurin, johon synnymme, mutta lisäksi valitsemme itsellemme koulutuksen, ammatin, asuinpaikan, kenties uuden perheen jne.

Osaltaan siis todellistumme ihmisinä valmiiden reunaehtojen rajoitteisiin, mutta me myös muokkaamme itseämme ja maailmaamme valinnoillamme. Tuli elämäämme jotakin annettuna syntymässä tai omien valintojemme kautta, me realisoidumme ihmisinä näiden tekijöiden mukaisiksi. Sorge tarkoittaa sitä, että oleminen välttämättä ikään kuin ottaa huomioon em. tekijät. Niin maailmassa-oleminen kuin Sorge ovat Lauri Rauhalan ihmiskäsityksessä näkyvästi esillä.

## 2.1. Lauri Rauhalan ihmiskäsitys

Suomessa filosofi ja psykologi Lauri Rauhala teki mittavan elämäntyön kehittelemällä Husserlin ja Heideggerin ajattelun pohjalta eksistentiaalis-fenomenologista holistista ihmiskäsitystä ihmistutkimuksen ja ihmisten hoidon adekvaatiksi – täysin asianmukaiseksi, sopivaksi ja oikeaksi – tieteenfilosofiaksi. Ainakin toistakymmentä hänen teoksistaan on tavalla tai toisella työstänyt ja selkeyttänyt tätä yhtä isoa teemaa.

Rauhalan mukaan ihmistutkimukselle adekvaatin, kokonaisvaltaisen filosofisen analyysin on täytettävä seuraavat perusehdot:

- Sen on kuvattava ihmisen erilaiset olemisen muodot (olemuspuolet).

- Sen pitää osoittaa, mitä erilaisista ihmisen olemisen muodoista seuraa empiiriselle ihmistutkimuksen kysymyksenasettelulle ja siten perustella riittävän monipuolinen empiirinen tutkimus.

- Sen pitää paljastaa, millaisia perustavanlaatuisia perusoletuksia (ontologisia sitoutuneisuuksia) erilaisissa ihmistutkimuksen haaroissa

---

[16] Rauhala 2009, 152.

joudutaan välttämättä hyväksymään (esimerkiksi ihmisen tajunnallista olemista tutkitaan ja ymmärretään välttämättä erilaisilla kysymyksen-asetteluilla ja menetelmillä kuin orgaanisia prosesseja tai ihmisen elä-mäntilannetta).

- Sen pitää osoittaa, miten eri olemuspuolet ovat suhteissa keskenään, ja miten ne muodostavat moninaisuudessaankin kokonaisuuden.[17]

Jo nämä vaatimukset paljastavat, että ihmisellä on erilaisia olemuspuolia, ja ne muodostavat holistisen kokonaisuuden. On tärkeä huomata, että kaikki vallit-sevat käsitykset ihmisestä eivät suinkaan ole holistisia.

Kärkevät esimerkit havainnollistavat asiaa. Usein kuulee sanottavan, että lo-pulta "kaikki on vain yhtä ja samaa energiaa". Kaikki olisi siis redusoitavissa fysiikaksi: kvanttien ja atomien loputtomaksi liikkeeksi universumissa. Kaikki mikä ihmisessäkin on, palautuu lopulta vain fysikaalisiksi ja fyysisiksi ilmi-öiksi. Eli kaikki on viime kädessä yhtä homogeenista olevaa, jota säätelevät luonnonlait. Tällainen käsitys on monistinen.

Monismia on myös nähdä kaikki yhden suuren hengen ilmentymänä, hengen, joka on alkuperäisempi kuin aine ja olemassa kaikkialla universumissa. Täl-lainen uskomus on panpsykistinen.

Eräs variaatio aineellisesta monistisesta käsityksestä ovat neurotieteiden val-tavien edistysaskeleiden huumaamien ihmisten skientistiset (tieteisuskovaiset) uskomukset, joiden mukaan kaikki mitä tapahtuu ihmisessä, ml. tajuntamme ja toimintamme maailmassa, palautuu aina pelkäksi aivojen ja hermostojen toiminnaksi. Olen käynyt uuvuttavan keskustelun erittäin terävillä hoksotti-milla varustetun, sivistyneen ihmisen kanssa, joka esitti vakavalla naamalla skientistisen fantasian siitä, että kun aivojen mekanismit tunnetaan riittävän hyvin, voidaan kaikki ihmisen toiminta ja ajattelu selittää tyhjentävästi, ja jopa ennakoida! Jollakin luonnontieteellisellä mekanismilla, ja epäilemättä tekno-logialla, tiedettäisiin jo etukäteen mitä teen seuraavaksi.

---

[17] Rauhala 1989, 26.

Tällainen monistinen käsitys on esimerkki hämmästyttävän yleisestä radikaalista materialismista ja determinismistä. Se näkyy myös kaikkialla aistittavissa olevana pelkona siitä, että tekoäly tulee muuttumaan ihmisen kaltaiseksi ja ihmistä ohjaavaksi. Näin voisi kenties ollakin, jos ihminen olisi vain materiaa.

Rauhala hylkää jyrkästi monistisen ajattelun. Jo arkijärkikin osoittaa, että materiaa on ilmiselvästi olemassa, mutta fyysisen lisäksi näyttää yksiselitteisesti olevan olemassa myös jokin, joka pohtii monismia, keksii monismin käsitteen tai uskoo skientistisiin fiktioihin ja sanoo asioista jotakin. Se, että aine jotenkin keskustelisi itsestään, ei ole käsitettävä ajatus: käsittäminen, ajatus, käsitteellistäminen ja keskustelu ovat ilmeisellä tavalla jotakin muuta kuin aineellisia asioita. Rauhala toteaa: "Ajattelun hetkellä ajatus astuu ulos aineen ja hengen ykseydestä ja muodostaa uuden todellisuussfäärin."[18]

On siis vähimmillään edellytettävä, että ihminen on ainakin ainetta (keho ja sen prosessit) ja tajuntaa, joka tuottaa käsitteitä, ajatuksia ja keskustelunavauksia, ja että nämä kaksi ovat laadultaan selvästi toisistaan poikkeavia. On myös ilmeistä, että nämä kaksi ihmisen olemisen tapaa ovat toisiinsa täysin kietoutuneita.

Tajunta tarvitsee aivot ja muun kehon ollakseen olemassa ja voidakseen muodostaa ajatuksia ja muistoja, ja aloittaakseen keskustelun. Samalla ihminen voi valinnoillaan muuttaa kehoaan, ja nykyään tiedetään, että jo esimerkiksi pelkkä asioiden muistelu saa aikaan kehollisia reaktioita. Ihminen on siis vähintäänkin dualistinen holistinen kokonaisuus. Tämän keskustelun kannalta on epäolennaista, miten ihmisen tajunta prosessina emergoituu tai muuten kumpuaa ihmisen orgaanisista prosesseista. Laadullisesti sen olemistapa on joka tapauksessa muuta kuin aineellista.

Keskustelu antaa silkan olemassaolonsa perusteella viitteen myös siitä, että on olemassa jokin konteksti, jossa – ja toinen osapuoli, jonka kanssa – keskustelua käydään. Käsitteet ja ajatukset kehkeytyvät ylipäätään paitsi yhden ihmisen

---

[18] Rauhala 2009, 148–149.

ajattelussa, myös kulttuurisesti ja dialogissa muiden kanssa. Ihmisen tajunta ei "herää" muuten kuin suhteessa ympäristöön.

Rauhala referoi ajatuskokeen siitä, mitä ihmisen tajunnassa tapahtuisi, jos ihminen olisi tyhjiössä kehonsa ja aivojensa kanssa, eikä hän olisi koskaan ollut tekemisissä minkäänlaisen maailman kanssa. Tähän on mahdotonta kuvitella uskottavaa vastausta. Rauhala vastaa itse: tajunnassa, sikäli kuin siitä tässä skenaariossa voitaisiin edes mielekkäästi puhua, tapahtuisi tuskin juuri mitään.[19]

Tajuntaa ei voi olla tyhjiössä, ainakaan siinä mielessä kuin se ihmisellä maailmassa-olevana on. Fenomenologiassa ajatellaan myös, että tajunta mielellisissä akteissaan viittaa jo perusstruktuurinsa, intentionaalisuuden, vuoksi aina johonkin tajunnan ulkopuoliseen.[20]

Tajunnan ja kehon lisäksi on siis vielä jotain muuta, joka on sisällytettävä ihmisen ontologiseen analyysiin. Selvästi Heideggerin maailmassa-olemisen ja Sorgen käsitteiden inspiroimana Rauhala katsookin, että ihmisen olemiseen sisältyy erottamattomana olemuspuolena myös hänen situationaalisuutensa, eli yhteenkietoutumisensa maailman kanssa.

## Ihmisen olemuspuolet ja niiden yhteenkietoutuminen

Rauhala määrittelee ihmisen olemuspuoliksi tajunnan, kehon ja situaation.[21] Jokainen kolmesta olemuspuolesta on välttämätön, ja vain yhdessä ja yhteenkietoutuneina niistä syntyy ihminen. Tajunta vaatii kuitenkin erityistä huomiota, koska se on tunnetussa universumissa ainutlaatuinen. Tämän kirjan tematisoinnin vuoksi on vielä keskeistä eritellä tajunnasta sen kaksi erilaatuista olemisen tapaa: henkinen ja psyykkinen oleminen. Näiden erottelua myös Rauhala työstää.

---

[19] Rauhala 2017, 93.
[20] Rauhala 2009, 49–50.
[21] Rauhala 1989, 27.

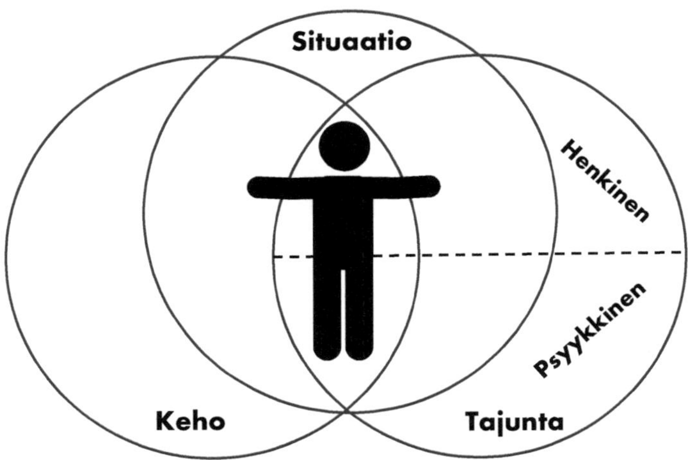


**Kuva 1. Eksistentiaalis-fenomenologinen holistinen ihmiskäsitys**

Ihmisen kehollisuus ei vaadi tässä yhteydessä erillistä kuvausta, vaan sen voi hyvin ymmärtää arkisessa mielessä. Kuitenkin sen rooli kokonaisuudessa vaatii eksplikointia. Keho mahdollistaa ihmisen olemassaolon ja ihmisen tajunnan, ja kehon kautta olemme tekemisissä situaatiomme kanssa. Ihmisen situaatio puolestaan on se osa maailmaa, jonka kanssa ihminen on tekemisissä.

Situaatio sisältää muiden ihmisten kanssa yhteisiä komponentteja, kuten kulttuuri, tavat, yhteiskunnalliset olot, yleiset uskomukset jne., mutta aina lisäksi myös ainutkertaisesti yksilöllisiä tekijöitä, esim. kotiolot, ihmissuhteet, rooli työelämässä ym.[22]

Osa situaatiostamme lankeaa meille kohtalonomaisesti, kuten geenit, perhe, johon synnymme, ja äidinkielemme. Toisaalta saamme situaatioomme asioita omilla valinnoillamme, kuten koulutus, asuinpaikka, harrastukset jne.

Situaatiossamme on myös tiedostettuja ja tiedostamattomia komponentteja, kuten vaikkapa sairauksille altistava geeni, josta ei ole tietoinen.

---

[22] Mt., 28.

Situaatiomme on aina absoluuttisen yksilöllinen ja myös tilannekohtainen: se elää ja konfiguroituu jatkuvasti uudestaan, kun situaatioon tulee uusia komponentteja ja vanhoja häviää tai muuttuu jne. Jo yksin tämä situaation ainutlaatuisuus ja jatkuva muuttuminen tekee jokaisesta ihmisestä ainutlaatuisen ja jokaisessa tilanteessa uudenlaisen.

Tajunta taas on se kokonaisuus, joka ihmisessä kokee ja ymmärtää asioita. Tajunta on olemistavaltaan täysin kehosta poikkeava. Kauppila (2022) kuvaa tajunnan perusstruktuuria:

> "Tajunnallisuus (...) on psyykkis-henkistä olemassaoloa. Tajunnan fundamentaali struktuuri on mielellisyyttä. Mieli eli noema on sitä, jonka avulla ymmärrämme tai tunnemme ilmiön tai asian joksikin. Mieli on merkityksen antaja, joka ilmenee tai koetaan jossakin tajunnan tilassa eli elämyksessä. Elämyksellisiä tiloja ovat esimerkiksi havaintoelämys ja tunne-elämys. Elämys ja mieli ovat tajunnallisen tapahtumisen perusyksikköjä. Kun mieli asettuu tajunnassamme suhteeseen jonkin objektin, asian tai ilmiön kanssa, syntyy merkityssuhde."

Ihmisen situaatiossa ja kehossa ilmenevät asiat jäsentyvät siis tajuntaan merkityssuhteina. Niiden kokonaisuus on henkilön jatkuvasti prosessimaisesti uudelleenorganisoituva subjektiivinen maailmankuva. Merkityssuhteet ovat joko suotuisia tai epäsuotuisia; ne joko tukevat ihmisen olemista ja toimintaa tai tuottavat ristiriitaisia ja vääristyneitä tulkintoja situationaalisesta tapahtumisesta.

Vääristyneiden merkityssuhteiden tunnistaminen ja neutralointi rikastamalla tajuntaa uusilla suotuisilla merkityssuhteilla on yksi psykoterapian tehtävä.[23] Jos minulla on esimerkiksi uskomus siitä, että ihminen on paha, on turvallinen terapeutti todiste siitä, että niin ei ainakaan välttämättä aina ole. Näin tajuntaan syntyy uskomuksen kanssa ristiriidassa oleva uusi merkityssuhde, joka voi syrjäyttää vanhan.

---

[23] Rauhala 2017, 97.

Jokaisen yksilön ainutlaatuisessa situaatiossa ja kehossa hänen kokemuksistaan, merkitysyhteyksistään ja maailmankuvastaan tulee ainutlaatuinen. Näin syntyy ihmisen ainutlaatuisuus. Kukaan ei ole minun kanssani samanlainen keitos geenejä, tunne-elämää, historiallisesti kerrostuneita elämänkokemuksia, vuorovaikutustilanteita, arvostuksia, uskomuksia jne.

Ihmisen ainutlaatuisuuden huomioimisen ja kunnioittamisen pitäisi olla kaiken ihmisen parissa tehtävän työn itsestäänselvä perustavanluonteinen lähtökohta. Useimmiten näin ei todellisuudessa ole, koska ihmiset keskimääräistetään väkisin kustannustehokkuuden nimissä.

Tämän kirjan kannalta olennaista on huomata, että kahta samanlaista traumatisoitunutta ihmistä ei mitenkään voi olla, vaikka kaikkien traumatisoituneiden kehoissa ja psyykkisessä tapahtuu traumojen seurauksena ennustettavia asioita. Jokainen kantaa ja ymmärtää traumojaan kuitenkin välttämättömän erilaisesti. Niinpä traumaterapeutti ei voi pyrkiä ymmärtämään traumatisoitunutta vain yleisten mekanismien puitteissa, vaan yksilölliset erityispiirteet nousevat aina yleisiä keskeisemmiksi.

Tarkasteltavan kokonaisuuden osien kuvaamisen lisäksi on holistisessa analyysissa ymmärrettävä, mitkä olemuspuolien keskinäiset suhteet ovat. Rauhala summaa:

> "Ihmisen olemuspuolien keskinäisen suhteen ja sen, mikä on kunkin oma osuus tai tehtävä kokonaisuudessa, voi (...) tiivistetysti ilmaista seuraavaan tapaan. Situaation osuutta analysoitaessa havaitaan, että se tarjoaa olemisehdot ja pelitilan kehollisuudelle ja tajunnallisuudelle. Keho reaalisena olemassaolon muotona on sillä ehdolla, että on esimerkiksi ravinteita, happea, vettä, toisia ihmisiä, lämpöä, valoa, yhteiskuntarakenteita ja kulttuuria yleensä takaamassa sitä, että aineellisuudessa voi toteutua elämä. Merkitystajunta on mahdollinen sillä ehdolla, että on situaatio, josta maailmankuvan merkitysaiheet pääasiallisesti (joskus myös kehollisuudesta) ovat. Tajunnan kannalta myös keho aivoineen täytyy olla, jotta tajunnalla olisi elämyksellisyyden orgaaniset perusehdot. Tajunnallisuus puolestaan on ehto sille, että elämäntilanne

ja kehollisuus tiedostetaan oman persoonan ulottuvuuksiksi ja jotta voitaisiin tajunnan ratkaisuilla jossain määrin säädellä niiden olemisen tapaa ja laatua. Ehtona oleminen on siis kunkin olemuspuolen osuudelta erilaista. Olemuspuolet ovat vastavuoroisesti sisäkkäin toistensa olemassaolon ehtoina ja toteutumina. (...) Osapuolten keskinäinen riippuvuus ilmenee myös siten, että ne edellyttävät toisensa ollakseen itse olemassa."[24]

Ihmisen olemuspuolet ovat siis erottamattomasti jatkuvasti toistensa olemassaolon ehtoja, ja aina vastavuoroisesti. Ihminen on kokonaisuutena jatkuvasti uudelleenorganisoituva prosessi, jota kutsun kirjassani ihmisen systeemiksi, olemisen kokonaisuudeksi tai vain olemiseksi. Ihminen on ainutlaatuinen, ja jokaisessa tilanteessaan ainutkertaisesti uusi. Systeemi-käsitettä ei tässä pidä ymmärtää tietotekniseksi metaforaksi, vaan olen ottanut sen systeemiteoriasta, joka nimenomaisesti tutkii holistisia kokonaisuuksia ja niiden osasysteemejä sekä näiden keskinäisiä suhteita ja riippuvuuksia.[25]

Pyrin konkretisoimaan jäljempänä tätä ihmisen holistista dynamiikkaa etsimällä esimerkkejä siitä, miten traumatisoituminen ilmenee ihmisen eri olemuspuolissa ja miten se ilmenee olemuspuolten keskinäisessä dialektiikassa. Näin myös konkretisoituu, että eksistentiaalis-fenomenologinen ihmiskäsitys ei ole filosofiaa filosofisen keskustelun vuoksi, vaan konkreettisesti käyttökelpoinen viitekehys tosielämän ilmiöiden syvemmäksi ymmärtämiseksi. Sitä ennen on kuitenkin vielä eroteltava psyykkinen ja henkinen tajunnallisuus toisistaan.

## Psyykkinen kontra henkinen

Kuten ihminen on erottamaton olemuspuolien kokonaisuus, on myös tajunta erottamaton kokonaisuus psyykkistä ja henkistä. Psyykkinen ei ole jokin oma suljettu lokeronsa tai prosessinsa tajunnassa, eikä henkinen ole mikään

---

[24] Rauhala 2017, 95–96.
[25] Ks. esim. Schwartz & Sweezy 2020, 24–26.

kokonaisuudesta irrallinen, vierailulla oleva henkiolento, joka voisi elää tajunnan ulkopuolella. Filosofisessa analyysissa on kuitenkin välttämätöntä huomioida, että henkinen ja psyykkinen ovat laadullisesti erilaista tajunnallisuutta.

Lukija huomaa, etten käytä sanaa psyyke. Näin on siksi, että arkikielessä tuohon käsitteeseen assosioidaan myyttejä, ja psykologian ja psykoterapian historiassakin psyykkisistä ilmiöistä on puhuttu varsin mytologisoivasti (tästä löytyy esimerkkejä luvusta 3). Myös psykologian ajankohtaisessa keskustelussa on psyyken määrittely toisinaan kiusallisen epämääräistä, ja eri psykologian haaroissa se ymmärretään eri tavoilla.

Epäselvyydet psyykkisen määrittelyssä tai pyrkimykset pilkkoa sitä ymmärrettäviksi ja tutkimuksessa hallittaviksi osiksi ovat puolusteltavissa sillä, että psyykkisen kuvaaminen tai erotteleminen henkisestä ei ole mitenkään yksinkertaista. Tämä johtuu osittain psyykkisen olemisen tavasta: psyykkinen ei voi kertoa meille olemisestaan mitään muutoin kuin epäsuorasti tai tajunnan yleisinä tiloina tai vireinä. Henkinen kehittelee psyykkisiä tiloja sisällöllisesti, esim. sanallistamalla niitä. Psyykkinen on välttämätön ehto sille, että henkinen voi olla olemassa, koska henkinen toteutuu aina jossakin psyykkisessä tajunnan tilassa.

Psyykkinen ihmisessä on tiiviissä yhteydessä keholliseen tapahtumiseen. Se on ihmisen psykofyysisen kokonaisuuden sisäistä ja privaattia, eli se on olemassa vain itselleen, varmistaakseen ihmisen hengissä selviämisen ja toimintakyvyn eri muodoissaan. Psyykkisessä tapahtumisessa ei ole itsetiedostusta eikä se pysty tarkastelemaan itseään ja suhdettaan situaatioon. Psyykkinen ei ole tahdonalaista, vaan automaattista. Henkiselle psyykkinen vire viestii ihmisen olemisen suotuisuutta tai sitten sitä, että kaikki ei ole hyvin.[26]

On varmaa, että ihmisen lisäksi myös monilla muilla eläimillä on psyykkinen tajunta. Psyykkinen on valtaosin tiedostamatonta ja toimii prosesseina omalakisesti. Psyykkiset prosessit ovat usein deterministisiä (yhdestä asiasta seuraa välttämättä toista), toistuvia ja jähmeitä, vaikeasti muokattavia. Psyykkisen ja

---

[26] Ks. Purjo 2016, 47–48 ja Rauhala 2009 69–70.

kehon yhteenkietoutuminen on niin monisäikeistä, että psyykkiseen voi vaikuttaa tehokkaasti kehon kautta.

Kehollinen tapahtuminen ilmenee aina samanaikaisesti psyykkisessä vireessä: flunssaa poteva ihminen on vetäytyvä ja matalavireinen, kun taas flunssan välttänyt pysyy virkeämpänä ja toimintakykyisempänä. Tästä psyykkinen–keho-yhteydestä huolimatta ei psyykkistä kuitenkaan voi filosofisesti eliminoida redusoimalla sitä kehoon. Psyykkinen on mielellistä, mitä keho ei milloinkaan ole, vaikka joskus puhutaankin esim. kehon viisaudesta.

Henkinen on kehittyneempää ja laadullisesti psyykkisestä eroavaa tajunnallisuutta, joka on kehittynyt ihmisen evoluutiossa psyykkistä olemista myöhemmin.[27] Henkinen oleminen on se, joka varsinaisesti tekee ihmisestä ihmisen. Eläimilläkin on todennäköisesti jossakin laajuudessa henkistä tajunnallisuutta, mutta sen laatu jää meille salaisuudeksi. On ilmeistä, että muiden eläinten situaatioissa ei ole ollut evoluutiossa mielekästä kehittää henkistä olemista samassa laajuudessa kuin se ihmisen situaatiossa on ollut. Muilla eläimillä ei ole ihmisen situaatioita, joten niillä ei myöskään ole ihmisen tajunnallisuutta.

Laajuudeltaan ja implikaatioiltaan ihmisen henkinen tajunnallisuus on varmuudella omalla tasollaan. Emme tunne toista esimerkkiä kokonaisen planeetan muokkaamisesta luonnontilasta lähes tunnistamattomaksi siten kuin ihminen maailmassa-olemisessaan on saanut aikaiseksi. Tämä kuvastaakin hyvin sitä, että ihmisen henkisestä olemisesta ei suinkaan välttämättä seuraa pelkästään hyviä ja ylevöittäviä asioita. Universumissa ei maapallon ulkopuolellakaan voi olla täysin samanlaista henkistä kuin ihmisessä – vaikka korkeatasoista henkistä voi toki esiintyä – koska vain ihmisen situaatiossa ja ihmisen psyykkisellä ja kehollisella olemisella syntyy ihmisen henkinen.

Henkinen on olemassa vain kehon ja psyykkisen avulla. Henkinen ei ole se sielu, jota uskonnot käsittelevät. Uskominen itsessään sen sijaan on henkistä elämyksellisyyttä. Henkisen keskeisin tunnusmerkki on itsetiedostus. Itsetiedostuksessa ihminen tulee tietoiseksi olemassaolonsa monikerroksisuudesta

---

[27] Vrt. Purjo 2016, 49. Ks. myös luku 7.1.

sekä intersubjektiivisesta merkitysten maailmasta. Henkinen on siis myös yli-yksilöllinen ja se näyttäytyy ihmisen tietoisuutena arvojen maailmasta, eli yli-yksilöllisistä arvoista. Arvotietoisuus tai arvotajunta on ihmiselle erityisen tun-nusomaista.[28]

Henkisessään ihminen voi myös ottaa etäisyyttä psyykkiseen tapahtumiseensa. Ihminen on henkisen ansiosta tietävä, itseohjautuva ja vastuullinen toimija. Henkisessä ihminen käsitteellistää kokemuksiaan ja voi kielen avulla kommu-nikoida näitä muiden kanssa. Käsitteellistettyinä psyykkiset kokemuksetkaan eivät ole enää vain privaatteja, vaan tulevat tietoisuuden piiriin ja niitä voi ja-kaa muiden kanssa. Tämä ei kuitenkaan tarkoita, että kaikki henkiset merki-tyssuhteet tajunnassa olisivat kielellisiä tai kielellistettävissä.[29]

On helppoa kuvitella esim. taiteen tai uskonnollisen kokemuksen äärellä ko-ettu pyhyyden elämys, joka väkevyydestään huolimatta voi olla lähes mahdo-tonta sanallistaa. Kaikki henkinen elämyksellisyys ei myöskään ole tiedostet-tua. Esimerkiksi omat asenteet tai perususkomukset itsestä, ihmisestä ja maa-ilmasta voivat elellä tietoisuuden valokeilan ulottumattomissa. Ne voidaan kuitenkin nostaa varjosta esiin reflektoimalla. Henkisessään ihmisellä on va-paus valita asennoitumistaan ja vaikuttaa valinnoillaan siihen, millaisen suun-nan hänen elämänsä saa. Hän voi valitsemillaan toimilla jatkuvasti muokata situaatiotaan ja voi myös vaikuttaa niin kehon kuin psyykkisiin prosesseihin.

Ihminen voi pyrkiä henkiseen kasvuun hakeutumalla subjektiivista maailman-kuvaa rikastavien merkityssisältöjen ja merkityskokemusten pariin. Viktor Franklin filosofia on erinomainen esimerkki henkistä rikastavista ja ravitse-vista merkityssisällöistä. Franklin elämäntyö oli nostaa psykoterapioissa ja psykiatriassa ohitettu ihmisen henkinen esiin. Hän kuvaa inspiroivasti ja rik-kaasti ihmisen henkistä yleensä, sekä sen ominaisuuksia ja ihmisen henkisiä kyvykkyyksiä. Ei ole liioiteltua sanoa, että Franklin elämäntyö oli ihmisen henkisen pitkä ja kaunis ylistyslaulu, joka jatkaa elämistään logofilosofiassa ja logoterapiassa ja eksistenssianalyysissä.

---

[28] Rauhala 2017, 68–73.
[29] Mt.

Luvussa 2.2 esitellään tarkemmin franklilaista ajattelua ja sitä, miltä henkinen näyttää logofilosofian kirkkaassa valossa.

## Psyykkinen ja henkinen ja traumatisoituminen

Yritän seuraavaksi konkretisoida edellä psyykkisestä ja henkisestä sanottua käyttämällä esimerkkinä traumatisoitumiseen liittyviä ilmiöitä. Seuraavissa esimerkeissä fuusioituu filosofinen ja psykoneurobiologinen diskurssi, traumatisoitumisen holistisen luonteen vuoksi. Eri olemuspuolia ylipäätään tutkitaan ja käsitteellistetään toisistaan poikkeavilla tavoilla, johtuen niiden erilaatuisuudesta. Näin pitääkin empiirisessä tutkimuksessa olla. Rauhalakin toteaa, että ihmistutkimuksessa on toistaiseksi siedettävä kahden aivan erityyppisen tutkimusstrategian soveltamisen välttämättömyys.[30]

Trauman keskiössä on implisiittinen ja proseduraalinen oppiminen ja muistaminen (tästä kerrotaan luvussa 6.1): ihminen muodostaa jatkuvasti implisiittistä, tiedostamatonta muistiainesta, joka vaikuttaa siihen, miten hän toimii automaattisesti ja proseduraalisesti muistoa etäisestikin muistuttavissa tilanteissa. Jos hengenvaarallisen tapahtuman implisiittisen muiston yhteyteen on tallentunut pyrkimys paeta tapahtuman aikana, aiheuttaa muistin aktivoituminen siitä muistuttavien tekijöiden läsnä ollessa automaattisen ja psyykkisen, ei-tahdonalaisen tarpeen ja pyrkimyksen paeta, tilanteen tosiasiallisesta vaarallisuudesta tai vaarattomuudesta riippumatta.

Tämä on psykofyysistä tapahtumista. Keho on koko prosessissa erottamattomasti mukana implisiittisen muistin säiliönä ja toiminnan tukijana, kun keho valmistautuu pakenemiseen lisäämällä sykettä ja veren glukoosipitoisuutta, keskeyttämällä ruoansulatuksen, etsimällä aisteilla pakoreittiä jne.

Tätä automaattisesti toimivaa mekanismia vasten on helppo ymmärtää, miksi traumatisoitunut ihminen on usein psyykkisesti poikkeuksellisen reaktiivinen ja defensiivinen (esim. aggressiivinen, vetäytyvä tai todellisuudesta otteen

---

[30] Rauhala 2017, 114.

menettävä). Hän voi toimia vaistonomaisesti ja tahtonsa vastaisesti ollen suhteettoman defensiivinen neutraaleissakin tilanteissa, eikä hän välttämättä ole lainkaan tietoinen siitä, miksi hänessä tapahtui se mikä hänessä tapahtui. Traumatisoituneen ihmisen olemisen kokonaisuus tukeutuu kuvitellussa tai todellisessa vaaratilanteessa automaattisiin toimintatapoihin, harkitun toiminnan kustannuksella. Psyykkinen korostuu ja henkinen väistyy eriasteisesti. Psyykkiset traumareaktiot peilaavat autonomisen hermoston kulloistakin tilaa (ks. luku 7.1).

Psyykkisiä traumareaktioita ovat myös esim. muistamisen ongelmat, keskittymiskyvyttömyys, nukahtamisvaikeudet ja painajaisten näkeminen, tai pakonomainen liiallinen nukkuminen ja dissosiaatio (ks. luku 4.2). Psyykkistä traumareaktiivisuutta, joka on askeleen kauempana kehosta ja lähempänä henkistä, ovat myös esim. vaikeasti vastustettavat pyrkimykset turruttautua ahmimalla tai päihteillä, sekä välttelykäyttäytyminen.

Kehoon sidottu psyykkinen reaktio joka tapauksessa tapahtuu, jos on tapahtuakseen, koska se ei ole tahdonalaista. Henkisessämme voimme toimia suhteessa siihen, mutta vasta reaktion jo tapahduttua, jos saamme henkisemme täysimääräisesti käyttöön. Henkisessä voimme myös pyrkiä poisherkistämään traumareaktiivisuutta. Psykoneurobiologinen tosiasia kuitenkin on, että traumareaktioiden aikana henkinen väistyy aina jonkin asteisesti psyykkisen tieltä. Psykologisella kielellä sanottaisiin, että ihmisen toiminnanohjaus automaattisesti vaikeutuu tai jopa estyy traumojen implisiittisen muistamisen aiheuttamissa reaktioissa. Jos traumareaktioita on pitkin päivää, on oleminen kokemuksellisesti täysin toisen laatuista kuin se voisi olla, jos henkinen olisi täysimääräisesti enimmän osan ajasta käytössä.

Miten sitten työstämme traumatisoitumista psyykkisessä? Psyykkisen kanssa työskentely voi tapahtua vain henkisen avulla. Psykoneurobiologian tutkimusten tuloksista tiedetään, että henkinen on ihmisellä täysipainoisesti käytössä vain silloin, kun keho on turvallisessa tilassa ja homeostaasissa. Jotta henkiselle saadaan pelitilaa, on keho ensin saatava rentoutumaan stressireaktiosta. Vain tässä tilassa on autetuksi tuleminen mahdollista.

Henkisessämme voimme sitten suunnitella ja toteuttaa toimenpiteitä mm. implisiittisten muistojen muokkaamiseksi ja traumareaktioista poisherkistämiseksi, mitkä ovatkin traumaoireiden hallinnan ja eliminoinnin kivijalkaa (ks. luku 6.2). Traumojen eheyttämiseksi tarvitaan paljon henkistä työtä (psykoedukaatiota, itsetietoisuuden ja itsemyötätunnon kehittämistä, ihmissuhteissa tarkoituksellisesti toimimisen opettelua jne.), mutta ideaalitapauksessa työ alkaa siitä, että kehoa rentoutetaan pitkin päivää ja erityisesti traumareaktion synnyttyä. Tämän oivaltaminen ei ole vielä riittävästi läpäissyt ainakaan yleistä suomalaista traumatietoisuutta, vaikka positiivisia kehityssuuntia onkin nähtävissä.

Miten traumatisoituminen ilmenee henkisessä? On jo käynyt ilmi, että stressireaktioissa henkinen luovuttaa systeemin ohjaimet psyykkiselle. Jos henkinen on keskeisesti ihmisen arvotajunta, voi traumatisoitumisesta seurata se, että arvotajunta on verrattain kehittymätön. Tätä ei pidä ymmärtää pejoratiivisesti, väheksyvästi. Jos on tullut esim. lapsuudenkodissa vuosikausia arvottomasti kohdatuksi ja kohdelluksi, on yksinkertaisesti erittäin haastavaa avautua ajatukselle siitä, että arvokasta voisi ylipäätään olla olemassa.

*Tällainen perususkomus on vuosikymmeniä ollut itsellänikin. Traumatisoitunut saattaa nähdä itsensä arvottomaksi, rikkinäiseksi ja omien vaikutusmahdollisuuksien ulkopuolella olevien voimien vietävänä, lastuna lainehilla.*

Jos usko omaan kykyyn ohjata omaa elämää on olematon, ei ihminen välttämättä motivoidu edes yrittämään elämänsä hallitsemista. Lopulta pois voi jäädä jopa halu pitää itsestään ja elämästään huolta.

Muut ihmiset ja koko maailma, eli situaatio, voi näyttäytyä arvaamattomana ja vaarallisena. Koko oleminen voi tuntua pelkältä hengissä selviämiseltä. Yleisesti tunnettu ilmiö onkin, että traumatisoituneilla on – ilman mitään järkevää perustetta – käsitys oman elämän jäämisestä lyhyeksi (*sense of forshortened future*).

*Näin on ollut itsellänikin. Olin 20-vuotiaana varma, etten elä kolmekymppiseksi. Kun tuo maaginen rajapyykki kuitenkin ylittyi, olin varma, että neljääkymmentä en ainakaan näe.*

*On aivan ilmeistä, että tällaiset uskomukset ovat raskaita kantaa. Tätä kirjoittaessani olen 57-vuotias, enkä enää obsessoi yhtä paljon elämän pituudesta, vaikka terveellinen tietoisuus kuolevaisuudestani tietysti saa esim. nousemaan nojatuolista näppäimistön äärelle kirjoittamaan kirjaa. Pystyn kuitenkin keskittymään elämisen laatuun sen pituuden sijaan. Kirjoittaessa toteutan itseäni täysimääräisesti, ja tärkeää minulle on tarkoituksellisen lopputuloksen lisäksi inspiroiva prosessi, tutkimisen ja kirjoittamisen vuorottelu.*

*Nuorempana tällainen orientaatio olisi ollut traumatisoitumisen värittämän henkiseni vuoksi täysin mahdoton. Runnoin sinne päin tehtyjä lopputuloksia läpi traumaattisen aggression voimin. On ironista, että työelämässä tällaisesta minua joka päästä loppuunpolttavasta prosessista vain palkittiin toinen toistaan paremmilla asemilla ja palkkioilla. Kokonaan suorittaminen ei ole vielä eläkkeelläkään hellittänyt otettaan minusta, mutta asenteeni on pehmenemässä.*

*Tietyssä mielessä traumareaktiivisuuden syttyminen ilmiliekkeihin lopulta pelasti minut ihmisenä, koska olin pakotettu luopumaan kaikesta vanhasta ja etsimään kestävämpää uutta. Jos minä voin, voi kuka tahansa "herätä henkiin" syvästä traumaunesta.*

Edellä kuvatun kaltaiset olemisen kannalta epäsuotuisat merkityssuhteet ovat oikaistavissa tuomalla maailmankuvaa rikastavia ja itsetietoisuutta lisääviä merkityssisältöjä ja -kokemuksia situaatioon. Itse olen saanut niitä psykoterapeuttisissa keskusteluissa, turvallisten aikuisten ja eläinten seurassa olemisesta ja vastavuoroisesta hoivasta – mutta myös perehtymällä logofilosofiaan ja ylipäätään filosofiseen ihmistutkimukseen. Filosofiakin voi siis itsessään olla traumaterapiaa. Viktor Franklin ajattelu on tunnettu juuri siitä, miten sen opiskelu itsessään eheyttää ja kasvattaa ihmistä henkisesti.

*On ollut mielenkiintoista huomata, että epäsuotuisat merkityssuhteet voivat elää sitkeästi tajunnassa. Traumareaktioiden aikana vanhat merkityssuhteet tulevat etualalle. Itsekin elän tällaista kahta laadullisesti erilaista elämää. Vaikeiden ja traumareaktioiden täyteisten ajanjaksojen aikana en kestä miltei mitään viestejä kotini ulkopuolisesta situaatiostani ja menetän kiinnostukseni jopa henkilökohtaisen hygienian hoitamista kohtaan. Kun kehoni on homeostaasissa, katson tulevaisuuteen ja pusken eteenpäin eksistentiaalisia projektejani ja pidän itsestäni parempaa huolta, minkä tarve tuntuu itsestään selvältä. Sama ihminen voi hetkestä toiseen elää kahta täysin erilaista elämää.*

## Traumatisoituminen ihmisen kokonaisuuden dynamiikassa

Miten traumatisoituminen ilmenee ihmisen kehollis-tajunnallis-situationaalisessa holistisessa kokonaisuudessa, ja miten osapuolten yhteenkietoutuminen näkyy traumatisoituneen olemisessa? Osittain sitä on avattu jo edellä psyykkisen ja henkisen tapahtumisen osalta. Yritän valaista tätä dialektiikkaa hieman lisää kehittelemällä aiempia esimerkkejä ihmisen kokonaisuuden dynamiikan huomioiviksi.

Lähtökohta traumatisoitumisessa on, että ihminen kohtaa situaatiossaan elimistön stressinsietokyvyn ylittäviä kokemuksia ja muodostaa psyykkisessään niistä kehon avulla implisiittisiä ja proseduraalisia muistoja. Muistojen koodautumiseen vaikuttaa ratkaisevasti se, miten turvallisessa seurassa ihminen on situaatiossaan sietokyvyn ylittävien tapahtumien aikaan tai heti niiden jälkeen. Tähän perustuu järkyttäviä tapahtumia seuraavien purkutilaisuuksien (*debriefing*) teho, joissa rauhallisen ammattilaisen läsnäollessa puretaan tapahtunut traumatisoitumisen estämiseksi.

Jos ylivoimaisen sietämättömiä tapahtumia kumuloituu situaatiossa ajan oloon, alkaa autonominen hermosto herkistyä vaaran havaitsemiselle, ja havaitsee lopulta situaatiossa vaaraa silloinkin, kun sitä ei todellisuudessa ole, ja psykofyysinen kokonaisuus elää kroonisessa korostuneen valpastuneessa tilassa, hypervigilanssissa.

Traumamuistaminen, jonka kautta trauma todellistuu myöhemmin elämässä, noudattaa samaa logiikkaa kuin traumamuistojen synty. Muistaminen itsessään on psyykkinen ilmiö. Muistin sisällöt ovat alkuperin situaatiosta, tallentuneina kehoon. Muistot rekonstruoidaan psyykkisessä kehoon tallennetuista sisällöistä. Kun traumamuistamista tapahtuu, situaatiossa esiintyy muistosta muistuttavia tekijöitä, ns. triggereitä eli traumalaukaisijoita. Näiden vuoksi keho valmistautuu toimimaan situaatiossa sen mukaisesti, mikä on muistiin tallentunut proseduuri eli yksityiskohtainen toimintasekvenssi.

On huomionarvoista, että vaaran ei tarvitse olla situaatiossa tosiasiallinen, jotta traumareaktio prosessina käynnistyy. Pelkkä kuvitelma tai muisteleminen voi laukaista tämän prosessin. Henkinen reflektointi ja oman toiminnan hallinta eriasteisesti väistyy ja psyykkinen reaktiivinen käyttäytyminen ikään kuin ottaa hallinnan ihmisen kokonaisuudesta.

Kokonaisuudessa ovat priorisoituina autonomisen hermoston hengissä selviämisen mekanismit, jotka toimivat determinoidusti ja nimensä mukaisesti automaattisesti, tahtomme ulkopuolella. Koska psyykkinen tajunnallisuus on sidottu kehoon, myös psyykkisessä toteutuu determinoituja, ennustettavia toimintataipumuksia, kuten välttelykäyttäytymistä, aggressiota, tilanteesta poistumista. Tai dissosiaatiolle tyypillistä itsetietoisuuden radikaalia kaventamista ja maailman kokemista epätodelliseksi, tai turtuneisuutta ja jopa jäätymistä paikalleen kokonaan irti itsen ja maailman kokemisesta (ks. luku 4.3).

Traumatisoituneet ihmiset kokevat näitä ilmiöitä laajasti psykofyysisessä olevien determinististen prosessien seurauksena. Situationaalisuuden historiallisen kerrostumisen vuoksi ihminen on kuitenkin aina yksilö, ja henkilöhistoria sekä siinä tapahtunut merkitysten muodostuminen (tässä yhteydessä psykologisella kielellä oppiminen) vaikuttaa aina siihen, miten traumareaktiot realisoituvat. Lisäksi siihen vaikuttavat situaatiosta aiheutuneet muutokset hermoston kokoonpanoon.

Esimerkiksi ns. taistele tai pakene -reaktio ilmenee eri ihmisillä eri tavoin, kun eläimillä se ilmenee lajityypillisesti (leijona hyökkää, peura pakenee, lisko jäätyy jne.). Ihmisistä joku on taipuvainen taistelemaan, kun taas joku toinen oletusarvoisesti pakenee (vrt. ihmisen realisoituminen ennakkoehtojensa mukaiseksi, eli *Sorge*, edellä).

Jatkuvien situaatiossa koettujen traumakokemusten seurauksena henkiseen tajuntaan voi muodostua epäsuotuisia merkityssuhteita mm. omasta tai muiden ihmisten arvosta tai maailmassa-olemisen vaarallisuudesta tai omasta mahdollisuudesta vaikuttaa oman elämän kulkuun.

Traumatisoituneen auttamiseen tähtäävän toiminnan, kuten traumapsykoterapian, olisi keskeistä ymmärtää edellä kuvattua dynamiikkaa. Ihmisen situaation on oltava terapiatyössä tiiviisti mukana, ja se on ymmärrettävä perusteellisesti. Jos esimerkiksi situaatiosta ei poisteta traumareaktiivisuuden kannalta negatiivisesti vaikuttavia tekijöitä, tai ihminen ei vie traumareaktioiden helpotusta tuottavia käytäntöjä arkeensa, jää terapian vaikutus suppeaksi.

Koska ihmisen henkinen väistyy traumareaktioissa, on terapeutin ymmärrettävä, miten voi tehokkaimmin auttaa asiakastaan pääsemään henkisiin voimavaroihin käsiksi. Vasta niistä käsin on aito muutos mahdollista.

Terapeuttien tulisi pyrkiä mahdollisimman hyvin ymmärtämään asiakkaan subjektiivista maailmankuvaa, ja ymmärtää miten tämä maailmaa kokee ja millaisista kokemuksista juontuvat tämän maailmankuvassa ilmenevät epäsuotuisat merkityssuhteet. Terapeuttien tulisi ymmärtää, että traumatisoitunutkin ihminen on olemuksellisesti arvoihin orientoitunut henkisessään ja voi tarvita henkistä rikastavia kokemussisältöjä ja kokemuksia. Edellä sanotusta seuraa myös, että terapian pitäisi aina olla enemmän persoonakohtaista kuin yleisiin menetelmiin nojaavaa.

Parhaimmillaan terapeutilla on riittävää tietoa siitä, mitä kaikkea asiakas ihmisenä ja yksilönä on, ja miten tukea tämän kokonaisolemista. Tähän tarvitaan terapeuttinen työkalupakki, jolla tukea asiakasta tämän jokaisen olemuspuolen haasteiden äärellä hänen preferenssiensä mukaisesti. Tarvitaan kokoelma kehollisia menetelmiä sekä perusteellista psykoedukaatiota, joka antaa kontekstin traumatisoituneen fyysisille ja psyykkisille haasteille ja joka lisäksi ottaa huomioon ja tekee asiakkaankin tietoiseksi myös tämän henkisestä olemuksesta ja voimavaroista.

Tätä varten tarvitaan itsetietoisuutta kehittäviä keskusteluita ja harjoituksia, sekä valmius käydä rikastavaa keskustelua henkisestä kasvusta. Tämä ajatus saa lihaa luiden päälle kirjan seuraavista luvuista. Jo Viktor Franklin logofilosofian ihmiskäsityksen esittely antaa terapeuteille ja muille ihmisten kanssa työskenteleville ammattilaisille virikkeitä ihmisen kohtaamiseksi henkisenä ihmisenä.

## 2.2. Logofilosofian ihmiskäsitys

Viktor Franklin perustaman logoterapian ja eksistenssianalyysin ja sen taustafilosofian, logofilosofian, voi nähdä eksistentiaalis-fenomenologisena perustaltaan. Siten se niveltyy suoraan edellä käytyyn keskusteluun ihmisen eksistenssistä.[31]

Tämä kirjan kannalta on tärkeää nostaa esiin, että maailmalla logoterapiaa käytetään traumaperäisen stressin kuntoutuksessa.[32] Logoterapia on Suomessa vielä harvinaista ja se erotetaan usein melko jyrkästi psykoterapiasta. Suomessakin logoterapiaa voitaisiin silti käyttää muun traumahoivan täydentäjänä.[33]

Itse näkisin kriittiseksi, että psykoterapeuteilla olisi ainakin perustiedot logofilosofiasta ja logoterapeuteilla perustiedot traumatisoitumisesta. Näin molempien lähestymistapojen näkymät avartuisivat ja ihminen tulisi kohdattua kokonaisvaltaisemmin.

Viktor Franklin koko elämäntyö oli kannanotto siihen, miten elää hyvää elämää elämässä väistämättömän kärsimyksen, kuten traumatisoitumisen, kanssa. Hänen perintönään elävä ja kehittyvä logofilosofia vie filosofisen ajattelun

---

[31] Purjo 2020, 24 ja Niiles-Mäki & Sadeaho 2021, 26, 150.
[32] Ks. esim. useita tapaustutkimuksia teoksesta Batthyány 2016. Ks. myös Dezelic ym. 2016.
[33] Vrt. Niiles-Mäki & Sadeaho 2021, 95–99.

suoraan ihmisen arkisen painimisen keskiöön eläväksi käytännöksi. Jokainen ihminen joutuu filosofoimaan, vaikkei sitä niin olisi mieltänytkään.

Alice Holtzhey-Kunz toteaa, että ns. mielenterveyden häiriöistä kärsivät ihmiset kokevat herkemmin ihmisen ontologisen haavoittuvuuden ja heistä tulee siksi vastentahtoisia filosofeja, filosofeja olemisen karujen realiteettien ansiosta.[34] Logofilosofiaan tutustuminen on jo itsessään hoitavaa ja ylevöittävää traumatisoituneelle, jos pystyy löytämään sisäisen, vastentahtoisenkin, filosofinsa.

Viktor Franklin elämäntyö tulee parhaiten ymmärretyksi vasten hänen elämäänsä, joten aloitan Franklin ihmiskäsityksen perkaamisen kuvaamalla lyhyesti hänen elämänsä päävaiheet. Viktor Frankl (1905–1997) oli wieniläinen psykiatri, neurologi ja filosofi, joka kehitti oman terapiasuuntauksensa perusajatukset 1920- ja 1930-luvuilla. Hän oli pojasta saakka ollut kiinnostunut ihmisenä olemisen kysymyksistä ja erityisesti elämän tarkoituksesta, ja hän oli innokas filosofian opiskelija, vaikka päätyikin lukion jälkeen lääketieteen opintoihin.

Hän väittelikin myöhemmin niin lääketieteestä kuin filosofiasta. Mutta jo filosofinalkuna hän tuli vakuuttuneeksi, että ihmisen perimmäisin tarve on kokea elämä tarkoitukselliseksi: **ihmisellä on tarkoituksen tahto**. Tällä vakaumuksella hän asettui myöhemmin oppositioon oppi-isiensä Sigmund Freudin ja Alfred Adlerin kanssa, joiden näkemyksen mukaan ihmiset olivat viettiensä (Freud) ja alemmuuskompleksin ja vallanhalun (Adler) vietävinä.[35]

Viktor Franklin käytännön työ nuorena lääkärinä oli sen ensiaskeleista lähtien poikkeuksellisen tuloksekasta. Hän perusti opiskelijoita varten neuvontapisteitä seitsemään itävaltalaiseen kaupunkiin. Niiden avulla hän onnistui ehkäisemään ylioppilaiden itsemurhia, joista oli syntynyt traaginen ongelma, kun alisuoriutuneet ylioppilaat pelkäsivät päättötodistuksen arvosanoja. Toiminnan

---

[34] Deurzen 2019, 65.
[35] Frankl 2006, 98–99.

tuloksena huomattiin ensimmäistä kertaa vuosiin, että yhtäkään opiskelijan it-semurhaa ei raportoitu.[36]

Frankl näki, että elämällä on aina tarkoitus, myös äärimmäisissä olosuhteissa ja viimeiseen hengenvetoon saakka. Tämän periaatteen Frankl joutui myös henkilökohtaisesti elämään todeksi jouduttuaan vangiksi toisen maailmanso-dan keskitysleirille. Hän on kuvannut kokemuksensa maailmankirjallisuuden klassikkona pidetyssä teoksessa *Ihmisyyden rajalla*. Alkuperäiseltä saksankie-liseltä nimeltään *Ein Psycholog erlebt das Konzentrationslager* (engl. *Man's Search for Meaning*) julkaistiin alun perin 1946, heti maailmansodan jälkeen. Se on yksi merkittävimmistä varhaisista traumaperäisen stressin tutkielmista.

Frankl huomasi, että henkisesti vahvat, elämän jäljellä oleviin tarkoitusmah-dollisuuksiin fokusoineet ihmiset selvisivät paremmin keskitysleirien kau-huista kuin esim. fyysisesti vahvat. Tarkoitusmahdollisuudella tarkoitetaan lo-gofilosofiassa jokaisessa hirvittävimmässäkin elämäntilanteessa piilevää mah-dollisuutta löytää jotakin arvokasta. Frankl mm. todisti, miten henkisesti vah-vat vangit antoivat viimeisen leivänpalansa sitä enemmän tarvitseville ja miten ihmisiä piti järjissään se, että he projisoivat itsensä mielikuviin sodanjälkei-sestä elämästä, jossa he palaavat yhteen rakkaidensa kanssa ja jatkavat elä-mänsä rakentamista.

Toisen maailmansodan jälkeen Frankl formalisoi oppiaan pidemmälle, kirjoitti kymmeniä kirjoja ja omistautui logoterapian sanoman levittämiselle ympäri maailman. Hänellä oli professuuri Wienissä, minkä ohella hänellä oli dosen-tuureja eri puolilla maailmaa sekä professuurit Harvardin, Dallasin ja Pitts-burghin yliopistoissa. Frankl sai elämänsä aikana 29 kunniatohtorin arvoni-meä. Logoterapia ja eksistenssianalyysi on tätä nykyä yksi suurimmista, ellei suurin, eksistentiaalisen terapian koulukunta maailmassa. Sitä opetetaan kym-menissä maissa mm. Euroopassa, useissa Latinalaisen Amerikan maissa, Poh-jois-Amerikassa, Lähi-Idässä, Etelä-Afrikassa ja Japanissa. Suomessakin lo-goterapiainstituutteja on kolme.

---

[36] Frankl 2000, 68.

Merkillepantavaa tämän kirjan lukijoiden kannalta on, että kaikki logotera-
piaopetus ja -kirjallisuus on keskeistä ihmisenä olemista ja kasvamista käsit-
televää tietoa, joka on hyödyksi paitsi varsinaista terapiamuotoa opiskeleville,
myös kaikille muille ihmisten auttajille – ja ehkä ennen kaikkea henkilökoh-
taisen henkisen kasvuun virikkeenä.

## Viktor Franklin filosofinen antropologia

Filosofisen antropologian, eli filosofisen ihmistutkimuksen, peruskysymys on:
mikä tekee ihmisestä ihmisen; mikä erottaa meidät muusta olevaisesta? Frankl
opetti, että ihminen on holistinen kokonaisuus ja enemmän kuin fyysisyytensä
tai psyykkiset ominaisuutensa. Kun erillistieteet tavallisesti ottavat tutkimuk-
sen kohteeksi vain psyykkisen tai fyysisen ihmisessä, ihmisen erityisyys jää
huomiotta: jäljelle jää karikatyyri kokonaisuudesta, varsinaisesta inhimilli-
sestä riisuttuna.

Frankl vastusti jyrkästi reduktionismia, jossa ihmisen kuvaillaan olevan vain
vaikkapa kemiaa, hermostollisia prosesseja tai psyykkisiä ominaisuuksia.
Frankl oli perustellun närkästynyt siitä, että ihmistä tarkasteltiin pelkästään
eläinkokeiden valossa, kuten varhaisessa behaviorismissa oli tapana, tai että
ihmistä kuvattiin pelkäksi tietokoneeksi (kuten varhaisessa kognitivismissa).
Frankl kutsui tällaista ajattelua subhumanistiseksi. Toki ihminen on myös
eläin, ja hänessä on tietokoneenomaisia ominaisuuksia, mutta nämä lähesty-
mistavat eivät pääse lähellekään koko totuutta ihmisestä eivätkä kerro mitään
siitä, mikä on varsinaisesti ja perustavasti inhimillistä.[37]

Nykyinen valtapsykiatria näyttää toimivan vankan reduktionistisella asen-
teella. Ihmisen sijaan kohdataan aivokemian ja aivokemiallisten prosessien
epätasapainoa tai häiriöitä, ja ihmisyys kokonaisuutena ohitetaan. Aidon hoi-
van korvaa usko lääkityksen voimaan. Nykypsykiatria on pääsääntöisesti me-
dikalistista, ja sen ihmiskuva on patologisoiva: sairauksia ja häiriöitä koros-
tava, ihmisen resursoinnin ja kokonaisvaltaisen tukemisen kustannuksella.

---

[37] Frankl 2005, 34–37.

Jos tämä tuntuu pessimistiseltä arviolta, voi tehdä seuraavan ajatuskokeen: Kuvittele psykiatri keskustelemassa asiakkaansa kanssa. Kysyykö psykiatri missään vaiheessa asiakkaalta: mitkä ovat sinun arvosi ja elämäntehtäväsi? Kuitenkin arvotajunta on ihmistä keskeisesti ohjaava henkinen ominaisuus, ja ihmisen itselleen ottamat elämäntehtävät kertovat kuka hän on ihmisenä, ei vain oireina, ja mikä hänelle on tärkeää.

Frankl vastusti myös pandeterminismiä, joka kieltää ihmisen vapaan tahdon ja näkee ihmisen kokonaisvaltaisesti etukäteen determinoituna.[38] Logofilosofia postuloi aksiomaattisesti ihmisen inhimillisyydessään (henkisessään) olemuksellisesti vapaaksi. Ihmisellä on aina jonkinlainen vapaus, kohtalonomaisistakin olosuhteista huolimatta, tehdä vapaasti valintoja. **Ihmisellä on vapaa tahto**.

Jos ihmisen ongelmille löytyy syitä kehosta, psyykkisestä tajunnallisuudesta tai elämäntilanteesta, ongelmien aiheuttajat pitää luonnollisesti eliminoida mahdollisuuksien rajoissa, mutta ihminen ansaitsee aina myös tulla nähdyksi henkisine voimavaroineen ja mahdollisuuksineen. Hänen tahtonsa ja elämänsä tulee tulla kohdatuksi kokonaisuutena, koska tuosta kokonaisuudesta löytyy hyvän elämän eväät.

Frankl korosti erityisesti sitä, että ihmisellä on tajunnan rakenteellisena osana henkinen olemuspuoli, eikä vain automaattivaihteella toimiva psyykkinen. Käytännössä jokainen Franklin teoksista keskittyy henkisen olemuspuolen esille nostamiseen ja kuvaamiseen. Ihmisen tajunnasta erotellaan siis logofilosofisessa ajattelussa henkinen ja psyykkinen tajunnallisuus, ja henkinen on se, mikä tekee ihmisestä ihmisen erotuksena muista olioista. Lisäksi ihminen on logofilosofian mukaan avoin maailmaan, ja aina suhteissa oleva.[39]

Nämä osat muodostavat toisiinsa holistisesti yhteenkietoutuneen kokonaisuuden, jonka osat ovat erilaatuisia. Näin on ilmeistä, että logofilosofiasta voi löytää koko eksistentiaalis-fenomenologisen holistisen ihmiskäsityksen: ihminen

---

[38] Mt., 32.
[39] Vrt. maailmassa-oleminen, ks. Niiles-Mäki & Sadeaho 2021, 150–151.

on kehollinen, tajunnallinen – joka on yhtäältä psyykkistä ja toisaalta henkistä – ja situationaalinen. Logoterapia ja eksistenssianalyysi terapeuttisena käytäntönä, kuin myös logofilosofia itsensä kehittämisen viitekehyksenä, keskittyy erityisesti ihmisen henkisten kykyjen kuvaamiseen, esiin houkuttelemiseen ja vaalimiseen.

## Ihmisen henkisiä ominaisuuksia ja kyvykkyyksiä

Henkisen ydin on logofilosofisessa ajattelussa **tarkoituksen tahto**, eli tarve ja kyky kokea elämä tarkoituksentäyteiseksi. Aito tarkoitus löytyy arvoista ja arvokkaasta. Purjo erottaa hyödyllisesti toisistaan käsitteet elämän merkityksellisyydestä ja tarkoituksellisuudesta.[40]

Merkityksellistä on se, mikä on minulle subjektiivisesti tärkeää. Minulle voi olla merkityksellistä esimerkiksi käydä huvipuistossa syömässä hattaraa ja näin saada mielihyvää. Mutta asiat, jotka ovat minulle merkityksellisiä, eivät välttämättä ole arvokkaita ihmiskunnalle yleisesti. Hattaran ostaminen on merkityksellistä vain sen ostajalle ja myyjälle, molemmille eri syistä.

Tarkoitukselliset asiat taas ovat aina yleisinhimillisesti arvokkaita. Merkityksellinen on siis subjektiivista hyvää, kun tarkoituksellinen on objektiivisesti hyvää. Tarkoitus on aina myös merkityksellistä, mutta merkityksellinen ei välttämättä ole tarkoituksellista.

Henkinen on tarkoitukseen orientoitunut ja siis ihmisen arvottava puoli tai arvotajunta. Henkinen meissä on myös mm. päämäärätietoinen, tehtäväorientoitunut, luova, intuitiivinen, omantunnon ohjaama, vastuullinen ja rakastava. Eräs henkisen salaisista aseista on huumorintaju, jonka avulla ihminen voi nousta mahdottomienkin tilanteiden yläpuolelle edes hetkellisesti. Frankl muisteli lämmöllä keskitysleireillä kukoistanutta mustaa huumoria.[41]

---

[40] Purjo 2019.
[41] Ks. myös Niiles-Mäki & Sadeaho 2021, 128–130.

Ihmisen elämä on täynnä olosuhteista tai ihmisen sisäisestä maailmasta kumpuavia vaikeuksia. Jokainen kamppailee kärsimyksen ja syyllisyyden kanssa, ja jossakin odottaa jokaista myös vääjäämätön elämän päättyminen. Kyky nousta vaikeuksien yläpuolelle kurottautumalla kohti arvokasta on se, mikä tekee ihmisestä autenttisesti ihmisen. Kun ihminen unohtaa itsensä jonkun tai jonkin hyväksi, hän on aidosti inhimillinen. Tätä kykyä kutsutaan logofilosofiassa itsen transsendenssiksi.[42]

Itsen transsendenssissa ihminen orientoituu arvokkaaseen päämäärään tai toisen ihmisen rakastamiseen. Logofilosofia korostaa rakkauden merkitystä ihmisen henkisessä hyvinvoinnissa, ja sen mukaan rakkaudessa ihminen kohtaa toisen ihmisen, näkee hänessä potentiaalin arvokkaaseen ja tahtoo toimia niin, että tuo potentiaali saa aktualisoitua.[43] Rakkaus filosofisena käsitteenä tai arvona ei siis ole yhtä kuin romanttinen rakkaus, vaan syvää lähimmäisen arvostamista ja hänestä välittämistä.

Neurologina ja psykiatrina Frankl tiesi, ettei ole itsestäänselvää, että ihmisellä on kaikissa olosuhteissa kaikki henkiset voimavaransa käytössään. Psyykkinen tai fyysinen kärsimys voi täyttää tajunnan niin, että henkinen ei voi täysimääräisesti aktualisoitua. Filosofina Frankl kuitenkin muistutti, että henkiset kyvyt ovat kaikilla eheinä ja pysyvinä, vaikka ne voivat olla latentissa tilassa. Henkinen on kuin aurinko, joka paistaa aina, vaikka kärsimyksen pilvet voivat välillä pimentää taivaan.

*Tähän on kompleksisesta traumasta kärsivän helppo yhtyä. Traumareaktioiden pyörteissä on vaikeaa ja usein mahdotontakin ajatella kirkkaasti tai omiin arvoihin nojaten. Näkökulmasta itseen ja maailmaan tulee myooppinen, putkinäköinen. Traumareaktiivinen ihminen on hermoston ohjaamana itsekeskeinen: toimimme autopilotilla ja tarve päästä turvaan ohittaa ihmisen kokonaisuudessa kaikki muut motivaatiot. Kun reaktio on väistynyt, näemme taas itsemme ja maailman täynnä tarkoitusta ja valinnan mahdollisuuksia, ja pystymme toimimaan arvojen mukaisesti. Lohdullista on, että voimme*

---

[42] Purjo 2012, 31–32.
[43] Purjo 2019.

*vakauttamalla itsemme (ks. luku 7.3) saada henkisen heräämään täysimääräisesti. Tämä tietysti edellyttää, että voimavaramme ylipäätään riittävät vakauttamiseen.*

Etäisyyden saamista itseä vaivaaviin asioihin tai omaan kärsimykseen Frankl kutsui itseen etääntymiseksi (käännetään joskus myös itsen etäännyttämiseksi tai itse-etääntymiseksi).[44] Itseys tulee näissä käsitteissä ymmärtää ihmisen henkiseksi olemuspuoleksi, ihmisen henkiseksi persoonaksi. Ihminen voi ottaa henkistä etäisyyttä tilanteeseensa ja suhtautua siihen objektivoivasti ja kantaaottavasti, ikään kuin ilman liiallista tunnelatausta vaikeaa tilannetta kuvaava toimittaja. Ihmisellä on kyky asiallistaa kokemaansa, nähdä kokemukset asioina muiden asioiden joukossa sekä arvioida, mitä haluaa kokea tai ei enää halua kokea, ja toimia sen mukaisesti.

Henkinen voi myös turhautua, jos sitä ei ravita. Jos ihminen kokee elämänsä tarkoituksettomaksi, hän tuijottaa pohjattomaan kuiluun. Frankl kutsui tätä ilmiötä eksistentiaaliseksi tyhjiöksi, ja se on itsemurhan riskitekijä. Logoterapia on eksistentiaalisen tyhjiön täsmähoitoa.

Edellä on jo todettu, että ihmisellä on vapaa tahto. Tahdon vapaus ei ole kuitenkaan absoluuttinen, vaan aina elämäntilanteen tai muiden kohtalonomaisten tekijöiden rajaamaa. Vapaa tahto tarkoittaakin ennen kaikkea sitä, että ihmisellä on aina jonkinasteinen mahdollisuus muokata situaatiotaan – ja silloinkin, kun elämäntilanne ei mitenkään ole muutettavissa, on ihmisellä kuitenkin vapaus muuttaa asennoitumistaan siihen. Voin esimerkiksi valita antaa koko elämäni pyöriä vaikean sairauden ympärillä tai voin asennoitua siihen pohtien mitä liikkumavaraa minulla vielä on elämässä, sairaudesta ja sen aiheuttamasta kärsimyksestä huolimatta. Usein huomaamme, että liikkumavaraa on enemmän kuin luulimmekaan.

Vapauden välttämätön vastinpari on vastuu, koska ilman vastuullisuutta vapaus voi muuttua mielivallaksi. Frankl ehdottikin, että Yhdysvaltain länsirannikolle tulisi rakentaa vastuullisuuden patsas itärannikon vapaudenpatsaan

---

[44] Ks. esim. Purjo 2012, 125.

vastapainoksi. Tämän ajatuksen siivittämänä tekeillä onkin patsas Viktor Franklin kunniaksi.

## Mikä on tarkoituksellista

Tarkoituksen tahto on sisäsyntyinen tarve kokea elämä tarkoitukselliseksi ja tehdä tarkoituksellisia, hyviä tekoja. Tarkoituksellista on se, mikä on aidosti arvokasta. Aidosti arvokasta on se, mikä ei ole keneltäkään pois, vaan joka tekee maailmasta paremman paikan. Aidosti arvokasta voivat siksi olla esimerkiksi totuus, hyvyys, kauneus ja rakkaus. Omantunnon muodossa ihmisillä on luontainen intuitio siitä, mikä on arvokasta. Logofilosofisessa ajattelussa ihminen syntyy maailmaan hyvänä ja tahtoen tehdä muille hyvää.[45]

Arvot näkyvät ihmisen elämässä heidän arvostuksinaan. Nämä kuvaavat sitä, mikä on yksilölle tärkeää ja arvokasta, ja ne antavat suuntaa elämän valinnoille ja projekteille.[46] Ideaalitapauksessa arvostukset heijastavat jollakin tapaa universaaleja arvoja, mutta ihminen voi arvostaa myös arvottomia tai vain välineellisesti arvokkaita asioita, kuten vaikkapa valtaa, mainetta ja mammonaa. Omien arvostusten ja niiden keskinäisen hierarkian selkeyttäminen on jokaisen omalla vastuulla, ja jokainen toimii omien arvoihin perustuvien arvostelmien pohjalta, tiedostaen tai tiedostamattaan.

Nykyelämässä aidosti arvokas sekoittuu usein välinearvoihin. Kun vaikkapa jonkin maan hallitus kurjistaa ihmisten elämää säästääkseen rahaa, on rahan arvo ohittanut hyvinvoinnin arvon. Todellisuudessa raha on vain väline lisätä ihmisten hyvinvointia. Raha on välinearvo, kun taas ihmisten tasa-arvoisuus ja hyvinvointi ovat aidosti arvokkaita asioita. Kun rahaa kohdellaan itseisarvona, ovat arvot hukassa. Tarina rahaa itselleen kahmineesta uusrikkaasta ja hänen hölmistyneisyydestään sen äärellä, ettei elämä ole muuttunut yhtään tarkoituksellisemmaksi, eikä mikään tunnu miltään, on kaikille tuttu.

---

[45] Packalén 2019, 16–17, 29.
[46] Purjo 2019.

Frankl totesikin jo vuosikymmeniä sitten, että länsimaisella ihmisellä voi olla kaikki millä mällätä, muttei tarkoitusta, jonka vuoksi elää. Tarkoituksettomuuden tunne on Franklin mukaan aikalaisvaiva, ja se altistaa yksilön eksistentiaaliselle tyhjiölle, joka ajaa ihmiset epätoivoon, addiktioihin ja jopa itsetuhoon.[47]

Ihminen onkin taipuvainen kysymään elämän tarkoitusta. Mikä tarkoitus voi olla kaikella kärsimyksellä, arkisella tohinalla ja materialla, ellei se tarjoa täyttymystä? Elämän perimmäinen tarkoitus on kuitenkin ihmisen käsityskyvyn ylittävä. Voimme vain uskoa esim. kosmiseen järjestykseen, jumalolentoihin tai arvojen maailmaan kaiken tarkoituksen lähteenä, tai voimme valita uskoa, että kaikki on vain mielivaltaista, vailla mitään perustavaa tarkoitusta. Jonkinlaisen uskon varaan on kuitenkin helpompi rakentaa hyvinvointia.

Jos elämän kokonaistarkoitus on meiltä salassa, on käsinkosketeltavaa ja elämää rikastavaa tarkoitusta etsittävä muualta. Frankl opetti, että elämän tarkoitukset ovat jokaiselle henkilökohtaisia ja tilannekohtaisia. Koska jokainen ihminen on täysin ainutlaatuinen, näyttäytyy jokainen valintatilanne elämässä meille kullekin erilaisena.

Jokaisella on omat vahvuutensa ja heikkoutensa, omat rajoituksensa ja mahdollisuutensa. Jokaiselle ihmiselle on siksi jokaisessa tilanteessa löydettävissä juuri hänelle tarkoituksellisin, arvokkain valinta, jonka pohjalta toimia. Tarkoitus löytyykin siis hetkestä ja mahdollisimman arvopitoisten valintojen tekemisestä.

Mistä tarkoitus sitten arjessa käytännössä löytyy, miten elää tarkoituksentäyteistä ja arvokasta elämää kärsimyksestä ja traumoista huolimatta? Näihin kysymyksiin voi löytää omia vastauksia kirjan harjoitusosassa.

---

[47] Frankl 2010.

# 3.  Traumatietämyksen lyhyt historia

On tärkeää ymmärtää, miten traumaymmärrys on kehittynyt sen alkutaipaleelta tähän päivään saakka, koska historian valossa on helppoa nähdä, että traumoista puhuttaessa esiintyy viljalti vanhentuneita tapoja käsittää ja käsitteellistää traumoja, varsinkin arkiajattelussa. Traumatietämyksen historiaa 1800-luvun lopulta 1980-luvulle asti kuvaa Judith Herman traumakirjallisuuden klassikossa *Trauma and Recovery*, joka julkaistiin alun perin 1992.

Kirja on merkittävä kolmesta syystä. Ensinnäkin se kuvaa traumoja historiallisissa, sosiaalisissa ja poliittisissa konteksteissa. Traumaa ei ymmärretä tai hoideta tyhjiössä, vaan trauman ymmärtämiseen vaikuttavat aina sosiaaliset mekanismit ja valta-asetelmat. Hyvä esimerkki tästä on se, miten traumatieto muodostui aina 70-luvulle asti lähes yksinomaan patriarkaalisissa konteksteissa. Toiseksi Herman suosittelee traumaterapiaa jäsennettävän kolmivaiheiseksi prosessiksi (ks. luku 3.3), ja tästä on tullut vakiintunut käytäntö traumojen hoidossa myös Suomessa. Kolmanneksi Judith Herman esittää kirjassaan ensimmäisenä monimuotoisen traumaperäisen stressihäiriön diagnoosia (*Complex Posttraumatic Stress Disorder*, CPTSD), josta lopulta tuli diagnoosi kansainvälisessä tautiluokituksessa vuonna 2018.

## 3.1. "Hysterian" tutkimuksen aikakausi

Vedän seuraavassa yhteen Hermanin kirjan traumahistoriikkia. Sitä ilmiötä, jota nyt kutsumme traumaperäiseksi stressiksi, nimitettiin 1800-luvun lopulla hysteriaksi. Ilmiö tunnettiin niin hyvin, ettei sitä pitkään edes vaivauduttu määrittelemään kunnolla. Hysteriaa oli kaikki se naisten käytös, jota miehet pitivät käsittämättömänä ja hallitsemattomana. Sen ajateltiin siis olevan naisille spesifi ongelma, joka jotenkin johtuu kohdun olemassaolosta; kreikan sana *hystera* tarkoittaa kohtua.

Hysterian systemaattisen tutkimuksen patriarkka oli ranskalainen neurologi Jean-Martin Charcot, jonka ansioksi pitää siis laskea se, että ilmiöstä kiinnostuttiin tarkemmin. Tutkimuslaitokseksi muuttamassaan sairaalassa hän piti hysteerisistä naisista luentoja ja teatraalisia demonstraatioita, jotka vetivät puoleensa Pariisin kermaa. Lisäksi Charcot'n sairaalasta tuli kuuluisien lääkärien pyhiinvaelluspaikka, ja siellä imivät hysteriaoppia itseensä mm. Sigmund Freud, yhdysvaltalaisen psykologian pioneeri William James ja tiettyihin trauman käsitteellistämisen tapoihin edelleen vaikuttava ranskalainen Pierre Janet.[48]

Charcot'n johtamana sairaalasta tuli kaltoinkohdeltujen naisten suojapaikka, joka tarjosi demonstraatioiden tähtiesiintyjille jopa mainetta. Charcot'n uskallus ylipäätään tutkia hysteerisiä naisia herätti kunnioitusta. Charcot lähestyi hysteriaa taksonomisena, kuvauksen ja luetteloinnin probleemana: hän havainnoi huolellisesti hysteerisiä naisia ja dokumentoi havaintojaan perusteellisesti niin tekstein kuin piirustuksin ja valokuvin. Mitään kiinnostusta hänellä ei ollut tutkimuskohteidensa sisäisiin kokemuksiin, koska hän oli kiinnostunut vain oireiden luetteloinnista. Koska hysteriaoireita saattoi aktivoida ja helpottaa hypnoosin avulla, hän päätteli, että kysymyksessä on psyykkinen ongelma. Mystinen kohtuteoria oli siten kumottu.

Charcot'n työ oli laajalti arvostettua, ja se inspiroi Freudia ja Janet'ta pyrkimään hänen saavutustensa ylittämiseen. Näiden miesten välillä käytiin kiivasta kamppailua saavutuksista. Mainetta tavoitellessaan molemmat ymmärsivät, että pelkkä havainnointi ei enää riittänyt, vaan hysteeristen naisten kanssa oli keskusteltava. Vuosikymmenen ajan nämä tiedemiehet – ensi kertaa – omistivat päivittäisissä tunteja kestävissä tapaamisissa huomionsa kärsiville naisille ja kohtelivat näitä sellaisella fokuksella ja kunnioituksella, että työ etsii edelleen vertaistaan. Tutkimustoimintaa leimasi yhteistyö tutkijan ja tutkittavan välillä, etäisyyden päästä havainnoinnin sijaan.

---

[48] Vrt. ns. persoonallisuuden rakenteellisen dissosiaation teoria, ks. Palomino 2023 ja Hart ym. 2006.

Työ oli hedelmällistä, ja sekä Janet että Freud kumppaninsa Josef Breuerin kanssa päätyivät samankaltaisiin tuloksiin: hysterian taustalla olivat sietokyvyn ylittävät tapahtumat lapsuudessa. Traumaattiset tapahtumat saivat aikaan epätavallisen tajunnan tilan, jota Janet kutsui dissosiaatioksi ja Freud kaksoistietoisuudeksi. Molemmat tunnistivat, että tuolla tilalla oli samanlaisia piirteitä kuin hypnotisoituna olemisessa. Janet piti hypnoosialttiutta psyykkisenä heikkoutena, mutta Freud kumppaninsa kanssa tunnisti, että hypnoosille saattoivat olla alttiita myös ihmisistä voimakastahtoisimmat ja älykkäimmät.

Freud ja Janet molemmat päättelivät, että hysterian keholliset oireet olivat naamioituneita traumamuistoja. Janet kuvasi hysteeristen naisten olevan alitajuisten fiksaatioiden hallitsemia ja Freud summasi, että hysteerikot kärsivät traumojen muistelemisesta. Kumpikin tutkijoista myös päätteli, että hysteerisiä oireita voi lievittää pukemalla traumamuistot sanoiksi.

Syntyi traumojen hoito keskusteluterapialla, joka keskittyi kivuliaiden muistojen esiin kaivamiseen. Freud tutki, millaiset muistot aiheuttivat nykyhetkessä vaikeata oirehdintaa, ja järkyttyi siitä, mitä oppi hysteerikkojen taustoista. Vuonna 1896 hän julkaisi työnsä tuloksena kuuluisan artikkelinsa *Hysterian etiologia* (etiologia on suomeksi syyoppi, eli ilmiön alkuperän tutkimista). Freud raportoi, että hysteriaoireiden taustalla oli liian varhain koettuja seksuaalisia kokemuksia, joita voitiin hypnoosissa palauttaa tietoisuuden piiriin.

Freudin artikkeli oli läpimurto traumojen ymmärtämisessä, mutta hänen yllätyksekseen se vaiettiin kuoliaaksi. Tuon ajan porvarillisessa maailmankuvassa ei mitenkään voitu hyväksyä tai pitää uskottavana, että insesti ja muu seksuaalinen väkivalta olisi perheissä niin yleistä kuin mitä hysterian esiintyvyys kaikissa sosiaaliluokissa antoi ymmärtää. Freudille itselleenkin ajatus oli niin vaikea, että hän myöhemmin kielsi tutkimuksensa tulokset. Psykoanalyysista tuli sittemmin Freudin johdolla ihmisten alitajuisten toiveiden tutkimista, ja muistot lapsuuden seksuaalisesta hyväksikäytöstä tulkittiin fantasioiksi.

Janet jatkoi sitkeämmin omaa tutkimustaan hysterian alkuperästä lapsuudenaikaisissa kokemuksissa, mutta kuten Freudin kohdalla, hänen tutkimuksensa ei istunut tuon ajan ranskalaisiin porvarillisiin käsityksiin. Perhe-elämän karujen realiteettien selvittelylle ei ollut sosiaalista tai poliittista tilausta. Näin myös Janet'n tutkimustyö unohdettiin pian. Tutkimus seksuaaliväkivallasta ja sen seurauksista keskeytyi ja unohtui, ja heräsi uudelleen henkiin vasta yhdysvaltalaisen feministisen liikkeen nousun myötä 1970-luvulla.

## 3.2. Sotien uhrien tutkimus

Seuraavan kerran Freudin unohdetun artikkelin jälkeen traumat nousivat lääkärikunnan tietoisuuteen ensimmäisen maailmansodan seurauksena. Erittäin raadollisissa taisteluolosuhteissa miehistä näytti tulevan hysteeristen naisten kaltaisia. Näitä toimintakyvyttömiksi muuttuneita sotilaita oli niin paljon, että heidän hoitamiseksensa jouduttiin perustamaan kokonaan uusia hoitoyksiköitä. Sotilaiden hysterian ilmenemistä pidettiin demoralisoivana, ja ilmiötä pyrittiin peittelemään.

Alkuun ilmiö ymmärrettiin johtuvaksi kranaattien räjähdysten aiheuttamista hermostollisista vaurioista, joita kuvattiin kranaattikauhun (*shell shock*) käsitteellä. Pian kuitenkin osoittautui, että oireita ilmeni myös sotilailla, jotka eivät olleet käyneet lähelläkään kranaattien räjähdyksiä. Näin oireita alettiin tarkastella psyykkisenä ilmiönä. Sodan olosuhteista kärsivät ihmiset leimattiin aluksi moraalisesti selkärangattomiksi yksilöiksi. Tämän näkemyksen lipunkantajaksi nousi brittipsykiatri Lewis Yelland, joka käytti hoitomuotona traumatisoituneiden häpäisemistä, uhkailua ja rankaisemista. Puhekykynsä tai toimintakykynsä kokonaan menettäneitä sotilaita pakotettiin liikkeelle sähköshokeilla, potilaita sätittiin laiskoiksi ja pelkureiksi ja heitä uhkailtiin sotaoikeudella.

Tämä käsitys ei kaikeksi onneksi jäänyt ainoaksi käsitykseksi sotatraumoista. Laajasti sivistynyt lääkäri W. H. R. Rivers katsoi, että kyseessä ei ollut heikkoluonteisuus, vaan aito psykiatrinen ongelma, jota piti hoitaa humaanisti, psykoanalyysin menetelmin. Tavoitteena molemmissa lähestymistavoissa oli palauttaa sotilas sotakoneiston palvelukseen rintamalle mahdollisimman pian. Rivers päätteli sotilaiden kanssa työskenneltyään, että tärkein potilaita rintamalle palaamaan kannustava tekijä oli sotilaiden välinen luja side heidän lähimmissä taisteluyksiköissänsä. Riversin näkemykset toivat uutta ymmärrystä toisen maailmansodan traumatisoituneiden uhrien ymmärtämiseen ja kohtaamiseen.

Vaikka sodan jäljet jatkuivat näkyvinä veteraanien elämässä, kiinnostus traumaa kohtaan ilmiönä hävisi maailmansotien välissä. Seuraava avainhahmo traumatisoitumisen ymmärtämisessä oli amerikkalainen psykiatri Abram Kardiner, joka oli ollut Freudin psykoanalyysissä. Palattuaan Yhdysvaltoihin hän työskenteli muiden töiden ohessa vastaperustetulle veteraanien keskushallinnolle, josta sittemmin muodostui vaikutusvaltainen valtionhallinnon virasto *United States Department of Veterans Affairs*, joka vastaa veteraanien elinikäisestä terveydenhuollosta.

Vuonna 1941 Kardiner julkaisi kattavan teoreettisen ja kliinisen tutkimuksen sotilaiden kärsimyksestä otsikolla *The Traumatic Neuroses of War*. Teoksessaan Kardiner valitteli sitä, miten epäsystemaattista sotilaiden kärsimyksen tutkimus on ollut. Hän piirsi sotaneuroosista kuvan, joka huomattavasti muistuttaa nykyistä käsitystä traumaperäisestä stressihäiriöstä, sellaisena kuin se diagnoosijärjestelmän valossa ymmärretään. Hänen muotoilunsa muistuttivat Janet'n kuvauksia hysteerisistä naisista, mutta hän ei enää halunnut käyttää pejoratiivista hysterian käsitettä.

Toinen maailmansota teki jälleen keskustelun traumatisoitumisesta ajankohtaiseksi. Kardiner päivitti teoksensa Herbert Spiegelin kanssa ja argumentoi, että tärkein sotilasta traumoilta suojeleva tekijä oli hänen veljellinen sidoksensa lähimpään johtajaansa ja taisteluryhmäänsä. Kliinistä työtä tekevät sotilaspsykiatrit pyrkivät poistamaan sotaneuroosin stigmatisoivuutta.

Yleiseksi ymmärrykseksi vakiintui ensi kertaa, että kuka tahansa voi murtua sotaolosuhteissa, ja että sodan psykiatrisia uhreja syntyi suorassa suhteessa rintamalla olon pituuteen ja olosuhteiden vaikeusasteeseen. Paljon vaivaa nähtiin, jotta voitaisiin määritellä, miten laaja altistus sodan kauhuille johtaa sotilaan murtumiseen.

Painopiste hoidossa oli traumaattisten muistojen uudelleeneläminen joko hypnoosin tai amobarbitaalin aiheuttaman "narkosynteesin" avulla. Oletuksena oli, että kun kokemukset palautetaan näin mieleen ja niistä käydään terapeuttinen keskustelu, tästä syntyy katarsis ja traumoista vapautuminen. Kiinnostus sotilaita kohtaan lopahti kotouttamisen jälkeen. Jos pystyi edes jotenkin elämään elämäänsä, oli kuntoutunut. Traumojen pitkät jäljet sivuutettiin ja systemaattista traumatutkimusta ei enää harrastettu.

Vaati jälleen uuden sodan, tällä kertaa Vietnamin sodan muodossa, että mielenkiinto traumatisoitumista kohtaan heräsi uudestaan. Vietnamin sodan jälkeinen kiinnostus ilmiötä kohtaan ei tällä kertaa syntynyt niinkään lääkärikunnassa, vaan organisoituneiden veteraanien keskuudessa. Merkittävä asiaa ajava veteraanijärjestö oli *Vietnam Veterans Against the War*.

Järjestön veteraanit järjestivät vertaisryhmiä, joiden intiimeissä kokouksissa käytiin läpi kauhuntäyteisiä kokemuksia turvallisessa ympäristössä. Veteraanit kutsuivat veteraanien agendaa tukevia psykiatreja opastamaan työssä. Veteraaneille oli keskeistä, että asia oli heidän omissa käsissään, koska he ymmärrettävästi olivat menettäneet uskoaan valtiovaltaa ja auktoriteetteja kohtaan. Veteraanien todistuksilla sodan kauhuista oli paitsi terapeuttinen, myös sosiaalipoliittinen tavoite heidän levittäessään sotakokemuksia myös julkiseen tietoisuuteen.

1970-luvun loppuun mennessä veteraanien aiheuttaman poliittisen paineen takia rahoitettiin veteraanihallinnossa laaja ohjelma, *Operation Outreach*, joka perusti satoja keskuksia veteraanien auttamiseksi. Vertaistukiryhmillä oli siinä keskeinen asema ja veteraaneille opetettiin itsen auttamisen menetelmiä. Veteraanien painostus lisäsi myös systemaattista traumatisoitumisen tutkimusta, ja lopulta vuonna 1980 American Psychiatric Association lisäsi tehdyn tutkimustyön seurauksena tautiluokitukseensa uuden diagnoosin, traumaperäisen stressihäiriön (*Posttraumatic Stress Disorder*, PTSD). Diagnoosi oli kuvauksiltaan pitkälti yhteneväinen Kardinerin 40-vuotta aiemmin tekemien kirjausten kanssa.

# 3.3. Feministinen traumojen tutkimus ja varhainen traumaterapia

Sotaveteraanien järjestöt eivät olleet ainoa ääni, joka pyrki nostamaan esille menneisyydessä koettuja kauhuja. Näin alkoi tehdä myös 1970-luvulla järjestäytynyt amerikkalainen feministinen liike. Sen ansiosta tuli tietoisuuteen, että sotilaat eivät suinkaan ole ainoita traumatisoituneita, koska naisetkin kokivat laajalti väkivaltaa. Naistenliike perusti väkivaltaa kokeneille naisille keskusteluryhmiä, jotka muistuttivat sotaveteraanien ryhmiä luottamuksellisine, turvallisine ja intiimeine vertaiskontakteineen.

Naistenliike teki myös poliittista painostustyötä, jotta naisiin kohdistuva ja tuohon asti täysin vaiettu väkivalta saatiin rakenteellisena ongelmana esille. Naiset ottivat omiin käsiinsä oman kärsimyksensä, sen hoidon ja sen tutkimuksen. Kärsivien naisten tutkimus ei enää ollut patriarkaatin käsissä, kuten vajaa vuosisata aiemmin.

Tutkimuksissa naisiin ja lapsiin kohdistuva väkivalta osoittautui hälyttävän yleiseksi. Eräs varhainen traumatisoitumisen käsitteellistäminen syntyi psykiatrisen sairaanhoitajan Ann Burgesin ja sosiologi Lynda Holmstromin vuonna 1972 suorittamasta tutkimuksesta, jossa he päivystivät sairaalassa Bostonissa ja haastattelivat sairaalan ensiapuun tulleita naisia ja lapsia. Haastateltujen kokemuksista syntyneitä oireita tutkijat ryhtyivät nimittämään raiskaustraumasyndroomaksi (*rape trauma syndrome*). 70-luvun puoliväliin mennessä feministisestä liikkeestä alkanut traumatutkimus oli jo kasvanut räjähdysmäisesti.

Vuonna 1979 julkaistiin Lenore Walkerin vaikutusvaltainen tutkimus, jossa hän kuvasi suojapaikkoihin hakeutuneiden naisten traumatisoitumista nimellä pahoinpidellyn naisen syndrooma (*battered woman syndrome*). Vasta traumaperäisen stressihäiriön diagnoosin levittyä alettiin yleisesti ymmärtää, että raiskausten, kotiväkivallan ja insestin uhrien oireet olivat samaa ilmiötä kuin sotilaiden kokema traumatisoituminen.

Nykyisen monimuotoisen trauman terapeuttisen hoidon suunnannäyttäjä Eric Gentry kuvaa varhaista traumapsykoterapiaa, joka syntyi PTSD-diagnoosin pohjalta. Traumaterapia oli edelleen traumojen uudelleenelämiseen ja katarsikseen keskittyvää. Alan kultastandardiksi muodostui rankka terapiamuoto nimeltä pitkittynyt altistusterapia (*Prolonged Exposure Therapy*, PE), joka osoitettiin tutkimuksilla tehokkaaksi hoitomuodoksi.[49]

Tämä terapia perustuu siihen, että potilaita altistetaan traumamuistoille, tarvittaessa hypnoosin avulla, kunnes ihminen murtuu ja elää trauman läpi kokonaisvaltaisesti, valtavasti patoutunutta traumaenergiaa, tunteita ja fyysisiä reaktioita vapauttavana tapahtumana. Tätä tapahtumaa kuvataan PE-terapiassa käsitteellä abreaktio. Tämän terapiamuodon ongelma on, että se keskeytetään usein, koska se on niin rankkaa. Suuret keskeyttämisprosentit ovat näkyneet jopa terapiamuodon tutkimuksissa, joissa vapaaehtoisille tutkimuksiin osallistuneille maksetaan tutkimukseen osallistumisesta.[50] Pitkittynyt altistusterapia elää edelleen hoitomuotona myös suomalaisissa hoitosuosituksissa ja epäilemättä siten myös käytännöissä.

Käänne paremmin siedetyn ja humaanimman traumaterapian suuntaan tapahtui Gentryn mukaan kahden kirjoituksen myötä. Toinen oli psykologi Onno van der Hartin ja psykiatri Paul Brownin vuonna 1992 julkaistu artikkeli *Abreaction Reevaluated*. He tarjosivat PE:lle vaihtoehdoksi myötätuntoista hoitomallia, jossa traumatisoituneet muodostavat traumanarratiivejaan pysymällä rentoutuneessa tilassa. Tarkoitus ei ts. enää olisi elää traumoja uudelleen.

Toinen keskeinen teksti oli edellä mainittu ja osin referoitu Judith Hermanin teos *Trauma and Recovery*, jonka keskeisenä antina Gentry näkee Hermanin ehdottaman kolmivaiheisen traumaterapiamallin.

Mallin mukaisen terapian ensimmäisessä vaiheessa luodaan luottamuksellinen ja turvallinen terapiasuhde, opetetaan asiakkaalle vakauttavia menetelmiä, ja määrätään tarvittaessa rauhoittavaa lääkitystä.

---

[49] Gentry 2016, 15–17.
[50] Brackman & Hedrick 2024.

Toisessa vaiheessa käsitellään traumoja ja niiden aiheuttamaa surua lähestymällä niitä lempeästi siten, että asiakas voi muodostaa koherentin narratiivin kokemastaan. Ensimmäisessä vaiheessa opitut taidot ovat jatkuvasti mukana, jotta asiakkaan ei tarvitse elää uudestaan läpi kokemiaan traumoja.

Viimeisessä vaiheessa asiakasta autetaan sovittelemaan menneisyyttä traumojen kanssa ja luopumaan identifioitumisesta koettuihin kärsimyksiin ja oireisiin; löytämään uutta suuntaa ja tarkoitusta elämälle. Suomessa tällainen kolmivaiheinen lähestymistapa on käytännön traumapsykoterapiatyön yleisin viitekehys.

# 3.4. Psykoedukaation ja neurotieteen aikakausi

Janina Fisher vetää yhteen 1990-luvulla alkaneita muutoksia traumatietämyksessä.[51] Hänen mukaansa 90-luvulle tultaessa alettiin Judith Hermanin työn ansiosta tunnistaa terapiatyöskentelyssä vallitseva epäsymmetrinen valta-asetelma. Terapia oli valtaosin, ainakin Yhdysvalloissa, psykodynaamista. Terapeutti piti terapiatilanteissa visusti itsellään omaksumansa tiedot traumatisoitumisesta.

Hermanin näkemys oli, että terapeuteista olisi tultava asiakkaiden opastajia: jakamalla psykoedukaatiota traumasta asiakkaita voitaisiin auttaa näkemään, miten traumatisoitumisen mekanismit ovat luontaisia selviytymismekanismeja. Herman korosti, että terapeuttinen työ on järkevästi mahdollista vasta kun asiakas osaa vakautua sellaisissa tilanteissa, joissa traumojen muistelu aiheuttaa traumareaktioita. Intentionaalinen ja intensiivinen traumamuistoihin sukeltaminen ei ollut enää alan kultastandardi.

Bessel van der Kolk kiinnostui samoihin aikoihin siitä, mikä tarkkaan ottaen oli traumaoireiden alkuperä. Hän työskenteli veteraanien kanssa, mutta pyrki myös (Hermanin tapaan) tuomaan esille, että traumareaktiivisuus on huomattavan yleistä lapsuudenaikaisten haitallisten kokemusten seurauksena.

---

[51] Fisher 2024.

Vallalla oli ollut käsitys, että trauma on mielikuvia ja narratiiveja siitä, mitä ihmiselle on tapahtunut, ja näiden muistelemista. Traumatisoitumista pidettiin siis psyykkisenä. Tämä ei kuitenkaan selittänyt traumatisoitumiseen niin selvästi liittyviä kehollisia ilmiöitä.

Kolk teki kuuluisan kokeen, jossa vapaaehtoisten tutkittavien aivojen toimintaa rekisteröitiin samalla kun nämä muistelivat traumaattisia tapahtumia. Tulokset osoittivat dramaattisesti, että kielellistävät ja narratiivista muistia ylläpitävät aivoalueet olivat traumamuistamisessa estyneitä, ja aktiivisina olivat ei-kielellisen ja tiedostamattoman implisiittisen muistamisen aivorakenteet.

Tämä näytti selittävän sen, miksi ihmisten on vaikea kertoa kokemastaan tai miksi he voivat yksinkertaisesti mykistyä. Freudista alkanut ajatus siitä, että traumojen muisteleminen on katarttista ja korjaa muistot, ei vaikuttanut enää uskottavalta. Päinvastoin vaikutti siltä, että traumamuistojen intentionaalinen uudelleenkokeminen voi uudelleentraumatisoida, kun ihminen elää traumoja läpi uudestaan terapiassa.

Tämä oivallus asetti traumaterapialle haasteen: miten toimia, jos pelkkä keskusteluterapia ei olekaan itsessään riittävää, tai voi jopa mutkistaa ongelmaa? Kolk on vuosikymmenten mittaan toiminut sitkeästi pelkälle puheterapialle vaihtoehtoisten menetelmien puolestapuhujana (esim. EMDR, sensomotorinen psykoterapia, Somatic Experiencing, traumasensitiivinen jooga, neurofeedback jne.).

Tämä näkyy mm. hänen teoksessansa *Jäljet kehossa* (*The Body Keeps the Score*), joka julkaistiin alun perin 2014. Se on ajanmukaisen traumaymmärryksen klassikkoteos ja hyvin suosittu myös traumatisoituneiden parissa. EMDR:stä on ajan oloon tullut hyvin laajalti käytössä oleva työkalu traumojen hoidossa, myös Suomessa.[52]

---

[52] EMDR-protokollasta ks. esim. Saarinen 2024.

Traumatietämys on kehittynyt edelleen laajalti neurotieteellisen ymmärryksen siivittämänä. Keskeisiä tutkijoita tässä kehityksessä ovat olleet mm. Stephen Porges, Daniel Siegel ja Joseph LeDoux, joiden ajatteluun ja teoksiin viitataan muualla tässä tekstissä. Keskeisin tutkija nykyisen traumatietämyksen kannalta on kiistatta Porges ja hänen polyvagaalinen teoriansa (ks. luku 7).

Traumahoito ymmärretään nyt paremminkin traumojen aiheuttamien muutoksien kehollisena ja narratiivisena työstämisenä kuin alkuperäisen tapahtuman muistelemisena, joka on ongelmallista ja potentiaalisesti uudelleentraumatisoivaa, jos kehoa ei huomioida. Nykyään ymmärretään myös, että traumatisoituminen voi syntyä monenlaisissa olosuhteissa: traumatisoitumiseen ei tarvita sodan tai raiskauksen kaltaisia dramaattisissa tapahtumia, ja se voi syntyä kumuloituneesta stressistä, kuten seuraavista luvuista käy esille.

# 4. Monimuotoinen trauma diagnoosien ja oireiden valossa

Oirelähtöinen tapa jäsentää traumaperäisen stressin kaltaisia ilmiöitä on tyypillinen psykiatrialle. Oireista tunnistetaan mielenterveyshäiriöiden diagnooseja, jotka vaikuttavat mm. mahdollisuuteen saada sairauslomaa tai kuntoutusta. Diagnosoitujen häiriöiden hoitoa tutkitaan tilastollisin menetelmin, ja tutkimustulosten meta-analyyseistä syntyy hoitosuosituksia. Monimuotoisen traumaperäisen stressin diagnoosi kuvataan WHO:n ylläpitämässä kansainvälisen tautiluokituksen ICD versiossa 11 nimellä kompleksinen traumaperäinen stressihäiriö (*Complex Posttraumatic Stress Disorder, CPTSD*). Suomessa tämän tautiluokituksen käyttöönotto on kesken, ja monimuotoisen traumatisoitumisen hoitosuosituskin on siten vielä tynkä (Käypä hoito 2020b).

Ennen diagnoosien kuvauksia on syytä tuoda esille, että diagnoosiajattelu ei ole paras mahdollinen tapa jäsentää traumatisoitumista ilmiönä neljästä syystä. Ensinnäkin psykiatristen diagnoosien oirelistaukset pelkistävät ja yleistävät ihmisten kokemuksia niin laajoiksi kategorioiksi, että niin monisyinen ilmiö kuin mitä monimuotoinen trauma on, voi jäädä tunnistamatta tai sekoittua muihin diagnooseihin, koska se ilmenee aina yksilöllisesti.

Kun monimuotoisen trauman diagnoosi on vielä käyttöönottamatta – tai jos se muuten jää tunnistamatta – tukeudutaan sitä muistuttaviin diagnooseihin ja tästä voi seurata epäadekvaattia hoitoa. Minun kohdallani tämä on näkynyt niin, että olen saanut lukuisia diagnooseja, jotta oirekuvani tulisi katetuksi. Moninkertaisesti diagnostisoiduksi tuleminen syö uskoa omaan itseohjautuvuuteen ja voi esim. tuottaa tarpeetonta lääkitsemistä ja kielteisiä asenteita kärsivää ihmisiä kohtaan terveydenhuollossa.

On myös näennäistä, että hoitosuositukset edustaisivat parasta tietämystä hoidosta. Ne perustuvat yhteen, suppeaan ja yleensä medikalistiseen (ks.

jäljempänä) ihmiskuvaan. Jaakko Seikkula luonnehtii hoitosuositusten ihmiskuvaa oudoksi ja eksplikoimattomaksi, ja hän kutsuu sitä empiristiseksi ja toivoo ihmiskuvan kehittyvän humaanimmaksi. Hän pitää myös empiristisen tutkimuksen ulkoista validiteettia heikkona.

> "Oirekeskeinen ihmiskäsitys näyttää olevan hyvin erilainen kuin (…) humaani ihmiskäsitys. (…) Tutkimuksissa, jotka perustuvat pääasiassa eri hoitoryhmien saamien tulosten keskiarvojen vertailuun ja niistä tehtyihin johtopäätöksiin, ei koskaan päästä kuvaamaan kunkin yksilön tosiasiallista ominaisuutta. Ryhmän tulos tai tarkemmin tämän tutkittavan ryhmän keskiarvon ero vertailuryhmän keskiarvoon ei kerro mitään yksittäisen potilaan saamista arvoista. Toinen ongelma tulee siitä, että mikään vertailtava ryhmä ei ole kategorisesti toisensa poissulkeva. (…) Kokeellisten kontrolloitujen tutkimusten merkitystä korostetaan, jotta päästäisiin yleispäteviin hoitosuosituksiin. Tämä tutkimuspoliittinen ratkaisu on johtanut tieteellisen tutkimuksen painotuksen vääristymään, koska kontrolloitujen tutkimusten tulokset eivät vastaa todellisen hoitokäytännön tilannetta."[53]

Toinen diagnoosiajattelun ongelma on se, että traumatisoitumisesta puhuminen mielenterveyden häiriönä on monella tapaa problemaattista. Traumaperäisen stressin tapauksessa kyseessä ei ole häiriö, vaan luonnollinen ilmiö, jossa ihmisen kokonaisuuden systeemi toimii juuri kuten sen on tarkoitus toimia liiallisen ja pitkän stressin seurauksena.

Häiriöpuhe on stigmatisoivaa, leimaavaa, ja vaikuttaa siihen, miten ihminen kohdataan terveydenhuollossa, useimmiten negatiivisesti. Mielenterveyden häiriöistä kärsivien tiedetään yleisesti saavan muita huonompaa hoitoa, koska toisinaan oireita pidetään kuviteltuina tai osana mielenterveyshäiriötä niin, että ihminen voi jäädä ilman tarvitsemaansa fyysisen sairauden hoitoa.[54]

---

[53] Seikkula 2023, 60–61.
[54] Ks. esim. YLE 2012.

Asiaa ei auta, että vaikeasti kärsivillä ei välttämättä ole voimavaroja ajaa asiaansa, jos he tulevat torjutuiksi. Tiedetään myös, että ihmiset voivat laajalti identifioitua diagnooseihinsa ja ymmärtää itsensä liiallisesti niiden kautta.[55]

*Kun olen lukenut itsestäni tehtyjä psykiatrisia lausuntoja lukuisine diagnooseineen, olen saanut tehdä työtä pitääkseni pääni kylmänä, etten näkisi itseäni peruuttamattoman rikkinäiseksi ihmiseksi. Näin siitäkin huolimatta, että ne kirjoittaneella psykiatrilla on ollut mitä parhaimmat aikeet varmistaa, että saan tarvitsemani tuen. Hyvistä aikeista huolimatta printattu lausunto on näyttäytynyt minulle myös tuomiona.*

Itsestigmatisaatiota ruokkivat myös populäärikulttuuriset representaatiot ilmiöstä. Traumaperäinen stressi esiintyy TV-sarjoissa ja elokuvissa lähinnä erityisen arvaamattomien rikollisten tai itsekontrollinsa kokonaan menettäneiden veteraanien kuvauksissa.

Kolmanneksi diagnoosiajattelun oirelähtöinen näkökulma traumatisoitumiseen sivuuttaa joko kokonaan, tai ymmärtää liian pinnallisesti, mikä on ilmiön alkuperä. Esim. traumaperäisen stressihäiriön suomalainen hoitosuositus on voittopuolisesti psykologisoiva, eikä siinä mainita sanallakaan autonomista hermostoa (paitsi viitatessa fyysisiin sairauksiin, joihin traumaperäinen stressi voi suosituksen mukaan sekoittua), vaikka autonomisen hermoston mekanismit ovat aivan ilmeisellä tavalla keskeisiä oireiden synnyssä.

Traumaperäisen stressin tutkijoiden ja hoitajien parissa autonomisen hermoston muutokset traumatisoitumisessa on tunnettu jo vuosikausia.[56] Kaiken lisäksi autonomisen hermoston toimintaa olisi mahdollista mitata objektiivisesti, mitä ei voi sanoa psykiatrisista diagnosointivälineistä (esim. strukturoidut kyselyt).

---

[55] Ks. esim. American Psychiatric Association 2024.
[56] Ks. esim. Herman 2022.

Samalla pitää huomioida, ettei traumaperäinen stressi ole kuitenkaan pelkästään hermostollinen ongelma, vaan sen synty ja todellistuminen on aina kiinni samanaikaisesti kaikissa ihmisen olemuspuolissa. Ongelma onkin se, että diagnoosin taustalla oleva ihmiskuva on reduktionistinen, ongelman varsin suppeasti ymmärtävä.

Neljänneksi koko diagnoosijärjestelmää ja tautiajattelua on kritisoitu jo vuosikymmenet psykiatrian itsensäkin sisältä. Hyvä esimerkki on Liverpoolin yliopiston tutkimus, jonka johtopäätöksenä oli, että psykiatriset diagnoosit ovat tieteellisesti perustelemattomia. Tutkimustuloksista ilmeni, että:

- Eri diagnooseja koskevat erilaiset säännöt siitä, miten ne on muodostettu tai miten niitä sovelletaan.
- Diagnoosien välillä on laajaa päällekkäisyyttä.
- Lähes kaikki diagnoosit häivyttävät oireiden taustalla olevat traumaattiset tapahtumat.
- Diagnoosit eivät kerro juuri mitään yksittäisestä potilaasta tai hänen käytännössä tarvitsemastaan hoidosta.[57]

Merkittävän kritiikin esittää myös kansainvälisestikin vaikutusvaltaisen amerikkalaisen diagnoosijärjestelmän (Diagnostic and Statistical Manual of Mental Disorders, DSM) kehittämistyötä aiemmin johtanut Allen Frances kirjassa Saving Normal (2014).

Hänen keskeistä kritiikkiään voi vetää yhteen seuraavasti:

- Diagnoosijärjestelmille on vuosien saatossa muodostunut liian keskeinen asema ihmisten hoidossa, niiden determinoidessa kuka on "normaali" ja kuka ei, kuka saa kuntoutustukia, kuka saa hoitoa ja millaista hoitoa hän saa, kuka saa vakuutuksia, kuka on syyntakeeton jne.

- Diagnoosijärjestelmät ovat kehittyneet liian laajoiksi, ja raja normaalin ja epänormaalin välillä on hämärtynyt niin, että ihan jokaiselle löytyy

---

diagnoosi pienellä vaivannäöllä. Liian monet tulevat diagnostisoiduiksi ja luonnollisia ilmiöitä sekoittuu sairauksiin.

- Diagnoosijärjestelmät aiheuttavat diagnosoimisen epidemioita nostamalla esiin uusia diagnooseja. Frances mainitsee esimerkkeinä autismin, ADHD:n ja lapsuuden kaksisuuntaisen mielialahäiriön.

- Lääketeollisuuden lonkerot kietoutuvat erottamattomasti hoitosuosituksiin, ja liian moni tulee lääkityksi psyykelääkkeillä, joilla on usein vaikeita sivuvaikutuksia ja kyseenalainen hyöty.

- Mielenterveyden häiriöille ei löydy selviä biomarkkereita tai muita yksiselitteisiä tapoja ymmärtää niiden alkuperää tai mitata niitä. Normaalin ja epänormaalin välinen raja määräytyy kulttuurisesti.

Diagnoosijärjestelmien rajanveto siitä, mikä on normaalia ja mikä on häiriö, ei ole tosioleva, luonnollisista kategorioista kumpuava raja, vaan sen taustalla on aina aatteellinen, sosiaalinen, poliittinen ja kaupallinen konteksti sekä eri vaikuttajaryhmien intressejä. Yksinkertainen esimerkki havainnollistaa asiaa: homoseksuaalisuus oli sairauden diagnoosi kansainvälisessä tautiluokituksessa vuosina 1977–1990. Mitä muuta seksuaalivähemmistön patologisointi on kuin valtapolitiikkaa, joka pohjautuu aatteellisiin intresseihin?

Frances kuvaa diagnoosijärjestelmän tekemisen prosessia medikalistiseksi. Rauhala kuvaa medikalisoitumista kulttuurisena tendenssinä, joka lääketieteellistää ihmiseen kohdistuvaa tutkimusta ja työtä. Lähes kaikkea, mikä koskee ihmisen olemassaolon tapaa ja laatua, saa holhota ja kontrolloida lääketieteen asiantuntemuksella. Puhetavoista tulee harhauttavia ja epämielekkäitä, kun diskurssi liikkuu pääasiassa sairaus–terveys-akselilla.[58]

Rauhalan mukaan ihmistä käsitellään lääketieteessä usein vulgaarilla materialismilla, joka näkee ihmisen jäännöksettä vain orgaanisena tapahtumisena, jota kuvataan biologisesti. Biologisoivan puhuttelutavan oletetaan hälventävän

[58] Rauhala 2009, 245–48.

mielen "sairauksiin" liittyvää syyllisyyttä siirtämällä ongelma dimensioon, joka on ihmisen kontrollin ulkopuolella (vrt. mielenterveyshäiriöiden käyttäminen oikeusprosesseissa selityksenä ja syyntakeisuutta alentavana tekijänä). Kuitenkin on syytä korostaa, että esim. traumatisoituminen ei koskaan voi vapauttaa ihmistä vastuusta tekemisistään.

Nykypsykiatriassa medikalismi näkyy esim. aivokemiallisten prosessien ylikorostamisena. Lähes jokaisen psykiatrian käsittelemän ongelman yhteydessä joko oletetaan, että aivokemialla on keskeinen rooli ilmiön syntymisessä tai siihen vaikuttamisessa. Tätä uskomusta voi perustellusti kuvata aivomyytiksi.[59]

Tästä on seurannut psyykelääkkeiden rajusti liiallinen määrääminen arkiseenkin ahdistukseen tai alakuloon, kuten myös Frances tuo esiin. Kuitenkin psyykelääkkeillä voi olla rajuja sivuvaikutuksia, ja niistä vieroittautuminen voi olla erittäin tuskallista ja vaikeaa.

*Itse en ole päässyt eroon minulle toistakymmentä vuotta sitten määrätyistä lääkkeistä, jotka ovat esim. tehneet valmiiksi vaikeasta ylipaino-ongelmasta aiempaakin vaikeamman. Kun yritän vieroittautua lääkkeistä, vaikka kuinka hitaasti ja varovaisesti, jossakin vaiheessa prosessia elämä tuntuu käyvän hallitsemattomaksi. On vaikea arvioida, onko tämä traumatisoitumiselle tyypillistä vireystilan aaltoilua, vai oireiden pahenemista niitä hillitsevän lääkkeen alasajon seurauksena, vai vieroitusoireita.*

*Mitään keskustelua lääkkeiden käytön lopettamisesta ei ylipäätään käyty siinä vaiheessa, kun niitä määrättiin minulle. Oletus oli, että niitä käytetään hyvin pitkään, todennäköisesti lopun elämää. Joskus kiroan, että olen niiden vanki, mutta minun kohdallani onneksi lääkkeiden käyttö ei syö toimintakykyä eikä lannista tunne-elämää, vaikka niillä onkin fyysiseen terveydentilaan negatiivisesti vaikuttavia sivuvaikutuksia.*

---

[59] Ks. esim. Jarrett 2015, 300–307.

Palaan vielä diagnoosien ongelmallisuuteen käytännössä, mutta ennen sitä kuvaan sen, miten monimuotoinen traumaperäinen stressihäiriö kuvataan diagnoosina.

## 4.1. Traumaperäisen stressin diagnoosit

Edellä sanotusta huolimatta diagnoosit ovat käytännössä tärkeitä siksi, että niiden avulla kärsivä ihminen saa Suomessa kuntoutustukea, tarvitsemiaan sairaslomia, oikeanlaista terapiaa jne. Silloin on olennaista, että ihminen saa oikean diagnoosin. Laajalti ollaan myös sitä mieltä, että jos traumaperäisen stressin diagnoosit otettaisiin vakavasti ja niitä käytettäisiin adekvaatisti, voitaisiin ylipaisuneista diagnoosijärjestelmistä eliminoida pois lukuisia tarpeettomia diagnooseja, joiden oirekuva on samankaltainen, mutta joita ei ymmärretä traumojen aiheuttamiksi, vaan esim. persoonallisuushäiriöiksi.

Traumaperäisen stressihäiriön käypä hoito -suosituksen potilasversiossa kuvataan traumaperäisiä reaktioita ja häiriöitä yleisellä tasolla seuraavasti:

> "Traumaperäiset stressireaktiot ja -häiriöt ovat mielenterveyden häiriöitä, joita esiintyy järkyttävien kokemusten jälkeen. Ne ovat melko tavallisia, ja niitä esiintyy kaikenikäisillä. Traumaperäisen stressihäiriön hoitona on sekä aikuisilla että lapsilla ja nuorilla ensisijaisesti psykoterapia. Aikuisilla muita hoitovaihtoehtoja ovat masennuslääkkeet tai psykoterapian ja lääkityksen yhdistelmä. Poikkeukselliset tapahtumat saattavat järkyttää, olipa henkilö itse vahingoittunut tilanteessa tai ei. Vaikutusta on lisäksi sillä, kuinka vakava ja millainen järkyttävän tapahtuman luonne on ollut (esim. läheisen tai lapsen kuolema, väkivaltakokemus ja seksuaalinen väkivalta, suuronnettomuus, kidutus tai sota). Tietyt ihmisryhmät altistuvat traumatapahtumille muita enemmän ammattinsa (pelastajat, poliisit, sotilaat ja rauhanturvaajat, terveydenhoitohenkilöstö) tai olosuhteidensa vuoksi (pakolaiset, turvapaikanhakijat, kidutetut)."[60]

---

[60] Käypä hoito 2020c.

Monimuotoinen traumaperäinen stressihäiriö kuvataan kansainvälisessä tauti-
luokituksessa traumaperäisen stressihäiriön (*Posttraumatic Stress Disorder,*
PTSD) pohjalta, ja samaa logiikkaa noudattavat kotimaiset käypä hoito -suo-
situkset.[61]

Monimuotoinen traumaperäinen stressi pitää siis sisällään kaikki PTSD:n oi-
reet ja lisäksi muita oireita. Käypä hoito -suositus kuvaa PTSD:n seuraavasti:

- Potilas on kokenut poikkeuksellisen uhkaavan tai katastrofaalisen ta-
  pahtuman, joka todennäköisesti aiheuttaisi voimakasta ahdistunei-
  suutta kenelle tahansa.
- Tapahtumaan liittyvästi ilmenee jokin seuraavista:
  - o jatkuvat muistikuvat
  - o hetkelliset voimakkaat takaumat
  - o painajaisunet tai ahdistuneisuus oloissa, jotka muistuttavat koe-
    tusta tapahtumasta.
  - o Potilas pyrkii välttämään joutumasta oloihin, jotka muistuttavat
    tapahtumasta.
- Potilaalla esiintyy vähintään toinen seuraavista:
  - o kykenemättömyys muistaa joitakin keskeisiä asioita tapahtu-
    masta
  - o jatkuvat psyykkisen herkistymisen ja ylivireyden oireet.
- Oireet ilmaantuvat 6 kuukauden sisällä traumaattisesta tapahtumasta.

Tästä laajennetaan monimuotoisen traumaperäisen stressin diagnoosi, josta to-
detaan seuraavaa:

"Monimuotoisessa PTSD:ssä vakava stressialtistus voi olla pitkäkes-
toinen. Oirekuvan pitää täyttää PTSD:n ydinkriteerit (vähintään 1 uu-
delleen kokemisen oire, vähintään 1 välttelyn oire ja vähintään 1 ylivi-
reyden oire) jossain vaiheessa taudin kulkua. Oirekuvaan kuuluu

---

[61] Käypä hoito 2022 ja 2020b.

lisäksi ongelmia tunteiden säätelyssä, jatkuva kielteinen minäkäsitys ja vaikeus ylläpitää pysyviä ihmissuhteita."

Laukkalan ja kumppaneiden mukaan tunnesäätelyn vaikeudet tarkoittavat liiallisia reaktioita vähäisiin kuormitustekijöihin ja vaikeuksia rauhoittua. Tunnesäätelyn vaikeuksista voi seurata väkivaltaista tai tuhoisaa käytöstä tai tunteiden turtumista. Jatkuva negatiivinen minäkäsitys puolestaan on kokemus siitä, että on arvoton, kukistettu tai epäonnistuja, sekä tähän yhdistyvät laaja-alaiset häpeän tai syyllisyyden kokemukset, jotka liittyvät traumaattiseen tapahtumaan. Monimuotoisen trauman todetaan olevan "ihmissuhdehäiriö, joka ilmentyy vaikeutena muodostaa tai pitää yllä pysyviä läheisiä ihmissuhteita [ja joka] liittyy vaikeuteen kokea läheisyyttä muiden kanssa tai kokemukseen irrallisuudesta muista".[62]

Monimuotoisen traumaperäisen stressin käypä hoito -suosituksen todetaan olevan keskeneräinen, koska ICD-11 tautiluokitus, josta diagnoosi ensimmäistä kertaa löytyy, ei ole vielä käyttöönotettu Suomessa.

Vaikka edellä esitetyt ilmiöt ovat kiistatta yleisiä traumatisoituneiden parissa, ovat kuvaukset geneerisiä. Ei myöskään ole ongelmatonta olettaa, että tapahtuman tai tapahtumien pitäisi olla erityisen dramaattisia, jotta traumatisoitumista syntyy. Traumatutkijoiden ja -terapeuttien parissa traumatisoitumisen potentiaali ymmärretään huomattavasti laaja-alaisemmin (ks. luku 5.2). Huomionarvoista on myös, että traumatisoituminen voi olla täysin tiedostamatonta: tietoista muistoa traumatisoitumisesta ei välttämättä ole. Traumatisoituminen voi lisäksi hyvinkin syntyä jo preverbaalisella kaudella ihmisen kehityksessä, jolloin mitään tietoa traumatisoitumisesta ei välttämättä ole.

Edelleen, em. hoitosuositukset eivät edusta parasta tietoa siitä, miten traumoja tulisi hoitaa. Tämä on hoitosuosituksille tyypillistä. Rhotonin (2020) mukaan hoitosuositukset ja -käytännötkin ovat systemaattisesti 10–20 vuotta ajanmukaisesta tiedosta jäljessä.

---

[62] Laukkala & Tuisku ym. 2024.

Positiivista on, että PTSD:n kohdalla sentään mainitaan keholliset menetelmät täydentävinä hoitoina. Maailmalla traumapsykoterapian trendinä on kehollisen työskentelyn ensisijaisuus hoidon ensimmäisessä vaiheessa.

Keskeinen ongelma diagnoosien käyttämisessä terveydenhuollossa on diagnoosien päällekkäisyys. Pete Walker kuvaa, kuinka monimuotoinen trauma voidaan diagnosoida väärin esim. depressioksi (masentuneisuus), joksikin ahdistuneisuushäiriöksi, kaksisuuntaiseksi mielialahäiriöksi, erilaisiksi persoonallisuuden häiriöiksi, pakko-oireiseksi häiriöksi tai ADHD:ksi.[63]

Niin kauan kuin monimuotoinen traumaperäinen stressihäiriö ei diagnoosina ole Suomessa käytössä, kokevat psykiatrit todennäköisesti joutuvansa käyttämään monia diagnooseja oirekuvan kattamiseksi. Epäadekvaatteja diagnooseja syntyy myös ns. monihäiriöisyyden olettamisesta.

Virheellisen diagnoosin saaminen ei ole mitenkään triviaali asia siksi, että eri häiriöitä hoidetaan eri tavoilla. Esimerkiksi masennusdiagnoosista näyttää seuraavan enemmän tai vähemmän automaattisesti hoito serotoniinin takaisinottoa estävillä lääkkeillä (ns. SSRI-lääkkeet), kun taas kaksisuuntaista mielialahäiriötä hoidetaan yleisesti litiumilla. Lääkehoidon lisäksi sopivuudeltaan ongelmallista voi olla muu hoito: eri ongelmiin tai "häiriöihin" sopivat terapiamuodot eivät välttämättä ole adekvaatteja traumatisoitumisen hoidossa. Trauman hoidon terapian tulee luonnollisesti olla traumatietoista, mitä kaikki terapia ei suinkaan oletusarvoisesti ole.

Virheellisten diagnoosien ongelman vakavuutta lisää se, että tietyt mielenterveyshäiriöiden diagnoosit ovat erityisen stigmatisoivia. Esim. persoonallisuushäiriöiden diagnooseja saaneita ihmisiä saatetaan suorastaan pelätä terveydenhuollossa, ja tietenkin arkielämässäkin, jos diagnoosi on tiedossa.

Myös populäärikulttuuri kuhisee esimerkkejä poikkeuksellisen "hulluista" ihmisistä, joita kuvataan persoonallisuushäiriöiden valossa. Tämä aiheuttaa terveydenhuollon asiakkaille vaikeita ja huolestuttaviakin kokemuksia, joita

---

[63] Walker 2013, 7–8.

jaetaan eri persoonallisuushäiriöiden diagnooseja saaneiden vertaisryhmissä. Asiaa on hyvästä syystä tutkittu myös empiirisesti. Itse pidän pöyristyttävänä ja epäeettisenä sitä, että traumoja kokeneita leimataan persoonallisuushäiriöisiksi. Eri persoonallisuushäiriöiden diagnoosien käyttämisen mielekkyyttä epäillään myös psykiatrien parissa.[64]

## 4.2. Traumaperäinen stressi dysregulaatio-oireina

Diagnooseja huomattavasti tarkemman ja rikkaamman kuvan monimuotoisesta traumasta tarjoaa traumakirjallisuus. Keskeinen ja yleinen tapa kuvata traumatisoitumisen dynamiikkaa on nähdä se autonomisen hermoston krooniseksi epätasapainoksi, dysregulaatioksi (ks. luku 7). Trauma ei siis ole alkuperältään emotionaalinen, vaan kehollinen ongelma.

Kun yksilön kokemia oireita ymmärretään dysregulaation kontekstissa, syntyy traumatisoitumisesta laajempi kuva, joka havainnollistaa miten moninaisilla tavoilla traumatisoituminen voi ilmetä. Stanley ja Rhoton & Gentry kuvaavat dysregulaation oireita ja ilmenemismuotoja. Erittelen ne seuraavassa jakamalla ne fyysisiin ilmiöihin, psyykkisiin reaktioihin ja henkisiin ilmenemistapoihin.[65] Näin eritellen saadaan melko kokonaisvaltainen käsitys siitä, mitä traumatisoitunut voi kokea.

### Dysregulaation fyysisiä ilmenemismuotoja

- Hypervigilanssi, eli jatkuva varuillaan olo
- Herkästi säpsähtely
- Lihasten jännittämisestä johtuvat niska- ja selkävaivat
- Huimaus
- Korkea syke tai sydämentykytys

---

[64] Ks. esim. Mulder & Tyrer 2023.
[65] Stanley 2019, 209–213 ja Rhoton & Gentry 2021, 81.

- Liiallinen ruokahalu tai ruokahaluttomuus
- Lihominen tai laihtuminen
- Krooninen kipu / fibromyalgia
- Krooninen tulehdustila tai toistuvat tulehdussairaudet
- Autoimmuunisairaudet
- Ruoansulatuskanavan ongelmat, kuten ns. ärtyneen suolen oireyhtymä
- Paha olo, oksentelu
- Uniongelmat
- Painajaisten näkeminen ja yölliset kauhukohtaukset
- Rauhattomuus ja levottomuus
- Aistiyliherkkyys
- Poisjäävät kuukautiset tai vaikeat kuukautisoireet
- Fyysinen turtuneisuus, kyvyttömyys aistia kehon tuntemuksia, tai oman kehon tunteminen vieraaksi
- Päänsäryt ja migreeni
- Seksuaalinen haluttomuus tai seksuaalisen kanssakäymisen ongelmat
- Hyperaktiivisuus tai ylivireys
- Virtsaamisongelmat
- Kuumat aallot, vilunväreet
- Ylenpalttinen hikoilu
- Krooninen alivireisyys tai väsyneisyys
- Hormonaaliset ongelmat
- Kehon voimattomuus
- Vaikeudet säännellä hermostoa tai tunnistaa kehon fysiologista tilaa

## Dysregulaatioon liittyviä psyykkisiä reaktioita

- Muistiongelmat
- Vaikeudet tehdä päätöksiä
- Vaikeudet tehdä suunnitelmia
- Kyvyttömyys pitää kiinni sitoumuksista tai sopimuksista

- Tapaamisten peruminen
- Tavaroiden kadottaminen
- Amnesia, eli tilanteiden unohtaminen kokonaan
- Katastrofiajattelu
- Keskittymisongelmat
- Itsekritiikki tai itsen syyttely
- Itsepintaiset tai pakkomielteiset ajatukset
- Ruminaatio, eli asioiden märehtiminen
- Itsetuhon ajattelu
- Desorientaatio ajassa tai paikassa
- Tilanteiden kokeminen utuisiksi tai sekaviksi
- Liiallinen huolestuneisuus
- Nopeat tai rajut mielialan vaihtelut
- Masentuneisuus
- Tunteiden turtuneisuus
- Itsen kokeminen jatkuvasti stressaantuneeksi
- Kohtuuttomat emotionaaliset reaktiot ja kyvyttömyys hallita tunteita ja reaktioita
- Raivokohtaukset tai vihaisuus
- Ärtyneisyys
- Paniikkikohtaukset, ahdistuneisuus ja foobisuus
- Liiallinen sureminen
- Haluttomuus tai kyvyttömyys kokea mielihyvää tai iloa
- Välttelykäyttäytyminen, eli emotionaalisia reaktioita aiheuttavien asioiden välttely
- Vahva tunne lähestyvästä kuolemasta ilman perustetta
- Paranoidit pelot
- "Hulluksi" tulemisen pelko
- Vaikeudet toimia reaalisen tilanteen vaatimusten edellyttämällä tavalla (reality check)
- Eristäytyminen ja vieraantuneisuus (esim. "kukaan ei voi ymmärtää minua")
- Apatia, mielenkiinnon menettäminen asioita kohtaan

- Epätoivoisuus, itkuisuus
- Avuttomuuden ja voimattomuuden tunteet
- Ylivarovaisuus
- Häpeän tunteet
- Yksinäisyyden pelko
- Pelko muiden kanssa olemista kohtaan
- Kotiin sulkeutuminen
- Riippuvainen tai mielistelevä käytös
- Ihmissuhteiden kaoottisuus tai katkonaisuus
- Äärimmäinen prokrastinaatio, eli vitkuttelu ja asioiden lykkääminen
- Liiallinen kuntoilu tai äärimmäiset liikuntamuodot
- Kiukuttelu tai hallitsematon käytös
- Väkivaltainen käytös
- Adrenaliinin janoaminen
- Päihteiden liiallinen käyttö
- Liiallinen nikotiinin tai kofeiinin nauttiminen
- Seksihalujen tyrehtyminen tai liiallinen itsetyydytys
- Muu addiktiivinen käytös (esim. peliaddiktio tai työnarkomania)
- Syömisen häiriöt
- Pettäminen parisuhteessa
- Onnettomuusalttius tai esineisiin törmäily
- Itsetuhoiset käyttäytymistavat (esim. viiltely)
- Itsemurhan yrittäminen
- Pakonomaiset käyttäytymistavat
- Kyvyttömyys sietää lykättyä tarpeen tyydytystä (delayed gratification)

## Dysregulaatioon liittyviä henkisiä ilmiöitä

- Uskon menettäminen
- Elämän kokeminen merkityksettömäksi ja tarkoituksettomaksi
- Itsen kokeminen arvottomaksi

- Vaikeudet orientoitua tulevaisuuteen
- Muut toiminnanohjauksen ongelmat
- Kyvyttömyys ajatella rationaalisesti tai loogisesti stressaavissa tilanteissa
- Epätoivo
- Kyvyttömyys reflektoida tai arvioida omaa toimintaa
- Kyvyttömyys arvioida tai kokea asioiden palkitsevuutta
- Pelko omasta haavoittuvuudesta
- Lamaannuttava epäluulo
- Ekstremistiset tai radikalistiset ajattelutavat
- Selviytyjän häpeä
- Negatiivinen sisäinen puhe
- Negatiivisesti värittyneet muistot
- Keskittyminen negatiivisiin asioihin, kuten kipuun, satutetuksi tulemiseen ja pettymyksiin
- Dogmaattinen ja jäykkä ajattelu
- Mustavalkoinen ajattelu
- Vieraantuneisuuden tunteet, itsen kokeminen muista poikkeavaksi
- Oman identiteetin epäselvyys
- Kyvyttömyys luoda intiimejä suhteita
- Kyvyttömyys toimia rakastavasti ja hoivaavasti läheisiäkin kohtaan
- Omien rajojen asettamisen ja pitämisen vaikeudet
- Liian jäykät rajat suhteissa muihin, ihmisten pitäminen etäällä
- Ihmisten, asioiden tai paikkojen välttely
- Vaikeudet käynnistää projekteja tai viedä niitä päätökseen
- Riskialttiisiin tilanteisiin hakeutuminen

Edellä esitetyn luettelon valossa on ilmeistä, että monimuotoinen trauma dysregulaatioineen on kompleksinen elämänhallinnan ja hoidon kysymys. Yhtä ilmeistä on, että ihmisen tulisi tulla nähdyksi, kohdatuksi ja autetuksi kaikissa olemuspuolissaan. Monimuotoisesta traumasta kärsivät tarvitsevat apua kehonsa ymmärtämisessä ja sen hallinnassa ja huollossa, sekä psyykkisten oireidensa lievittämisessä ja lisäksi henkisten ongelmiensa kanssa: tietoisen maailmankuvan epäsuotuisten merkitysyhteyksien korjaamisessa.

Kun monimuotoisesti traumatisoitunutta autetaan, tulisi ottaa huomioon hänen elämäntilanteensa vuorovaikutus dysregulaatio-oireiden kanssa. Situationaaliset ongelmat, jotka ylläpitävät dysregulaatiota, on pyrittävä eliminoimaan, jotta situaatiosta saadaan autetuksi tulemiselle suotuisampi. Jälleen nousee keskiöön jo aiemmin mainittu yksilökohtaisuus, jonka pitäisi olla kaiken trauma-auttamisen lähtökohta.

## 4.3. Dissosiaatio

Edellä esitetyssä oireluettelossa on mukana myös dissosiatiivisia oireita, mutta dissosiaatiota on syytä tarkastella myös erikseen ja tarkemmin. Dissosiaatio on niin keskeinen ilmiö traumatisoitumisessa, että Bessel van der Kolk kutsuu sitä traumatisoitumisen perusolemukseksi.[66] Dissosiaation ajatellaan olevan jatkumo, jonka toisessa päässä on normaaleja jokapäiväisiä ilmiöitä, ja toisessa päässä on epätavallisia, usein kokijalleenkin hämmentäviä tajunnan tiloja:

> "Lievät dissosiatiiviset oireet ovat hyvin tavallisia. Niitä voi ilmetä esimerkiksi silloin, kun ihminen ajaa autoa pitkään. Hän voi suoriutua liikenteessä moitteettomasti ja samalla ajatella aivan muita asioita. Tällöin toiminta ja havainnointi (auton ohjaaminen) ja osa ajattelusta lohkoutuvat toisistaan erilleen. Tavallisia harmittomia dissosiatiivisia tilanteita ovat päiväunelmiin vaipuminen, taide-elämykseen uppoutuminen tai ääriponnistuksissa kehon kokeminen konemaisena. Hieman voimakkaampia mutta silti normaaleja dissosiatiivisia oireita esiintyy usein unen ja valveen rajamailla, stressitilanteissa, läheisen ihmisen kuoleman jälkeen, päihtyneenä tai voimakkaan emotionaalisen kokemuksen yhteydessä. (...) Traumaattisissa tilanteissa turvattomuus ja avuttomuus ylittävät ihmisen psyykkisen sietokyvyn. Silloin ihmisen mieli puolustaa itseään monin tavoin, joskus luomalla dissosiatiivisen tilan. Lyhytkestoisena se palvelee ihmisen psyykkistä selviytymistä,

---

[66] Kolk 2015, 66.

mutta pitkäkestoisena se sitoo henkisiä voimavaroja ja altistaa muulle psyykkiselle sairastamiselle."[67]

## DISSOSIAATIO JATKUMONA

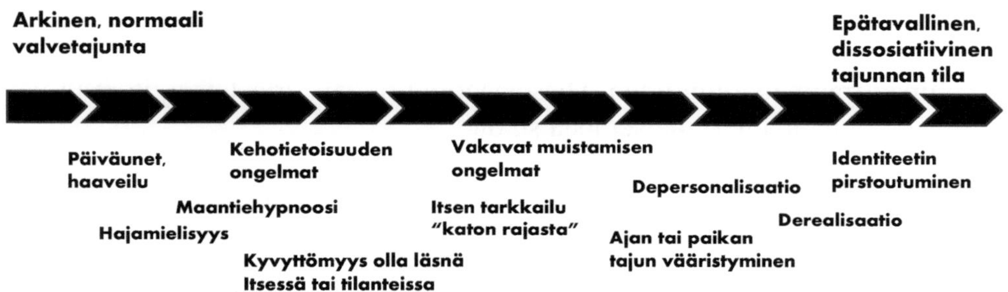


**Kuva 2. Dissosiaatio jatkumona.**[68]

Dissosiaation voi kuvata tietoisuuden ulkopuolella tapahtuvaksi prosessiksi, jossa ihminen irtaantuu olosuhteista psykologisesti silloin kun fyysinen pakeneminen ei ole mahdollista. Dissosiaatiossa ihmisen tajunnallisuus on perustavasti toisen laatuista: hänen identiteettinsä voi hämärtyä, ja normaali muistojen muodostuminen estyy. Dissosiaation prosesseja ovat mm. derealisaatio ("tätä ei tapahdu, tämä ei ole totta") ja depersonalisaatio ("en ole tässä läsnä, en tunne mitään").[69]

Dissosiaatio-oireiden voi myös ajatella olevan joukko opittuja käyttäytymismalleja, jotka ovat syntyneet pyrkimyksestä kestää traumojen aikana tapahtunutta. Kaltoinkohdeltu lapsi turvautuu biologisiin puolustusmekanismeihin selviytyäkseen liiallisesta stressistä sulkemalla stressaavan tapahtuman mielestään. Aikuisiällä dissosiaatio voi näkyä vaikeiden tunteiden äärimmäisenä lokeroimisena niin, että ihminen ikään kuin elää kahta elämää: yhtenä hetkenä

---

[67] Rovasalo 2021.
[68] Packalén 2019, 8.
[69] Courtois 2014, 44.

normaalia valvetilaa, ja toisessa hetkessä kauhujen ja ylivoimaisten tunteiden dominoivaa elämää.[70]

Traumatutkijat Frewen & Lanius kuvaavat dissosiaation tapahtuvaksi neljällä jatkumolla, jotka ovat: aikatietoisuus, ajattelu, kehotietoisuus ja emootiot. Dissosiaatiota esiintyy kullakin jatkumolla sitä todennäköisemmin, mitä pidempään traumaattinen stressi on jatkunut. Todennäköisyyttä lisää myös kehityksellinen traumatisoituminen. Dissosiaatiota on siis eriasteista, ja mitä vaikeampaa se on, sitä harvinaisempaa se on.[71]

Aikatietoisuuden osalta ihminen voi dissosiaatiossa kokea ajankulun epäjatkuvaksi ("aikaa katoaa"). Ajankulku voidaan kokea myös nopeutuneena tai radikaalisti hidastettuna. Aika voi tuntua myös itsepintaisesti kertautuvalta, kun traumatisoitunut elää traumamuistoja yhä uudelleen. Traumamuistamisessa tämä hetki ja mennyt elämä sekoittuvat toisiinsa.

Ajattelussa dissosiaatio voi näkyä niin, että elämä ei näyttäydy koherenttina narratiivina, vaan pirstoutuneina mielikuvina elämän kulusta. Mielikuvien välissä on pelkkää tyhjää (amnesia). Dissosiaatiossa ihminen voi kokea, että se mitä tapahtuu, ei tapahdu hänelle itselleen, vaan hän voi ikään kuin katsella tilannetta vaikkapa katon rajasta. Ihminen ei ehkä koe itse toimivansa tilanteissa. Ihminen voi myös esim. kuulla kaltoinkohtelijoidensa ääniä sättimässä itseään, mikä sekin hämärtää jatkuvan identiteetin kokemista.

Kehotietoisuus voi olla dissosiaatiossa vääristynyttä. Ihminen voi kokea irtaantuvansa ruumistaan ja katsella tilannettaan kuin toisen ihmisen kehosta käsin. Keho ei ts. tunnu omalta keholta. Kehollista dissosiaatiota edustavat myös kehokokemukset, joille ei löydy mitään syytä (ns. konversio-oireet) tai osan ruumiista kokeminen vieraaksi ("nämä eivät ole minun käteni"). Jos kehoa ei koe kokonaiseksi ja omaksi, voi tämä ilmetä esim. koordinaatio-ongelmina, tai työläänä tai "robottimaisena" liikkumisena.

---

[70] Schwartz 2016, 29.
[71] Frewen & Lanius 2015, 29–41.

Emotionaalisesti dissosiaatio voi näkyä kaiken kokemisena negatiivisesti värittyneeksi (esim. itsepintaiset ja intensiiviset pelon, häpeän ja syyllisyyden tunteet). Lisäksi ihminen voi kokea, ettei hän itse enää "ole paikalla" kun hän joutuu vaikkapa raivon valtaan. Raivoava toimija on joku muu kuin minä. Toisaalta dissosiaatio voi näkyä myös tunne-elämän latistumisena tai kyvyttömyytenä kokea yhtään mitään, tai kyvyttömyytenä tunnistaa ja kuvata omia tunteitaan (ns. aleksitymia).

Kuten dysregulaatio-oireet, ovat myös dissosiatiiviset oireet ymmärrettävissä niiden taustalla olevia autonomisen hermoston tiloja vasten. Näitä tiloja ja autonomisen hermoston psykofysiologiaa ylipäätään kuvataan tarkemmin luvussa 7.1.

*Olen itse kokenut laajasti dissosiaatiota elämäni aikana. Esim. kansakoulussa tunnit tuntuivat menevän ohi ilman, että olin mitenkään paikalla. Muistan opettajan toistuvasti havahduttaneen minua "palaamaan paikan päälle" kun dissosioin tuntien aikana. Olen viettänyt paljon aikaa päiväunelmissani, ollen pitkiä aikoja irti ympäröivästä todellisuudesta. Olen saattanut saada raivokohtauksia tai kokenut ylivoimaisia tunteita, joita itse en ole lainkaan ymmärtänyt tai kyennyt perustelemaan jälkikäteen. Olen kokenut kehoni tyystin vieraaksi, ja edelleenkin koen paljon kipua, jolle ei ole selvää elimellistä syytä. Olen toiminut luennoijana vuosikymmenet kuin katsellen itseäni luokan perältä, olematta täysin läsnä, luennoiden automaattivaihteella. Aikaa minulta on kadonnut vuosia, ja vieläkin säpsähtelen "hereille" oltuani pitkän ajan paikoilleni jäätyneenä, ajattelematta mitään, kunnes kehoni osat ovat ilmoittaneet itsestään puutumisesta aiheutuvalla kivulla. Olen kokenut identiteettini epäselväksi ja hauraaksi suurimman osan elämääni. Olen kokenut itseni peruuttamattoman toisenlaiseksi kuin muut ihmiset, avaruusolioksi ihmisten keskuudessa. Ihmisten parissa olen erityisesti kokenut tarpeelliseksi suojautua ylivirikkeiseltä ympäristöltä turruttamalla itseni alkoholilla.*

Dissosiaation vaikutukset voivat siis olla laaja-alaisia ja kauaskantoisia, kun pitkiä aikoja omaa elämää jää kokonaan elämättä, tai oma elämä ei tunnu omalta, tai ei koe yhteyttä muihin ihmisiin.

# 5. Mikä ihmistä stressaa ja traumatisoi

Traumaperäisestä stressistä puhuttaessa tulee ymmärtää käsitteen molemmat osat: mitä on traumatisoituminen ja mitä on stressi? Stressi ymmärretään arkipuheessa useimmiten yksinomaan kielteiseksi asiaksi. Puhumme siitä vain silloin kun meillä on stressiä liikaa ja tunnemme olomme sen takia jollakin tapaa uhatuksi. Uhkaavaa voi olla se, miten lääkärissäkäynti sujuu ja mitä johtopäätöksiä lääkäri terveydestä vetää, tai vaikkapa lähestyvä kehityskeskustelu esimiehen kanssa, tai perheen kohtaaminen. **Tämä onkin stressi-ilmiön ydin: keho ja sen myötä koko ihmisen systeemi reagoi kuviteltuun tai todelliseen uhkaan.**[72]

Uhan ei tarvitse olla suuri. Voit tuntea itsesi uhatuksi ja siten stressaantuneeksi, kun olet vaikkapa avaamassa verotuspäätöstä tai seuraamassa ihmisten aggressiivista sotimista somessa. Toisaalta stressireaktion syy voi olla reaalisesti hyvinkin uhkaava, kuten vaikkapa ryöstetyksi tuleminen. On lisäksi täysin yksilöllistä, mikä on siedettävää ja mikä sietämätöntä stressiä: mikä on toiselle siedettävää, on toiselle sietämätöntä. Stressinsietokynnys kehittyy todennäköisesti perinnöllisten ja situationaalisten tekijöiden yhdistelmänä.

Lisäksi stressinsietokyky elää ajassa. On kausia ja hetkiä, jolloin siedän stressiä huomattavasti paremmin kuin toisina aikoina ja hetkinä. Oma stressinsietokykyni on esim. hyvä kesäisin ja surkea talvisin, hyvä kotona ja huono joukkoliikennevälineissä, hyvä kissojen kanssa ja huono itkevien lasten kanssa jne. Objektiivisestihan joukkoliikennevälineet tai vauvat eivät ole uhkaavia, eivätkä ne ole sitä suurimmalle osalle ihmisistä, mutta minun ainutlaatuisessa stressinsäätelyjärjestelmässäni ne ylittävät sietokykyni.

---

[72] Gentry 2021, 6–7.

Kaikki stressi ei vastoin arkipuhetta suinkaan ole pahasta. Stressiä tarvitaan elämässä välttämättä, jotta motivoidumme toimimaan. Sängystä ei pääse ylös, ellei päivässä ole jotakin tavoiteltavaa, jonka saamiseksi tarvitsemme lievän stressiaktivaation (ks. sympaattinen hermosto luvussa 7). Pikajuoksuennätyksiäkään ei tehdä rennossa, stressittömässä kehossa.

Mutta pahimmillaan stressi on niin pitkäkestoista ja liiallista, että elämä vaikeutuu. Pahimmassa tapauksessa pitkäkestoisesta stressistä kehittyy stressireaktioista huolehtivan autonomisen hermoston dysregulaatio.

Kutsun hyvää, elämässä tarvittavaa, motivoivaa stressiä siedettäväksi stressiksi, ja yksilöllisen stressinsietokyvyn ylittävää stressiä sietämättömäksi stressiksi. Stressikirjallisuudessa puhutaan usein samoista ilmiöistä käsitteillä eustressi ja distressi.[73]

# 5.1. Trauma ja stressin jatkumo

Miten ymmärtää traumaattinen stressi? Selvästikin traumatisoitumisen taustalla on sietämättömän stressaavia tapahtumia, ja jo nimi traumaperäinen stressi implikoi, että kyseessä on yksi stressin laatu. Yritän selventää, mikä on stressin ja traumatisoitumisen suhde seuraavalla sivulla olevalla kaaviolla, jossa sijoitan eri stressin muotoja kahdelle akselille: stressin intensiteetti (siedettävä tai sietämätön) ja toisaalta stressin ajallinen kesto (pistemäinen ja lyhytkestoinen tai toisessa ääripäässä jopa vuosia jatkuva).

Olemme lepotilassa, kun emme juurikaan koe stressiä ja olemme rentoutuneita. Autonominen hermosto on turvallisuuden, homeostaasin ja sosiostaasin tilassa (autonomisen hermoston tiloista ks. 7.1). Jos olemme liian pitkään ilman virikkeitä, jotka nostavat vireystilaa, koemme itsemme pitkästyneeksi ja tylsistyneeksi. Kun puuhaamme arkisia asioita, jotka sujuvat rutiininomaisesti, olemme normaalin stressin tilassa.

---

[73] Mt., 8–10.

Autonomisen hermoston sympaattisen hermoston aktivaatiota on normaalissa stressin tilassa sopivasti, ja hermosto palautuu itsestään homeostaasiin, kun tekeillä olevat tehtävät on suoritettu.

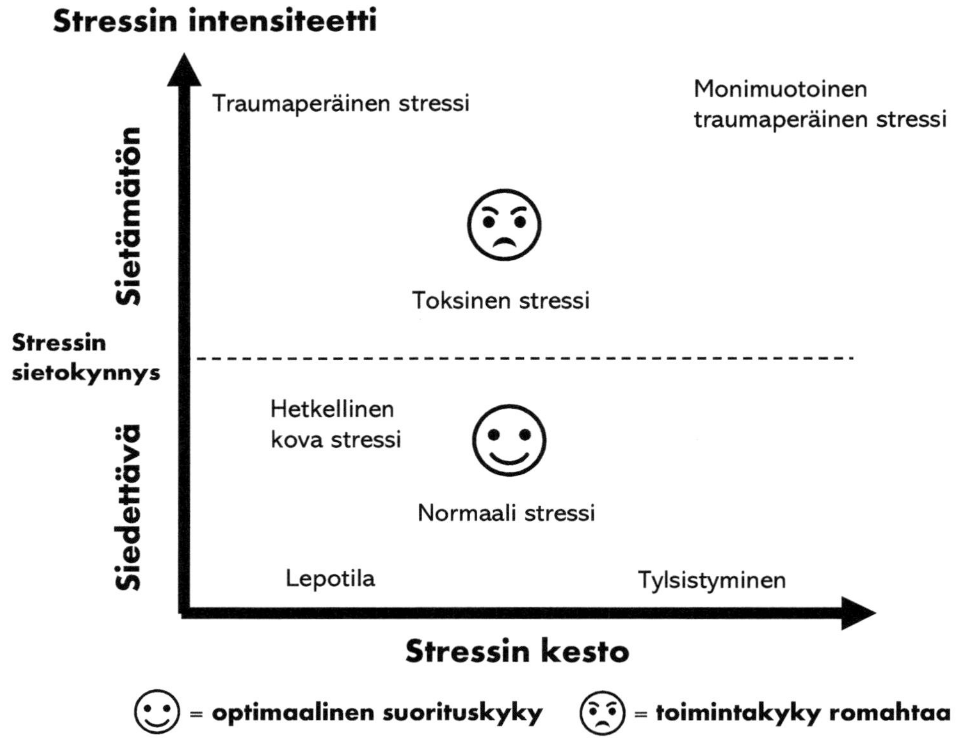


**Kuva 3. Stressin jatkumo ja traumaperäinen stressi**

Joskus tarvitsemme lisää sympaattisen hermoston energiaa hetkellisesti, kun työskentelemme osaamisemme rajoilla, ja meiltä odotetaan erityisen hyvää suoriutumista. Tällaisia normaalia enemmän stressaavia tapahtumia voivat olla esimerkiksi keikan soittaminen, luennon pitäminen, työtehtävien ruuhkautumisen purkaminen tai vaikkapa ensitreffit ihastuksen kanssa. Vaikka stressi on näissä tilanteissa intensiivisempää kuin normaalioloissa, palautuu hermostomme itsestään lepotilaan.

Kun stressi muuttuu pitkäkestoisesti sietämättömäksi, puhutaan toksisesta stressistä. Tällöin keho on pitkiä aikoja sympaattisen hermoston aktivaation tilassa, ilman että palautumista ehtii tapahtua. Normaalisti stressihormonit metaboloituvat itsestään, mutta jatkuvassa toksisessa stressissä alkaa stressihormoneja kumuloitua, ja tämä vaikuttaa terveyteen kielteisesti. Silloin voivat mm. ruoansulatusjärjestelmä, immuunijärjestelmä ja unirytmi häiriintyä, ja verenpaine voi nousta kroonisesti.

Jos kohtaamme äkillisen tapahtuman, joka ylittää täysin stressinsietokykymme ja jonka aikana olemme täysin avuttomia, voi tästä kehittyä traumaperäinen stressi. Traumaperäisessä stressissä koko ihmisen systeemi alkaa elää uudelleen poikkeuksellista tapahtumaa. Traumatisoitumista aiheuttavat tapahtumat palaavat mieleen vähäisistäkin tapahtumaa muistuttavista tekijöistä (ks. implisiittinen muisti luvussa 6.1), ja keho reagoi kuten se on reagoinut tapahtuma-aikaan äärimmäisellä sympaattisella aktivaatiolla tai autonomisen hermoston jäätymisen tilalla, joka lamaannuttaa toimintakyvyn kokonaan.

Jos koemme pitkiä aikoja selvästi sietämättömiä tapahtumia, voi meille kehittyä monimuotoinen traumaperäinen stressi. Monimuotoisessa traumatisoitumisessa elimistö elää stressitilassa enemmän tai vähemmän jatkuvasti ja autonomisen hermoston toiminta muuttuu pysyvästi (dysreguloituu) siten, että se reagoi erityisen herkästi stressireaktioilla myös viattomiin ja jokapäiväisiin tapahtumiin. Toiminnanohjauksemme on silloin jatkuvasti enemmän tai vähemmän vaikeutunutta ja elimellisten sairauksien todennäköisyys kasvaa merkittävästi.

Erityisen haavoittuvia monimuotoiselle traumatisoitumiselle ovat kehityksellisesti traumatisoituneet. He ovat altistuneet vaikealle stressille varhaislapsuudessa, jolloin autonomisen hermoston stressinkäsittelymekanismit ovat vasta muovautumassa.

Normaalisti stressinsäätelyä opetellaan erityisesti lapsen ja tämän ensisijaisen huoltajan saumattomassa sanattomassa kommunikaatiossa: yhteissäätelyssä. Jos huoltaja poistuu vauvan ääreltä tai ympäristössä on kovia ääniä tai häiritsevän kirkkaita valoja tai vastaavia hälyttäviä asioita, lapsessa syntyy stressireaktio, joka rauhoittuu, kun huoltaja palaa rauhoittelevana syleilemään vauvaa. Näin lapsi oppii stressin säätelyä. Ilman tätä kiintymyssuhteen perusdynamiikkaa stressinkäsittelyjärjestelmä kehittyy epäsuotuisasti. Jos huoltaja itse on dysreguloitunut, lapsi ei opi stressin säätelyä, vaan kohtaamiset huoltajan kanssa ovat potentiaalisesti traumatisoivia.[74]

## 5.2. Millaiset tapahtumat traumatisoivat

Traumatisoituminen kuuluu elämään. Ihminen on jo lajinakin traumatisoitunut, mukaillakseni traumatisoitumisen mekanismeja selittävää Stephen Porgesia. Hän viittaa siihen, että jokaisen perheen ja suvun historia on täynnä vuosisatojen saatossa syntynyttä traumakuormaa, joka siirtyy erilaisin mekanismein sukupolvesta toiseen.[75]

Edellä esitetyt stressin kuvaukset antavat viitteen siitä, että se mikä traumatisoi yksittäistä ihmistä – eli perustavanlaatuisesti ylittää joko hetkellisesti tai vuosien tapahtumasarjana ihmisen stressinsietokyvyn – on täysin yksilöllistä. Elämä on täynnä mahdollisia traumatisoitumisen aiheita. Tätä kuvastaa hyvin brittiläisen Victim Focusin traumamanuaali, joka luetteloi noin 400 sivun verran potentiaalisesti traumatisoivia kokemuksia tai tapahtumia sekä niiden seurauksia.[76]

Traumatisoitumisen ilmiöstä on kuitenkin eritelty hyödyllisiä luokitteluja, joita löytyy traumakirjallisuudesta. Rhoton & Gentry jakavat traumat seuraaviin tyyppeihin:[77]

**Primäärinen trauma** on itse koettu tapahtuma (tai sarja tapahtumia), joka uhkaa hyvinvointia, ja jonka aikana on ollut avuton itse vaikuttamaan

---

74 Ks. esim. Fisher 2021, 8.
75 Ks. esim. Porges 2022.
76 Taylor & Shrive 2023.
77 Rhoton & Gentry (2021, 65–68).

tapahtumien kulkuun. Tällaisia tapahtumia voivat olla esim. väkivallan kohteeksi joutuminen, heitteillejättö tai vaikkapa jatkuva lannistetuksi tuleminen.

**Sekundäärisessä traumassa** traumatisoitunut on joutunut todistamaan tapahtumia, jossa jonkun toisen ihmisen hyvinvointi on uhattuna. Traumatisoitumista voi näin syntyä esim. onnettomuustilanteita nähdessä tai sotauutisia katsellessa tai traumatisoituneiden kertomuksia kuunnellessa. On ilmeistä, että traumojen hoitajilla on riski traumatisoitua sekundäärisesti.

**Ympäristöstä johtuva trauma** syntyy, kun joutuu elämään dysreguloituneiden ihmisten parissa. Tällaiselle traumatisoitumiselle altistuvat esim. ahdistuneiden tai alkoholisoituneiden vanhempien lapset tai vaikkapa varusmiehet, joiden komentajina toimivat aamusta iltaan dysreguloituneet johtajat.

Lisäksi traumatisoitumisessa erotetaan Traumat isolla T:llä ja traumat pienellä t:llä. Ison T:n Traumat ovat niin rajuja tapahtumia, että niiden sietämättömyys on kenelle tahansa ilmeinen. Tällaisia olosuhteita ovat kouluammuskelut, onnettomuudet, luonnonmullistukset, sotatrauma, rikoksen kohteeksi joutuminen jne.

Salakavalampi ja monimuotoisen traumatisoitumisen kannalta usein keskeisempi tekijä ovat pienet vuosien mittaan kertyvät traumat, joita syntyy näennäisesti lievemmistä tapahtumista, jotka kuitenkin hyvinkin voivat ylittää yksilöllisen stressinsietokyvyn. Häpäistyksi, mitätöidyksi, sosiaalisesti eristyneeksi tai laiminlyödyksi joutuminen ja köyhyydessä tai kaoottisessa kodissa asuminen voivat olla tällaisia tekijöitä.

Lapsuudenaikaiset tapahtumat ovat niin keskeinen tekijä monimuotoisen traumatisoitumisen synnyssä (ja sen estämisessä), että ne ansaitsevat erityistä huomiota.

# 5.3. Lapsuudenaikaiset haitalliset ja hyödylliset kokemukset

Yhdysvalloissa on tehty pitkittäistutkimuksia lapsuuden traumaattisten kokemusten ja aikuisiän sairastavuuden välillä. Tutkimustuloksista on käynyt dramaattisella tavalla ilmi, että mitä enemmän lapsuudessa on koettu erittäin stressaavia olosuhteita, sitä enemmän aikuisiällä on terveysongelmia erilaisista sairauksista vaikeaan traumatisoitumiseen, addiktioihin ja itsetuhoisuuteen.[78]

Tutkimuksissa on ensisijaisesti kartoitettu näitä haitallisia kokemuksia, joita lapset ovat kokeneet ennen 18:tta ikävuotta:

- Aikuisen nöyryyttävä, loukkaava, verbaalinen väkivalta tai alistava käytös, tai käyttäytyminen tavalla, joka sai lapsen tuntemaan itsensä fyysisesti uhatuksi.
- Fyysinen alistetuksi tai pahoinpidellyksi tuleminen.
- Seksuaalisen koskemattomuuden loukkaukset.
- Kokemukset siitä, että ei ole rakastettu tai tärkeä perheenjäsen, tai että perheenjäsenet eivät hoivaa toisiaan.
- Nälän näkeminen tai muu koettu tarpeiden ja terveyden hoidon laiminlyöminen.
- Vanhempien avioero.
- Vanhempien joutuminen väkivallan kohteeksi.
- Päihteiden käyttö perheessä.
- Vanhempien mielenterveysongelmat tai itsetuhoisuus.
- Perheenjäsenen joutuminen vankilaan.

Näistä kokemuksista kyselemällä saisi kliinisessä työssä jo alustavasti kartoitettua kohonnutta vaikean traumaperäisen stressin tai sairauksien riskiä.

---

[78] PACEs Connection 2024.

Traumatisoituminen on normaali ja ennustettava sarja reaktioita juuri tämänkaltaisiin epänormaaleihin olosuhteisiin.

Jokaisessa elämässä on toisaalta myös suojaavia tekijöitä, joita on tutkittu lapsuudenaikaisten hyödyllisten kokemusten otsikolla. Näitä ovat esim.

- Tunne siitä, että vanhemmille voi puhua tunteistaan.
- Kokemukset siitä, että perhe on tukena vaikeina aikoina.
- Hyvät kokemukset yhteisöllisistä traditioista.
- Joukkoon kuulumisen tunne koulussa.
- Kokemukset ystävien tuen saamisesta.
- Kokemukset siitä, että ainakin yksi aikuinen on aidosti kiinnostunut itsestä.
- Kokemukset siitä, että ainakin yksi aikuinen kotona on turvallinen ja suojeleva.

Lapsuudenaikaisten hyödyllisten kokemusten tutkimus on vasta lapsenkengissään, mutta oletus on, että näiden kokemusten suojaava vaikutus voi auttaa lapsia kehittämään stressinsietokykyä, eli resilienssiä. On ilmeistä, että tällä on merkityksellisiä implikaatioita varhaiskasvatuksen kannalta. Vaikka lapsuudenaikaisista haitallisista kokemuksista ei saataisi tietoa, voi hyödyllisiä kokemuksia aktiivisesti tuottaa kasvatustoiminnassa.

*Omassa lapsuudessani olen kokenut paljon haitallisia, mutta myös hyödyllisiä kokemuksia. Suojaavia ja korjaavia kokemuksia ovat tarjonneet esim. lapsuuden parhaat kaverit, musiikinopettaja, judovalmentaja ja vitsikäs veistonopettaja. Olen saanut hyviä kokemuksia myös musiikista, joka tarjosi turvaa, rauhaa ja inspiraatiota. Myös kavereiden kanssa yhdessä kuunneltu ja soitettu musiikki loi kavereihin syvempiä yhteyksiä.*

# 6.  Traumatisoitumisen kaksi perusmekanismia

Traumatisoituminen on aina yksilöllistä. Se mikä traumatisoi yhtä, ei välttämättä traumatisoi toista. Traumatisoitumisessa on kuitenkin myös yksilöstä riippumattomat puolensa, joiden voi perustellusti ajatella olevan se ydinilmiö, josta varsinaisesti puhutaan, kun puhutaan traumaperäisestä stressistä. Ensimmäinen näistä ilmiöistä on tiedostamaton **implisiittisen muistin toiminta**, johon traumaattinen muistaminen perustuu, ja toinen on **autonomisen hermoston yliherkistyminen, eli dysregulaatio**.

Toivon, että näihin luonnollisiin ilmiöihin tutustuminen hälventää traumatisoitumiseen liittyvää stigmaa. Traumatisoituneen koko sisäinen systeemi toimii liiallisen stressin seurauksena juuri siten kuin evoluutio on sen virittänyt toimimaan. Traumareaktiot eivät ole valittuja toimintatapoja, vaan automaatiota, joka tapahtuu kun on tapahtuakseen. Vasta jälkeenpäin voimme toimia traumareaktioita lieventävillä tavoilla.

Tiedostamatonta, implisiittistä oppimista tapahtuu jatkuvasti kaiken kokemamme pohjalta. Tarvitsemme implisiittistä muistamista voidaksemme toimia automaattisesti, ja automaattista toimintaa tarvitaan elämässä jatkuvasti. Automaattista toimintaa edellyttävät esimerkiksi musiikki-instrumentin soittamisen tapaiset, monimutkaista koordinaatiota vaativat taidot. Tarvitsemme automaatiota myös voidaksemme toimia tehokkaasti tilanteissa, jotka vaativat nopeaa toimintaa, kun ajatteluun ei ole aikaa, kuten esimerkiksi vaaratilanteissa.

Courtney Armstrongin (2019) mukaan stressaavissa tapahtumissa tallentuu implisiittisiksi muistoiksi useita tapahtumaan liittyviä elementtejä: tapahtumaan liittyvät tunteet, aistihavainnot, fyysiset tuntemukset sekä toiminta (proseduuri), jolla tilanteesta pyrki selviytymään. Hän kertoo esimerkin auto-onnettomuudessa olleesta asiakkaastaan, jonka implisiittisessä muistossa tapahtumasta yhdistyivät pelon ja raivon tunteet, havainto toisesta autosta liian lähellä, bensan ja savun haju ja liekkien näkeminen, kokemus siitä, ettei fyysisesti pystynyt kontrolloimaan tilannetta ja pyrkimys väistää liekkejä, huutaa apua ja auttaa kyydissä olleita. Näistä aineksista implisiittinen muisto muodostaa *skeeman,* eli tulevaa käyttäytymistä ohjaavan tiedostamattoman mallin tapahtumasta.[79]

Koska muisti toimii assosiatiivisella periaatteella, voivat skeemoihin liittyvät tunteet, aistimukset, ajatukset ja toimintamallit tiedostamattomasti aktivoitua, kun myöhemmin elämässä törmää traumatisoineesta tapahtumasta etäisestikin muistuttaviin tekijöihin. Auto-onnettomuuden jäljiltä traumatisoitunut saattaa mitä tahansa savua nähdessään jopa haistaa bensan katkun ja käyttäytyä kuten olisi uudestaan täydessä hätätilassa. Tämä on traumaattista muistamista. Koska implisiittinen muistaminen toimii tietoisuuden ulkopuolella, on hämmentävää olla skeeman mukaisessa koko tajunnan ja kehon valtaavassa reaktiossa vain siksi, että on esimerkiksi haistanut jotakin, jonka ei edes tiedosta olevan triggeri, eli traumalaukaisija.

Näin traumaattinen muistaminen häiritsee arkea ja aiheuttaa käyttäytymistä, jota muiden voi olla vaikea ymmärtää, kuten esimerkiksi klassiseen traumaoireeseen, traumaattisista tapahtumista muistuttavien asioiden välttelyyn. Tällaista implisiittisen skeeman yhteyteen tallentunutta tiedostamatonta ja automaattista toimintamallia kutsutaan myös proseduraaliseksi oppimiseksi ja muistamiseksi. Arkikielessä proseduraalista muistia kutsutaan lihasmuistiksi.

Monimuotoinen trauma on erityisen haastava traumaattisen muistamisen kannalta, koska implisiittisiä muistoja on kertynyt vaikeasti stressaavista tai jopa hengenvaarallisista tilanteista vuosien tai kenties vuosikymmenien ajan. Näin elämästä tulee melkein missä tahansa tilanteessa ylivoimaisen stressaavaa, kun jatkuvasti elää trauma-aktivaatioissa, ja toimii tavoilla, jotka vastaavat aiemmin koettujen traumojen skeemoja eivätkä nykyhetken realiteettien vaatimuksia. Koska kaikki tämä tapahtuu tietoisuuden ulottumattomissa, on traumasta toipumisen ensimmäisiä askeleita psykoedukaatio. Ilman että ymmärtää

---

[79] Armstrong 2019, 11–12.

traumatisoitumisen perusmekanismeja, on vaikea ymmärtää itseään ja motivoitua muuttamaan reaktiivisia toimintatapoja, jotka tuntuvat kiveen hakatuilta persoonallisuuden piirteiltä.

Toinen traumaan liittyvä yksilöstä toiseen toistuva ilmiö on autonomisen hermoston herkistyminen stressille. Autonominen hermosto on muiden tehtäviensä ohella vastuussa siitä, miten havaitsemme vaaraa tiedostamattomasti ja millaisella fysiologisella vasteella siihen reagoimme. Trauman yhteydessä puhutaan esim. taistele tai pakene -tilasta ja valekuolemasta tai dissosiaatiosta, ja nämä kaikki pohjautuvat autonomisen hermoston erilaisiin fysiologisiin tiloihin. Nämä tilat luovat sen yleisen toimintataipumuksen, jonka pohjalta skeemoja syntyy.

Nämä ilmiöt ovat tietenkin toisiinsa erottamattomasti kietoutuneita ja kaksi näkökulmaa samaan asiaan: toinen (implisiittinen muistaminen) hahmottaa traumojen uudelleen elämistä muistamisen näkökulmasta ja toinen (dysregulaatio) autonomisen hermoston toiminnan näkökulmasta. Molempien näkökulmien ydin on kuitenkin sama:

**Vaarasta ja traumasta muistuttavien tekijöiden seurauksena aktivoituu millisekunneissa ja tietoisen hallintamme ulkopuolella olevia proseduureja ja fysiologisia vasteita, jotka voivat alkaa vaikeasti häiritä normaalia elämää. Tätä on elämä trauman kanssa. Traumasta toipuminen vaatii siksi ainakin kahta asiaa: implisiittisten muistojen ratkaisemista niin, että ne eivät enää laukaise traumareaktioita sekä autonomisen hermoston yliherkkyyden kanssa työskentelyä.**

On syytä nostaa esille, että traumatisoitumiseen vaikuttaa implisiittisen muistamisen ja autonomisen hermoston lisäksi myös yhteytemme muihin ihmisiin. Interpersoonallisen neurobiologian ajattelua traumatisoitumiseen soveltavan Bonnie Badenochin mukaan yhteys muihin ihmisiin on meille kaikki kaikessa: primäärein motivaatiomme on olla yhteydessä muihin, ja myös traumatisoitumisen syvyys ja eheytymisemme on kiinni kontaktiemme laadusta ja turvallisuudesta.[80] Myös Stephen Porgesin polyvagaalinen teoria (esitellään tarkemmin luvussa 7) korostaa, että turvaudumme vaaran (eli potentiaalisen tai muistetun trauman) kohdatessa ensisijaisesti muihin ihmisiin. Evoluutio on virittänyt meidät olemuksellisesti hakemaan yhteyttä muihin.

## 6.1. Traumaattinen muistaminen

Kun ihminen kokee traumatakaumia, hän on siis tekemisissä implisiittisen muistinsa kanssa. Traumaattisista tapahtumista syntyvät implisiittiset muistot laukaisevat stressireaktioita silloin, kun törmäämme traumasta muistuttaviin ärsykkeisiin. Traumamuistamista käynnistävät ärsykkeet voivat olla kaikkea viatontakin, mitä ympäristöstä aisteillamme havaitsemme. Triggerinä eli traumalaukaisijana voi toimia haju, jonkin asian näkeminen, kuuleminen tai maistaminen, tai vaikkapa kehon sisäisen toiminnan aistiminen. Traumalaukaisijana voi myös toimia ihmisen oma tajunta hänen kuvitellessaan traumamuistoista muistuttavia asioita.

Koko traumatisoitumisen ydin onkin se, että implisiittiset muistot triggeröivät, eli käynnistävät stressireaktioita, jotka kuormittavat koko ihmisen systeemiä ja tekevät arjesta tervassa tarpomista. Tämä triggeröityminen tapahtuu tietoisuutemme ulkopuolella ja voimme tulla siitä tietoisiksi vasta jälkeenpäin.

Implisiittisen muistin vastinpari on eksplisiittinen muisti. Tämä muisti on se, mistä puhumme, kun arkikielessä puhumme muistamisesta ja muistelemme menneitä tarinoiden muodossa. Eksplisiittistä muistia kutsutaankin usein narratiiviseksi muistiksi sen tarinankaltaisuuden vuoksi. Traumaattisissa tilanteissa eksplisiittisiä muistoja ei synny normaaliin tapaan, koska stressihormonit estävät niiden muodostumisen.[81]

Eksplisiittistä muistia on pidetty muokkautuvana, kuten sanonta "aika kultaa muistot" hienosti kuvaa. Implisiittistä muistia taas on pidetty neurotieteissäkin

---

[80] Badenoch 2023.
[81] Armstrong 2019, 11.

vuosikymmenten ajan pysyvänä ja muuttumattomana. Tätä taas kuvaa hyvin sanonta, että jokin asia on "kuin pyörällä ajaminen", eli ei unohdu, vaikka edellisestä kerrasta kuluisi vuosikausia. Pyörällä polkeminenhan on implisiittistä ja proseduraalista muistamista. Implisiittisten muistojen muuttumattomuus on tuskainen ajatus traumaperäisestä stressistä kärsivälle, koska se tarkoittaisi sitä, että traumamuistot vainoaisivat kantajaansa hautaan saakka.

Viimeisen 20 vuoden aikana tutkimus on kuitenkin osoittanut, että implisiittinen muistaminen voi hyvinkin muuttua. Suotuisissa oloissa implisiittisiä muistoja voi muokata ja niiden tunnelatausta voi neutraloida. Tämä on kaikille traumatisoituneille hyvä uutinen, koska se tarkoittaa, että triggeröivistä muistoista tai niiden ylivoimaisesta tunnelatauksesta voi päästä eroon. Uusi neurologinen tutkimus tekee myös ymmärrettäväksi, miksi jotkin vuosikymmeniä käytetyt traumapsykoterapiatekniikat ovat tehokkaita traumamuistojen työstämisessä.[82]

## 6.2. Traumamuistojen työstäminen

Muistin konsolidoinnilla tarkoitetaan muiston tallentumista työmuistista pitkäkestoiseen muistiin. Aiemmin ajateltiin, että kertaalleen tallentunut implisiittinen muisto haetaan aina muistista alkuperäisessä muodossaan. Tämän vuosituhannen alusta alkoi kuitenkin kertyä tutkimustietoa siitä, että kun muisto palautetaan mieleen, se on muutaman tunnin ajan altis muutoksille. Muistin käsittelyyn liittyvät fysiologiset prosessit, kuten proteiinisynteesi, saavat aikaan sen, että muisto voi tallentua uudelleen muuntuneena, ikään kuin päivittyneenä uudeksi versioksi, jonka jälkeen mieleen palautuu aina vain tämä uusi versio muistosta. **Tätä muistin päivittymistä kutsutaan muistin uudelleenkonsolidoinniksi tai rekonsolidoinniksi** (engl. *memory reconsolidation*).[83]

---

[82] Ks. Ecker ym. 2012.
[83] Ks. Ecker ym. 2012, 17–20 ja LeDoux 2015, 302.

104

Jotta rekonsolidaatio voi tapahtua, on olennaista, että tuossa muutaman tunnin aikaikkunassa koetaan jotakin, joka on räikeässä ristiriidassa alkuperäisen muiston kanssa (*mismatch experience*). Uusi kokemus mitätöi odotuksen siitä, mitä muiston perusteella kuuluisi seuraavaksi tapahtua. Tarvitaan siis ennustevirhe, engl. *prediction error.*[84]

Ihmisen hermostoa voi ajatella "ennustekoneistona", joka virittäytyy aikaisempien kokemusten perusteella tulevaan, siis valmistelee kehon ja mielen tulevaa varten tekemällä jatkuvasti ennusteita menneen perusteella.[85]

Jos muistiin perustuvat ennusteet eivät toteudukaan, muisti toimii adaptiivisesti ja tehokkaasti, kun se päivittyy eli rekonsolidaatio tapahtuu. Tästä syystä rekonsolidointiprosessia edistää edelleen se, jos alkuperäisen muiston kanssa ristiriitainen kokemus toistuu useamman kerran.

Muistin rekonsolidoinnin yhteydessä tapahtuu traumareaktioiden poisherkistymistä, eli traumalaukaisijoiden aiheuttamien reaktioiden vaimenemista tai häipymistä kokonaan. Muistin muuntuvuus tai päivitettävyys mahdollistaa sen, että traumaattiset muistot ovat pitkäikäisyydestään huolimatta työstettävissä ja niihin liittyvät automaattiset reaktiot ovat poisherkistettävissä.

## Muistojen rekonsolidointi traumapsykoterapiassa

Bruce Ecker on pioneerityöllään tuonut uudelleenkonsolidointiprosessin psykoterapiaan ja Courtney Armstrong soveltaa sitä erityisesti traumapsykoterapiaprosessiin traumaattisten muistojen työstämisessä.[86]

Traumamuistojen muokkaamisen pitäisikin olla traumapsykoterapian lopullinen päämäärä, koska vain muistojen rekonsolidoinnilla saavutetaan pysyvää elämänlaadun paranemista. Vaikka tätä neurologista prosessia ei ole tunnettu

---

[84] Ecker ym. 2012, 20–23.
[85] Ks. Feldman Barrett 2017.
[86] Ecker 2012 ja Armstrong 2019.

kuin pari vuosikymmentä, on traumamuistojen muokkaaminen kuitenkin ollut traumapsykoterapian tavoite jo pidempään. Traumaterapian slangissa rekonsolidaatiota on kutsuttu traumamuistojen integroinniksi. Tällöin on ajateltu, että traumamuistot integroidaan päivitetyin sisällöin narratiiviseen muistiin, jolloin niistä häviää niiden voimakas tunnelataus ja niihin liittyvät stressireaktiot väistyvät.

Eckerin mukaan traumapsykoterapiatekniikoista esim. EMDR, EFT ja Internal Family Systems ovat jo pitkään hyödyntäneet rekonsolidaatioprosessia, vaikka sitä mitä muistamisessa tarkkaan ottaen tapahtuu ei ole osattu kovin tarkkaan eksplikoida. Itse ymmärrän asian niin, että traumareaktiot implisiittisistä muistoista sammuvat rekonsolidaation myötä, ja kokemuksesta saa uuden narratiivisen muiston ikään kuin sivutuotteena.

Armstrong on vienyt rekonsolidoinnin käytäntöön traumapsykoterapiassa viisivaiheisena prosessina, josta hän käyttää akronyymiä **RECON**.[87] **Ensimmäisessä vaiheessa (Recall)** palautetaan lyhyesti mieleen traumaattinen kokemus. Millainen mielikuva tapahtumasta nousee mieleen? Mitä tuntemuksia se herättää kehossa? Mitä tunteita muistoon liittyy? Mitä tilanteessa olisi halunnut tehdä, muttei kyennyt?

Tämä vaihe on hienovaraista työskentelyä, koska liian syvä sukellus traumamuistoon ainoastaan uudelleentraumatisoi. Terapeutti on apuna siinä, että traumakokemukseen ikään kuin vain kastellaan varpaat. Traumapsykoterapiassa puhutaan tällöin usein titroinnista, kokemuksen annostelusta, tai pendelöinnistä, menneen traumakokemuksen ja nykyhetken läsnäolon vuorottelusta. Terapeutin tuki on tässä kriittistä. Traumamuistoja ei voi käytännössä työstää ilman asiantuntevaa tukea – ainakaan alkuun, jos traumareaktiot ovat ylivoimaisia ja herkässä.

Koska traumamuistot ovat implisiittisiä muistoja eikä niistä ole välttämättä muodostunut mitään eksplisiittistä muistoa, voi kokemusta olla vaikeaa tai

---

[87] Armstrong 2019, 97.

mahdotonta sanoittaa. Kokemus voi olla helpointa tavoittaa vain mielikuvina, kehon tuntemuksina tai tunteina.

**Toisessa vaiheessa (Explore)** tutkitaan traumamuistoon liittyviä negatiivisia kokemuksia itsestä. Miten tapahtuma muutti sitä, miten näet ja koet itsesi? Miten tapahtuma muutti sitä, miten koet muut tapahtumaan liittyvät ihmiset? Miten tapahtuma vaikutti siihen, millaisina pidät elämääsi, maailmaa ja muita ihmisiä ylipäätään?

Traumamuistojen luonteen takia näitäkin merkitystuntemuksia on vaikea sanoittaa, ja ne pitäisi tavoittaa kokemuksellisesti. Armstrong käyttää näistä kokemuksista vaikeasti käännettävää käsitettä *"embodied belief"*, ja toteaa että nämä kokemukset pyörivät useimmiten seuraavan viiden teeman ympärillä: itsen kokeminen turvattomaksi, luottamuspula itseen tai muihin ihmisiin, oman elämän kontrollin puute, vastuu tapahtumasta on itsellä, ja itsen kokeminen huonoksi tai rikkinäiseksi ihmiseksi.

*Tämä vastaa hyvin omaa kokemustani traumapsykoterapiaprosesseista. Kun olemme käsitelleet traumaattisia muistoja, esille on noussut spontaanisti nimenomaan karun negatiivisia kokemuksia itsestä, muista ihmisistä ja maailmasta. Negatiiviset käsitykset tuntuvat hyvin lihallisesti tosilta, vaikka tietoisesti olisinkin eri mieltä. Ehkä tuo olisikin hyvä käännös käsitteelle "embodied belief": lihallinen tai viskeraalinen uskomus. Vaikka pohjimmiltani uskon, että olen hyvä, muut ihmiset hyväntahtoisia ja maailma mielekäs, on traumamuistoihin upotettu kokemuksellinen todellisuus tämän kuvan täydellinen vastakohta.*

**Kolmannessa vaiheessa (Create New Meaning)** luodaan uusi kokemus, joka peilaa asiakkaan toiveita siitä, mitä hän haluaisi kokea traumamuiston yhteydessä. Miten haluaisit kokea itsesi? Mitä vahvuuksia ja hyödyllisiä uskomuksia olet pystynyt kehittämään kokemastasi huolimatta? Miten haluaisit kokea muut ihmiset, jotka liittyivät tapahtumaan? Miltä haluaisit sinusta tuntuvan heidän seurassaan? Miten haluaisit kokea ihmiset ylipäätään? Miten haluaisit kokea elämän, maailman ja oman tulevaisuutesi?

Jälleen kerran tavoitteena on saavuttaa kokemuksellinen taso. Tämäkään vaihe ei siis ole pelkkää kognitiivista työskentelyä ja keskustelua, ja tässä vaiheessa on hyötyä vaikkapa mielikuvien tai somaattisten menetelmien käyttämisestä. Olennaista on, että tämä uusi kokemus ja siitä saatu uusi mielikuva on jyrkässä ristiriidassa traumaan liittyvän negatiivisen kokemuksen kanssa. Näin siksi, että rekonsolidaatio vaatii kokemuksellisen ristiriidan, jotta muisto tallentuu muokattuna.

**Neljännessä vaiheessa (Objectively Describe)** luodaan mahdollisimman objektiivinen kuvaus traumakokemuksesta, johon lisätään alkuperäisen kokemuksen kanssa ristiriidassa olevaa kolmannen vaiheen "toivotun kokemuksen" aineistoa. Asiakas kuvaa muistoa ikään kuin katselisi tapahtunutta televisiosta. Kun törmätään negatiivisiin käsityksiin (ks. vaihe 2), niiden rinnalle tuodaan vaiheen 3 toivottuja kokemuksia rekonsolidaatioon tarvittavan ristiriidan synnyttämiseksi.

**Viidennessä vaiheessa (New Narrative Integration)** uusilla sisällöillä korjattua tarinaa toistetaan, kunnes uusi tarina tuntuu kokemuksellisesti todelta. Tämä vahvistaa ristiriitaa vanhan kokemuksen kanssa ja siten edistää rekonsolidaatiota.

## Käytännön esimerkki rekonsolidaatiosta arjessa

*Kun opinnoissani törmäsin uudelleenkonsolidointiin ilmiönä, olin ollut terapiassa jo reilun vuosikymmenen ajan ja uskaltauduin siksi kokeilemaan omin voimin muistojen uudelleenkonsolidoinnin voimaa. Tunnistin hyvin selkeänä tilanteen, joka triggeröi minua joka ikinen kerta, kun siihen törmäsin. Se liittyi ruokailun aloittamiseen. Kun sain ruokaa eteeni, tunsin oloni defensiiviseksi ja aggressiiviseksi, eikä minulle saanut puhua ennen kuin olin päässyt ateriassa pitkälle, jolloin yleensä aloin hieman rauhoittua.*

*Lapsuuden kokemukseni ruokapöydästä olivat sellaisia, että oli helppo tunnistaa milloin ja miksi tämä kivulias implisiittinen oppiminen oli tapahtunut. Olin mm. oppinut, että syöminen on turvatonta ja sen aikana voi tapahtua väkivaltaa. Olin oppinut, että minulla ei ole mitään kontrollia siitä mitä ja miten laitan asioita suuhuni ruokapöydässä, ja olin oppinut, että kukaan paikalla olija ei suojele minua.*

*Oli ilmeistä, miten tämä oppiminen realisoitui vielä yli 50 vuoden iässä muuttumattomana. Niinpä päätin, että luon lapsuuden oppimisen kanssa ristiriidassa olevia uusia oppimiskokemuksia.*

*Annoin trauma-aktivaation tapahtua kuten ennenkin, kun sain ruokaa eteeni, mutta pian pysähdyin hengittämään rauhallisesti. Aktivoin aistini katselemalla ympärilleni, kokeakseni olevani turvassa ja rakastettu, kun saan syödä itse valitsemaani ruokaa, haluamallani tavalla, rakastamani ihmisen seurassa. Vastakkain oli siis kaksi jyrkästi erilaista kokemusta.*

*Toistamalla tätä useilla aterioilla muutaman päivän ajan implisiittisen muiston voima alkoi heikentyä. Ruokailutilanteesta ei ole vielä tullut täysin ongelmaton, mutta pahin "taistele henkesi edestä"-reaktio on hävinnyt. Traumamuisto on neutraalimpi ja traumareaktiot ovat poisherkistymässä.*

## EMDR rekonsolidaatioterapiana

Traumapsykoterapian menetelmissä käytännön standardi traumamuistojen käsittelyyn on EMDR (*Eye Movement Desensitization and Reprocessing*), joka Eckerin mukaan onnistuessaan toteuttaa rekonsolidointiprosessia. Koko EMDR-prosessi on kuvattu esimerkiksi aihetta käsittelevässä Traumaterapiakeskuksen artikkelissa.[88] Keskityn tässä vain EMDR:n yhtäläisyyksiin edellä kuvatun rekonsolidaatioprosessin kanssa. EMDR:n esittelyt ovat usein harmillisen epämääräisiä silloin kun pitäisi selittää, miksi menetelmä toimii. Peilaaminen uudelleenkonsolidaatioon on siksi hyödyllinen.

EMDR-terapiassa hahmotetaan traumatisoiva tapahtuma ja siihen liittyvät negatiiviset uskomukset itsestä. EMDR:ssä hahmotetaan myös positiivinen

---

[88] Saarinen 2024.

uskomus, jolla halutaan korvata negatiivinen kokemus itsestä. Näin siis luodaan rekonsolidaation vaatima kokemuksellinen ristiriita. Ensin keskitytään negatiiviseen kokemukseen, terapeutin ohjatessa asiakkaan kokemaan sarjaa bilateraalista stimulaatiota, joka voi olla esim. liikkeen seuraamista liikuttamalla silmiä puolelta toiselle tai ns. perhostaputusta (ks. 10.2) tai vuoroin kummaltakin puolelta kuuluvan äänisignaalin seuraamista. EMDR:ssä oletetaan, että tämä puolelta toiselle liikkuva ärsyke edistää informaation prosessointia.

Negatiivisen mielikuvan jälkeen keskitytään positiivisiin uskomuksiin bilateraalisen stimulaation säestämänä. Tarvittaessa näitä vaiheita kerrataan. Jos tämä korjaavan kokemuksen vaihe onnistutaan toteuttamaan rekonsolidaation vaatimassa aikaikkunassa, saa EMDR:n tuloksellisuus selityksensä traumamuiston uudelleenkonsolidoinnista.

*Omat kokemukseni EMDR:stä ovat ristiriitaisia. Olen ollut osallisena EMDR-istunnoissa, joissa ei ole tapahtunut mitään. Ja olen ollut istunnoissa, joista on seurannut selviä positiivisia muutoksia. Esimerkiksi yksi EMDR-työskentelyn aiheeksi valittu ongelmani oli se, että muutun reaktiiviseksi ja ahdistuneeksi illalla nukkumaanmenon lähestyessä. Käsittelemällä vuorotellen tähän liittyviä negatiivisia kokemuksia ja toivottuja kokemuksia EMDR:n avulla on tilanteen stressaavuus vähentynyt merkittävästi, mutta se ei ole poistunut kokonaan.*

Ilmeisimpänä edellytyksenä EMDR:n tuloksellisuuteen pidän sitä, että luottamus terapeutin ja asiakkaan välillä on syvä, ja asiakas kokee itsensä turvalliseksi terapiasuhteessa, jossa tapahtuu yhteissäätelyä (*co-regulation*), eli asiakkaan autonomisen hermoston tuomista homeostaasiin terapeutin vakaana pysymisen avulla (ks. luku 7.1). Jo silkka yhteissäätely, kun käsitellään traumaattista muistoa, luo toivottua kokemuksellista ristiriitaa aktivoituneen muiston ja tämän hetken tilanteen välille, ja edistää siis rekonsolidaatiota.

Ilman turvallisuuden kokemusta EMDR voi jäädä kognitiiviseksi harjoitukseksi, joka ei saavuta sitä kokemuksellisuuden tasoa, jonka rekonsolidaatio edellyttäisi. Kognitiivinen työstäminen on eksplisiittisiä muistoja varten, mutta traumat elävät sanattomassa, kehollisessa ja kokemuksellisessa.

# Rekonsolidaatio missä tahansa terapiatilanteessa

Eric Gentryn mukaan traumamuistojen työstäminen ja traumareaktioiden poisherkistäminen ei vaadi muuta kuin sen, että ihminen pystyy rentoutumaan ja tuntemaan olonsa turvalliseksi silloin kun traumamuistoja tunkeutuu mieleen ja kehossa tapahtuu stressireaktioita.[89] Gentry kutsuu tämän konseptin taustalla olevaa periaatetta vastavuoroiseksi estämiseksi (*reciprocal inhibition*): rentoutuneessa kehossa ihminen ei voi olla stressireaktiossa – eikä edes traumaattisessa stressireaktiossa. Kun koemme stressireaktion, lihaksemme automaattisesti jännittyvät, mutta jos rentoudumme, stressireaktio katkeaa. Me emme voi vaikuttaa siihen, miten triggeröidymme, mutta voimme vaikuttaa siihen, mitä tapahtuu heti stressireaktion jälkeen. Jokainen rauhoittumisen kokemus edistää traumalaukaisijan poisherkistämistä.

Traumamuistoihin ei Rhotonin & Gentryn mukaan tarvitse syväsukeltaa, ja ihminen eheytyy reaaliajassa, kunhan hänellä on kyky rauhoittua traumareaktioista tehokkaasti, eli hän osaa vakautua.[90] Oman tulkintani mukaan vakautuneessa tilassa traumamuistoista syntyy automaattisesti uutta kokemuksellista tulkintaa, joka syrjäyttää vanhaa, eli aiheuttaa muiston rekonsolidaation edellyttämän kokemuksellisen ristiriidan.

*Tämä vastaisi kokemustani siitä, mitä nykyisessä terapiassani tapahtuu. Käsittelemme jatkuvasti arjessa kohtaamiani triggeröitymisen tilanteita. Kun palaamme tapahtuneeseen ja etsimme sille alkuperäistä traumatisoinutta kokemusta, pysyn rentoutuneena, koska vakaana pysyvän terapeuttini kanssa syntyy yhteissäätelyä. Aiemmasta poiketen poistun nykyään keskusteluterapiasta täysin rentoutuneena ja valmiina päivän muihin haasteisiin.*

Kehon rentouttamista, eli vakauttamistekniikoita, ei voi milloinkaan ohittaa traumatisoituneen terapiassa, ja on ensisijaisen tärkeää, että terapeutti on tietoinen omista reaktioistaan ja pysyy vakautuneena.

---

[89] Gentry 2021, 74.
[90] Rhoton & Gentry 2021, 97–102.

**Kun ihminen saa muistella vaikeita kokemuksiaan turvallisessa ja rauhallisessa tilassa ja empaattisessa seurassa, saa traumoja korjaavia kokemuksia. Mikään traumaterapiassa ei ole sen arvokkaampaa.**

Edellä sanotun perusteella on selvää, että traumamuistamista ja traumareaktiivisuutta voi itsekin neutraloida omassa arjessaan. Tämä ei kuitenkaan tee traumaterapiaa tarpeettomaksi, koska monimuotoisesta traumatisoitumisesta kärsivä ei todennäköisesti osaa itsenäisesti vakautua, ainakaan aluksi.

Mutta tämä mahdollisuus muuttaa terapeutin roolia: terapeutti ei enää ole traumamuistojen kätilö ja kuolindoula, vaan asiakkaan turvallinen resursoija, joka auttaa asiakasta ymmärtämään ja käyttämään vakautumisen taitoja arjessa. Traumaterapia on hyödyllistä siksikin, että traumamuistojen käsittely turvallisessa ja arvostavassa ympäristössä, joka vahvistaa positiivista minäkäsitystä, edesauttaa jo itsessään traumamuistojen tunnelatauksen purkamista ja edistää integraatiota.

Olemme lajina virittyneet olemaan vuorovaikutuksessa muiden kanssa, ja se mikä on rikottu ihmissuhteissa, eheytyy ihmissuhteissa. Silloin kun meitä ei ole kukaan tukemassa yhteissäätelyllä, tarvitsemme itsen vakauttamisen taitoja, jotka ovat keskiössä kirjan harjoitusosiossa.

# 7. Autonominen hermosto ja polyvagaalinen teoria

Implisiittisen ja proseduraalisen oppimisen rinnalla toinen traumatisoitumisen perusmekanismi on autonomisen hermoston dysregulaatio, jossa hermosto havaitsee vaaraa tarpeettomasti, turvallisissakin tilanteissa, ja laukaisee stressireaktioita. Autonominen hermosto toimii nimensä mukaisesti itsenäisesti, tietoisuuden ulkopuolella, ja säätelee kehon prosesseja. Se säätelee mm. kasvojen, niskan ja pään lihaksia, silmiä, syljeneritystä, kurkunpäätä, kurkkutorvea, sydäntä ja keuhkoja, vatsaa, suolistoa, maksaa ja haimaa sekä sukuelimiä. Tämän lisäksi autonominen hermostomme hoitaa stressinsäätelyä. Autonomisella hermostolla on perustava rooli myös siinä, miten ihminen toimii sosiaalisena eläimenä. Autonominen hermosto ei kuitenkaan ole täysin ehdoitta tietoisen vaikuttamisen ulkopuolella. Voimme esim. pidättää tai muutoin muuttaa hengitystämme ja sitä kautta vaikuttaa vaikkapa sydämen sykkeeseen ja myös stressireaktioihin.[91]

Käytän jatkossa koko autonomisesta hermostosta englanninkielistä lyhennettä ANS, joka tulee sanoista *Autonomic Nervous System*. Hyvin toimivan ANS:n merkitys ihmisen kokonaishyvinvoinnille on tunnettu iät ja ajat. Tästä kielivät esim. aasialaiset hyvinvoinnin ylläpitoon tähtäävät aktiviteetit kuten meditaatio, jooga ja qigong, joilla on autonomista hermostoa sääteleviä vaikutuksia.

Autonomisen hermoston yhteenkietoutuminen psyykkiseen kokemiseemme on myös tunnistettu jo vuosikymmenet. Tästä on hyvä esimerkki Viktor Franklin alun perin vuonna 1952 julkistettu teos *Theorie und Therapie Der Neurosen*. Kirjassa Frankl kuvaa elegantisti, miten silloin "vegetatiiviseksi hermostoksi" kutsuttu ANS vaikuttaa psyykkisesti ilmeneviin ongelmiin. Franklin kuvaus on alusta loppuun holistinen ja hän kutsuu hoitamaan tällaisia

---

psykofyysisiä ongelmia sekä kehosta että psyykkisestä käsin, koskaan henkistä unohtamatta.[92]

Traumatisoitumisen kannalta erityisen merkittävä on parin viime vuosikymmenen aikana syntynyt ymmärrys autonomisen hermoston merkityksestä stressin kokemisessa ja siitä palautumisessa sekä koko ihmisenä olemisessa. Tämän lähestymistavan kivijalka on psykoneurobiologian uranuurtajan, Stephen Porgesin polyvagaalinen teoria.[93]

Myös polyvagaalinen teoria on lähtökohdiltaan holistinen: se kuvaa ihmisen toimintaa tämän ympäristössä ja sosiaalisessa kontekstissa sekä ottaa huomioon sen, miten ihmisessä ovat yhteenkietoutuneina situaatio ja hermosto sekä psyykkinen ja henkinen tajunnallisuus.

Traumatisoitumisen kannalta polyvagaalinen teoria on keskeinen siksi, että se tutkii, millaisin ehdoin tunnemme olomme turvalliseksi tai uhatuksi ja mitä ihmisen systeemissä kokonaisuutena tapahtuu, kun koemme turvaa tai vaaraa. Porgesin teorian lähtökohtana on se, että ihminen on olemuksellisesti kehittynyt olemaan yhteydessä muihin ihmisiin ja hakemaan turvaa muista. Ihmisen biologinen imperatiivi on siis olla turvallisessa yhteydessä muihin ihmisiin.[94]

Polyvagaalinen teoria korostaa yhteissäätelyn merkitystä. Ihminen syntyy avuttomana ja tarvitsee hoivaa pysyäkseen hengissä. Alusta loppuun asti elämämme laatuun vaikuttaa merkittävästi se, miten saamme muilta turvaa. Me synkronoimme tiedostamattomasti hermostomme tiloja toistemme kanssa. Jos saan muilta turvan signaaleja (ihmiset ympärillä ovat selvästi rauhallisia ja rentoutuneita), koen oloni turvalliseksi. Ja jos saan muilta vaaran signaaleja (ihmiset ympärillä ovat stressaantuneita tai hätääntyneitä), koen olevani vaarassa.

Jo tästä voi oivaltaa, miten merkittävä asia on kasvuympäristön turvattomuus siinä elämänvaiheessa, kun autonominen hermosto on vasta kehittymässä.

---

[92] Frankl 2004.
[93] Porges 2017.
[94] Mt., 7.

Jatkuva vaaran signaalien saaminen voi johtaa siihen, että hermosto lopulta alkaa havaita vaaraa sielläkin, missä sitä ei objektiivisesti ole.

Autonomisella hermostolla on kehossa kaksi osaa: sympaattinen hermosto ja parasympaattinen hermosto. Selkäydintä myötäilevä **sympaattinen hermosto (SNS** eli **Sympathetic Nervous System) kiihdyttää elintoimintoja**, jotta ihminen voi toimia aktiivisesti tai reagoida tehokkaasti vaaraan.

Polyvagaalisen teorian mukaan parasympaattinen hermosto jakautuu kahteen tehtäviltään eriytyneeseen kiertäjähermon (vagus) haaraan. **Ventraalinen vagaalikompleksi** (lyhennän sen **VVK**) on vatsanpuoleinen haara, joka ulottuu niskasta, silmistä, korvista ja nielusta sydämeen. Sen avulla olemme yhteydessä muihin ihmisiin ja ohjaamme elämäämme, ja lisäksi se säätelee sydämen ja keuhkojen toimintaa sekä palautumista. **Dorsaalinen vagaalikompleksi** (josta käytän lyhennettä **DVK**) on selänpuoleinen haara, joka matkaa alaspäin vatsan ja suoliston alueelle, ja se hoitaa mm. ruoansulatusta, unitoimintoja ja kehon palautumista sekä vaaran uhatessa resurssien säästämistä kääntämällä elintoiminnot ja toiminnanohjauksen säästöliekille.

Autonominen hermosto eli ANS kysyy ihmisen tietoisuuden ulkopuolella jatkuvasti ja automaattisesti: olenko turvassa vai en? Porges nimeää prosessia, jolla keho arvioi automaattisesti ja jatkuvasti vaaraa tai turvaa **neuroseptioksi**.[95] Kukin mainituista ANS:n osista toimii eri tavalla riippuen siitä, havaitseeko neuroseptio vaaraa vai ei. ANS on orgaaninen ja systeeminen kokonaisuus, jossa kaikki tilat ovat jatkuvassa yhteispelissä, ja sen eri osat voivat aktivoitua samanaikaisesti tai toisiaan poissulkevasti (ks. kuva 4).

Neuroseptio kerää jatkuvasti tietoa mm. kehon sisältä elimistön tilasta (interoseptio), kehon kontaktista ulkomaailmaan (proprioseptio) ja aisti-informaatiosta (eksteroseptio). Neuroseptio tilanteen turvallisuudesta tai vaarallisuudesta on jatkuva prosessi, jopa nukkuessamme. Tilannetta arvioidaan automaattisesti joka hetki uudelleen ja ANS kokonaisuudessaan virittyy tämän arvion perusteella jatkuvasti uudelleen: ANS:n tila voi vaihdella sekunnista toiseen

---

[95] Mt., 19.

tilanteen vaatimusten mukaisesti.[96] Neuroseptio heijastaa myös mitä tajunnassamme tapahtuu, eikä se erota kuviteltua vaaraa tosiasiallisesta.

| | **Neuroseptio**<br>**Olenko turvassa?** | |
| **ANS:n osa** | **Kyllä** | **En ole** |
| **VVK**<br>Ventraalinen vagaalikompleksi | • Sosiaalinen yhteistoiminta<br>• Toiminnanohjaus | • Turvan signaalien haku muilta<br>• Orientoituminen ympäristöön vaaran paikantamiseksi<br>• Yhteistoiminta vaaran eliminoimiseksi |
| **SNS**<br>Sympaattinen hermosto | • Myös VVK on aktiivinen<br>• Vireystilan nosto liikuntaan, tehtävien tekemiseen, yhteistoimintaan jne. | • VVK on estynyt<br>• Ylivireys<br>• Stressihormoneja erittyy ja energian tuotanto kasvaa<br>• Energisoituminen taistelemiseen tai pakenemiseen |
| **DVK**<br>Dorsaalinen vagaalikompleksi | • Uni, lepo, palautuminen stressistä, ruoansulatus<br>• Myös VVK voi olla aktiivinen: intiimiys ja läheisyys, meditaatio | • VVK on estynyt<br>• Alivireys<br>• Palautuminen keskeytyy<br>• Energian säästäminen<br>• Myös SNS voi olla aktiivinen: jäätyminen (freeze) |

**Kuva 4. ANS:n eri osien aktivoituminen ja tehtävät turvallisessa ja turvattomassa tilanteessa.[97]**

Autonomisessa hermostossa on palautesilmukka ANS:n tilan ja sitä tulkitsevan neuroseption välillä, mistä voi syntyä myös ongelmallisia noidankehiä.

---

[96] Stackhouse 2024.
[97] Vrt. Stanley 2019, 84-90 ja Polyvagal Institute 2024a.

Esimerkiksi suolisto-ongelmat voivat interoseption ansiosta tulla tulkituiksi neuroseptiolle uhaksi, mikä aktivoi sympaattisen hermoston, joka puolestaan lisää energiaa ja stressihormonien eritystä, mikä estää normaalia ruoansulatusta ja saa täten aikaan lisää suolisto-oireita, jotka jälleen tulkitaan neuroseptiossa uhaksi, ja kierre on syntynyt.[98]

**Traumatisoitumisen kannalta on huomionarvoista, että neuroseptio voi toistuvien traumatisoivien kokemusten seurauksena ehdollistua havaitsemaan vaaraa silloinkin, kun sitä ei ympäristössä tai kehossa todellisuudessa ole. Tästä on autonomisen hermoston dysregulaatiossa kyse: dysreguloitunut autonominen hermosto on enemmän tai vähemmän jatkuvasti valjastettuna puolustusreaktioihin sen muiden tehtävien kustannuksella.[99]**

# 7.1. Autonomisen hermoston tilat

Autonomisen hermoston eri osat ovat kehittyneet ihmisnisäkkäille ja muille eläimille evoluutiossa eri aikoina. Dorsaalinen vagaalikompleksi DVK on autonomisen hermoston osista vanhin, ja se on kehittynyt jo noin 500 miljoonaa vuotta sitten. Se on meille yhteinen vanhimpienkin selkärankaisten kanssa. Sympaattinen hermosto SNS on kehittynyt noin 400 miljoonaa vuotta sitten ja se on meille yhteinen saalistajien ja saaliseläinten kanssa. Ventraalinen vagaalikompleksi VVK on kehittynyt noin 200 miljoonaa vuotta sitten, ja se löytyy vain kehittyneemmiltä sosiaalisilta nisäkkäiltä.[100]

Kun neuroseptio viestii turvaa, olemme tasapainossa, homeostaasissa tai sosiostaasissa, sosiaalisen liittymisen tilassa. Tällöin olemme yhteistyökykyisiä ja -halukkaita, voimme olla leikkisiä ja luovia, ja ajattelemme asiat läpi reflektoiden myös valintojemme seurauksia. Mielentila on kirkas ja avoin, ja keho on valmis tarkoitukselliseen toimintaan. Aktivoituneena ovat VVK ja SNS,

---

[98] Stanley 2019, 83.
[99] Stackhouse 2024.
[100] Dana 2018, 19.

jotka mahdollistavat tavoitteellisen toiminnan ja yhteistoiminnan. Turvallisessa levon ja palautumisen tilassa aktivoituneina ovat DVK ja VVK, ja voimme joko kokea intiimejä hetkiä tai palautua ja levätä, ja elimistö saa hoitaa ylläpitotehtäviä, kuten ruoansulatusta.[101]

Hermoston turvallisia tiloja kuvataan usein traumapsykoterapian psykoedukaatiossa käsitteellä toleranssi-ikkuna tai sietoikkuna. Käsitteen isä, Daniel Siegel, kuvaa toleranssi-ikkunaa seuraavasti (käännös oma):

"Siedettävä aktivaation taso, jossa sisäisiä tai ulkoisia ärsykkeitä voidaan käsitellä joustavasti ja adaptiivisesti. Tämän ikkunan ulkopuolella yksilö liikkuu kohti kaaosta ja jäykkiä toimintatapoja."[102]

Toleranssi-ikkunan ulkopuolelle liikutaan, kun autonominen hermosto havaitsee vaaraa. Toleranssi-ikkunan ulkopuolella koetaan joko ylivireyttä tai alivireyttä.

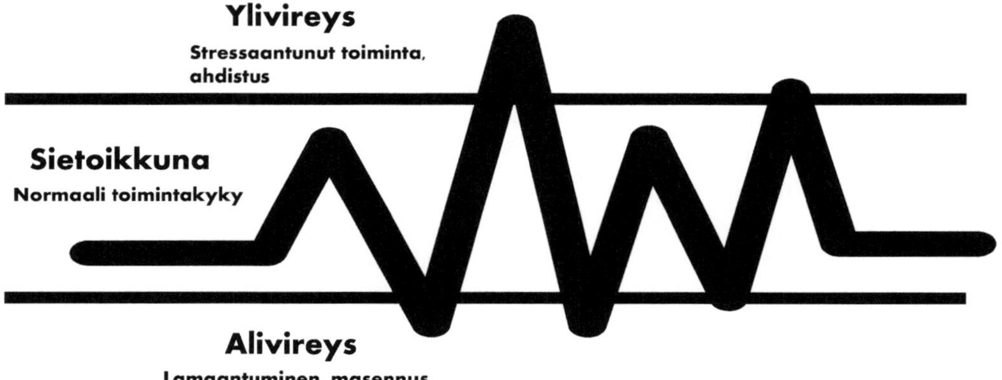


**Kuva 5. Sietoikkuna.**

---

[101] Allison 2024.
[102] Siegel 2012, 373.

Kun neuroseptio havaitsee vaaraa, aktivoituvat autonomisen hermoston osat evoluution hierarkiaa heijastavasti, uusimmasta ANS:n osasta vanhimpaan. Ensisijainen reaktio vaaraan on etsiä turvaa muista (VVK). Jos muiden tarjoamaa turvaa ei saa, aktivoituu SNS ja taistele tai pakene -reaktio ja olemme **ylivireisiä**. Jos taisteleminen tai pakeneminen ei ole mahdollista, aktivoituu DVK, mistä seuraa jäätyminen tai dissosiaatio, ja olemme **alivireisiä**. Hermoston koko tiedostamaton aktivoitumisprosessi sen osien hierarkian läpi kestää vain millisekunteja.[103]

Mitä hermoston aktivoitumisessa oikeastaan tapahtuu? Vaarahavainnosta seuraa siis ensiksi turvan etsiminen muista ihmisistä. Mikäli emme vaaratilanteessa saa turvan signaalia muilta, aktivoituu SNS ja taistele tai pakene -tila. Sympaattisen hermoston aktivoituminen tekee meistä ylivireitä, pakonomaisesti ja automaattisesti toimivia. Syke nousee, verta pumppautuu lihaksiin ja verensokeri nousee. Automaattisin reaktioin pyrimme joko nujertamaan tai väistämään vaaraa eli taistelemaan tai pakenemaan. Taipumuksemme siihen, kumpaa näistä stressireaktioista ensisijaisesti käytämme, on kiinni mm. henkilökohtaisesta historiastamme ja siitä, miten olemme aiemmissa vaaratilanteissamme implisiittisesti oppineet toimimaan.[104]

Taistele tai pakene -tilassa reflektoiva ajattelu ja toiminnanohjaus – eli ihmisen henkinen – siirtyy taka-alalle. Tämä automaatio on ollut evoluutiossa hyödyllinen ja mielekäs: jos vaara on hyökännyt puskista, on aikojen saatossa ollut tärkeämpää toimia nopeasti kuin arvioida tilannetta ja punnita toimenpiteitä. Pyrimme joko liikkumaan vaaraa kohti (taistele) tai siitä poispäin (pakene). Jos todellista vaaraa ei ympäristössä näy, saatamme olla ahdistuneita ja levottomia, kun kokemuksellemme ei ole kohdetta.

Nykymaailmassa ei aina ole tarkoituksenmukaista reagoida niin automaattisesti ja suurella energialla kuin mitä täysiverisessä taistele tai pakene -tilassa oleminen tarkoittaa. Reaktio on ollut mielekäs silloin kun ihmisen hermosto

---

[103] Gentry 2016, 45–47.
[104] Allison 2024.

on kehittynyt vuosituhannet sitten jatkuvasti vaarallisessa ympäristössä. Vaikka nykyisin ympäristö on turvallisempi, saattavat kompleksisesta traumasta kärsivät elää suuren osan elämästään tässä tilassa, joka on herkistynyt laukeamaan varhaisessa elämässä tapahtuneen traumatisoitumisen vuoksi.

Jos taistelu tai pakeneminen on mahdotonta, seuraa DVK:n eli dorsaalisen vagaalikompleksin aktivaatio ja jäätyminen: tälle tunnusomaista on alivireys tai dissosiaatio. Keho menee säästöliekille. Sulkeudumme kokonaan itseemme emmekä koe tai tunne paljoakaan. Ajattelua leimaa depressiivisyys ja yleinen kielteisyys. Reflektoiva ajattelu ja toiminnanohjaus on lähes kokonaan estynyttä. Suurin osa dissosiaatiosta tapahtuu juuri tässä tilassa. Dissosiaatiossa minäkäsitys sekä ajan ja paikan taju hämärtyy, emmekä ole enää sama toimija kuin olemme optimaalisessa vireystilassa. Tyypillistä monille traumatisoituneille onkin kokemus siitä, että stressireaktiot ovat niin äärimmäisiä ja niin automaattisia, että niistä ei tunnista "normaaliminäänsä" lainkaan, tai kokee ettei normaali elämä suju ollenkaan.

Nämä kolme fysiologista tilaa on helppo tunnistaa eri nisäkkäiden stressireaktioista. Kaikki tietävät luontodokumenteista, miten vaaran signaali kulkee läpi apinalauman, ja miten ryhmä rauhoittuu nopeasti, jos hälytys oli väärä. Tämä on sosiostaasissa toimimista, ja VVK on aktiivinen. Taistele tai pakene -tila on nähty toistuvasti, kun vaikkapa vesipuhveli joko potkii kimpussaan olevia krokotiileja kauemmas tai pakenee saalistajiaan. DVK:n aktivaatiosta seuraavan valekuoleman klassinen esimerkki on kauris, joka jäätyy leijonan kidassa täysin liikkumattomaksi. Jos leijona poistuu paikalta, kauris "herää henkiin" kuin ihmeen kaupalla, ravistelee stressin pois ja pakenee paikalta, eli siirtyy SNS-aktivaatioon.

Ihmisistä on vaikeampi tunnistaa näitä autonomisen hermoston tiloja yksiselitteisesti, koska eri ANS:n tilat aktivoituvat dynaamisesti ja enemmän tai vähemmän samanaikaisesti. Lisäksi ihmiselämän tilanteet ovat kompleksisia ja meidän käyttäytymisrepertuaarimme niissä on hyvin laaja sekä kulttuurisesti värittynyt. Kun yksinkertaisempien nisäkkäiden toiminta on usein stereotyyppistä ja ennakoitavaa, on inhimillinen kokeminen ja toimiminen aina yksilöllistä – näin on myös traumaattisissa stressivasteissa.

ANS:n kulloinenkin tila kuitenkin vääjäämättä ohjaa käyttäytymistämme, vaikka esimerkiksi taistele tai pakene -tila voi näyttää yhden ihmisen toiminnassa erilaiselta kuin toisen.

## 7.2. Vireystilan vaihtelut

Traumatisoituneilla edellä kuvatut stressivasteet laukeavat herkästi. Ne voivat myös kestää erittäin pitkiä aikoja ilman palautumista. Voi olla, että traumatisoitunut ei ole koskaan kokenut oloaan täysin turvalliseksi. Hän saattaa elää sympaattisen hermoston eli SNS:n aktivoitumisen dominoimaa elämää. Kun autonomisen hermoston kaikki tehtävät hoituvat adekvaatisti vain turvallisuuden tilassa, on selvää, että jatkuvassa stressitilassa hermosto tuottaa terveysongelmia sydänsairauksista aineenvaihdunnan ja suoliston ongelmiin. Myös DVK voi aktivoitua pitkiksi ajoiksi.

*Pisin perusteellisen alivireyden dominoima aika omassa elämässäni kesti 3,5 vuotta. Sittemmin myös esimerkiksi pandemia ja sen jälkeen sattuneet maailman kriisit ja yleinen ennakoimattomuus ovat tuottaneet jatkuvaa vaaran neuroseptiota, minkä seurauksena olen ollut täysin toimintakyvytön kuukausikaupalla.*

Ylivireyteen (SNS-dominanssi) jämähtäminen voi näkyä mm. seuraavan kaltaisina ilmiöinä:[105]

- jatkuva varuillaan olo (hypervigilanssi)
- säpsähtely
- yliherkkyys valoille tai äänille
- yliaktiivisuus
- levottomuus
- hermostunut sätkiminen tai jalan vatkaaminen

---

[105] Stanley 2019.

- lihasten kireys
- krooninen kipu
- unettomuus
- painajaiset
- traumatakaumien tunkeutuminen mieleen
- pitkittynyt ahdistus
- paniikkikohtaukset
- ärtyneisyys
- räjähtely
- väkivaltaisuus
- tunnereaktiivisuus
- kehon tuntemuksiin ylireagointi
- jännittävien kokemusten, adrenaliinivirran ja endorfiinipiikkien janoaminen, kuten liioiteltu kardiovaskulaarinen harjoittelu, vaaralliset harrastukset, parisuhteessa pettäminen, pakonomainen pelaaminen ja piristeiden kuten kofeiinin, nikotiinin ja sokerin ylenpalttinen käyttö
- hakeutuminen stressaaviin ammatteihin
- työnarkomania
- korkea verenpaine
- ruoansulatuksen ongelmat

Vastaavasti pitkittyneeseen alivireyteen (DVK-dominanssi) liittyy seuraavan kaltaisia ilmiöitä:

- toimintakyvyttömyys
- opittu avuttomuus
- vitkuttelu ja asioihin tarttumisen vältteleminen (prokrastinaatio)
- hämmennys
- apatia
- dissosiaatio
- masentuneisuus
- muistiongelmat

- toiminnanohjauksen ongelmat (kyvyttömyys suunnitella omaa toimintaa tai arvioida sen vaikutuksia)
- metaboliset ongelmat, lihominen
- kehon ja tunteiden turtuneisuus
- aivosumu
- hajamielisyys
- kömpelyys
- seksuaalinen haluttomuus
- infektioherkkyys
- itsen kokeminen vieraantuneeksi tai eristäytyneeksi tai vahingoittuneeksi
- krooninen kipu
- itsen turruttamiseen tähtäävä käytös, kuten tv:n liiallinen katselu, ahmiminen, alkoholin ja huumeiden käyttö, eristäytyminen
- välttelykäyttäytyminen eli elämän kaventaminen siten, ettei stressilaukaisijoihin tulisi törmänneeksi

Vireystilat voivat vaihdella tilanteesta toiseen lähes satunnaiselta tuntuvalla tavalla. On äärimmäisen kuluttavaa pendelöidä ylivireyden ja alivireyden välillä. Elämä voi tuntua täysin hallitsemattomalta, kun vuoroin on taistelutilassa ilman taistelun syytä ja vuoroin makaa alivireisenä sängyssä kykenemättömänä toimimaan lainkaan. Autonomisen hermoston on tarkoituskin kyetä mukautumaan dynaamisesti vaihtuvien tilanteiden vaatimuksiin, mutta traumatisoituneella vireystilan vaihtelu on epätarkoituksenmukaista, koska neuroseptio havaitsee aiheetonta vaaraa jatkuvasti ja autonominen hermosto on dysreguloitunut.

## 7.3. Dysregulaation korjaaminen

Autonomisesta dysregulaatiosta on mahdollista toipua asteittain, vaikka se on kovin työlästä. Neuroseptio voi oppia havaitsemaan turvaa siellä missä sitä on. Polyvagaalinen teoria tarjoaa siihen tärkeimmäksi väyläksi hermoston yhteissäätelyä. Kun olemme tekemisissä turvan signaaleja lähettävien ihmisten kanssa, oma sympaattisen hermoston aktivaatiomme laskee. Moni kompleksisesti traumatisoitunut tarvitseekin todennäköisesti, ainakin traumaoireiden ollessa akuutteja ja vaikeimmillaan, turvallisen toisen, jonka kanssa yhteissäädellä hermostoaan.

Yhteissäätely toimii myös lajien rajojen yli, ja siksi koemme esimerkiksi lemmikkieläimien seuran niin paljon hyvinvointia tuottavaksi. Eläinten kohdalla tosin edellytys yhteissäätelyyn on se, että itse pystyy tarjoamaan niille vihjeitä turvallisuudesta. Ihmiset voivat viestiä turvallisuutta toisilleen ja ihmisen seuraan tottuneille eläimille esim. pehmeällä katseella, sopivan fyysisen etäisyyden pitämisellä – liian lähelle tuleminen vaatii jo turvallisuuden tunteen – ja käyttämällä korostetusti ystävällistä prosodiaa, eli artikuloimalla puhetta selkeästi ja melko hitaasti, käyttäen aktiivisesti eri äänensävyjä.

Neuroseptiotaan voi valmentaa löytämään turvaa kiinnittämällä aktiivisesti huomiota ympäristöönsä ja siitä löytyviin asioihin, jotka tuottavat turvallisuutta ja merkityksellisyyttä.

*Kun katson ympärilleni nyt, näen lukuisia turvaa ja tarkoitusta tuottavia asioita: rakas puolisoni puuhaa omiaan, kissa torkkuu matolla, tuuletin puhaltaa rauhoittavasti iholleni, ympärilläni on rakastamiani kitaroita, kirjoja ja muita esineitä. Olen turvassa ulkomaailman hälinältä.*

Turvan tunnetta voi kutsua esiin myös turvallisilla mielikuvilla, turvallisuuden tunnetta tuottavilla kuvilla tai äänillä, kuten musiikilla tai luontoäänillä, tai muilla miellyttävillä aistikokemuksilla. Lisäksi ympäristöstä voi sulkea pois ylikuormittavia ja potentiaalisesti vaaraksi tulkittuvia ärsykkeitä, kuten kirkkaat tai vilkkuvat valot ja matalat äänet (vrt. moottoripyörän tai raitiovaunun jyräys), muu kova meteli ja vastaavat hermostuttavat aistimukset.

Kaikilla ei ole toista ihmistä, jolta saada turvallisia, korjaavia kokemuksia.[106] Lisäksi arki tuo eteemme muita ihmisiä, jotka ovat milloin taistele tai pakene

---

[106] Stephen Porges suosittelee dysregulaation hoitamiseksi lemmikkien pitämistä, koska kissat ja koirat tarvitsevat yhteissäätelyä. Kun niille tarjoaa hoivaa, ne hoivaavat meitä, ja hermostomme rauhoittuu. (Polyvagal Institute 2024b).

-tilassa, milloin dissosiatiivisissa tiloissa. Heiltä emme turvan signaaleja saa. Emme myöskään voi olla jatkuvasti turvallisissa ympäristöissä, ellemme eristäydy ulkomaailmalta kokonaan.

Toisinaan siis joudumme auttamaan itseämme tunnistamaan turvan merkit siellä, missä neuroseptiomme ei niitä havaitse. Lisäksi joudumme opettelemaan itsen vakauttamisen tekniikoita. Vakauttamisharjoituksilla palautamme hermostomme tarvittaessa turvan tilaan (ventraalisen vagaalikompleksin dominoimaan tilaan). Traumaterapian slangilla itsen vakauttamista kutsutaan itsesäätelyksi (*self-regulation*).

Voimme myös oppia havaitsemaan paremmin kehon kulloistakin fysiologista tilaa. Tämä tarjoaa mahdollisuuden ymmärtää, mitä kehossa tapahtuu, ja olemaan aktivoitumatta aiheettomasti kehon tuntemuksista. Näin voimme alkaa vaikuttaa autonomisen hermoston palautesilmukoihin.

Oman dysreguloidun hermoston toiminnan ymmärtäminen täysin normaaliksi reaktioksi liialliseen stressiin poistaa häpeää ja antaa mahdollisuuden itsemyötätuntoon. Meissä tapahtuu sitä, minkä luonto on säätänyt tapahtuvaksi. Se auttaa myös ymmärtämään muiden stressaantuneita ja traumaattisia reaktioita, mikä kehittää empatiaa.

Kun alamme tunnistaa hermostomme tilaa, voimme alkaa myös reaaliajassa vakauttaa itseämme aina kun stressireaktiot aktivoituvat. Tehokkain vakauttamiskeino on lihasten rentouttaminen (vrt. vastavuoroinen estäminen luvussa 6.2), jonka avulla voimme poisherkistää stressireaktiivisuutta. Turvan tunteen lisäämiseen ja itsen vakauttamiseen tähtääviä harjoituksia löytyy kirjan luvusta 10.2.

# 8.  Ihmismielen moninaisuus

Edellä sanotusta on jo useita kertoja käynyt ilmi, että yksi ihminen saattaa tilanteen mukaan toimia erilaisilla ja keskenään ristiriitaisilla tavoilla. Taistele tai pakene -tilassa ihminen toimii aivan eri tavalla kuin turvan tilassa. Dissosiaatiossa ihminen saattaa tuntea, ajatella ja toimia tavoilla, joista hän ei jälkeenpäin tunnista itseään. Kenen tahansa meistä on toisinaan vaikea ymmärtää, miksi toimii joissakin tilanteissa kuten toimii.

Tämä on luonnollista, koska ihmismieli on luonnostaan pluralistinen, moninainen, osista muodostuva. Psykiatria on ennättänyt patologisoimaan tämänkin normaalin ilmiön kuvaamalla ja diagnostisoimalla erilaisia dissosiaatiohäiriöitä, joissa oletetaan, että ihmisen persoonallisuus eriasteisesti osittuu traumojen paineesta. "Terveellä" ihmisellä olisi yksi yhtenäinen persoonallisuus ja "häiriöstä kärsivällä" erillisiä persoonallisuuden osia.

Minuakin hoidettiin ensimmäisessä 3,5 vuoden traumapsykoterapiassa sillä oletuksella, että kärsin dissosiaatiohäiriöstä. Patologisoiva näkökulma näkyy myös populäärikulttuurissa, kun em. diagnooseista on johdettu jännittäviä juonia kauhuelokuviin, joissa ihmisessä kehittyy traumojen paineesta murhaavia osia, joista murhaaja itse ei ole tietoinen.

Nykyisen traumaymmärryksen pioneeri, Bessel van der Kolk, toteaa kuitenkin:

> "Meillä kaikilla on osia. Juuri nyt osa minusta toivoisi nokosia, kun toinen osa haluaa jatkaa kirjoittamista. Loukkaavan sähköpostiviestin vastaanottamisesta loukkaantunut osa minua haluaa kirjoittaa pisteliään vastauksen, kun taas toinen osa haluaa unohtaa koko asian. Useimmat ihmiset, jotka tuntevat minut, ovat nähneet intensiivisiä, vilpittömiä ja ärtyneitä puoliani, ja jotkut ovat tavanneet sisälläni asuvan pienen murisevan koiran. Lapseni muistelevat perhelomia leikkisien ja

seikkailunhaluisten osieni kanssa. Kun astut toimistoon aamulla ja näet myrskypilvet pomosi pään päällä, tiedät tarkalleen, mitä on tulossa. Tällä pomon vihaisella osalla on selvästi omanlainen äänensävy, sanasto ja kehon asento – niin erilainen kuin se hänen osansa, jolle esittelit eilen kuvia lapsistasi. Osat eivät ole vain tunteita, vaan erillisiä olemisen tapoja, joilla on omat uskomuksensa, agendansa ja roolinsa elämämme yleisessä systeemissä. Se, kuinka hyvin tulemme toimeen itsemme kanssa, riippuu pitkälti sisäisistä johtamistaidoistamme – kuinka hyvin kuuntelemme eri puoliamme, varmistamme, että niistä pidetään huolta, ja estämme niitä sabotoimasta toisiaan."[107]

**Mielen osittuneisuus ei siis ole häiriö, joka pitäisi korjata. Se on asiain luonnollinen tila. Voimme vaikuttaa hyvinvointiimme ja pärjäämiseemme elämässä, jos tunnemme sisäisen systeemimme hyvin ja ohjaamme sitä viisaalla sisäisellä puheella. Sisäisellä puheella voimme myös muokata ja poisherkistää traumareaktiivisuuttamme.**

Patologisoivaa näkökulmaa ihmismielen moninaisuuteen on vaikea ymmärtää, kun tutustuu siihen mitä asiasta on ajateltu historian saatossa. Silloin paljastuu, miten ikivanha on ajatus siitä, että ihmisen tajunta muodostuukin useista keskenään jännitteisistä osista eikä yhdestä persoonallisuudesta. Pitkin historiaa tämä on ollut merkittävä tapa ymmärtää ihmismielen liikkeitä. Lisäksi se on ollut keskeinen terapeuttinen viitekehys 1960-luvulta lähtien. Traumaterapioissa onkin yhä vahvempana tendenssinä hyödyntää mielen luontaista osittuneisuutta ohjaamalla asiakas tuntemaan paremmin sisäistä dynamiikkaansa ja tasapainottamaan sitä.

Schwartz & Falconer kuvaavat mielen moninaisuuden ymmärtämisen historiaa kirjassa *Many Minds, One Self* (2017). Heidän mukaansa antropologien tutkimukset eri puolilta maailmaa ovat tuoneet päivänvaloon vuosisatoja vanhoja alkuperäiskansojen "polypsykistisiä" käsityksiä. Länsimaisessakin ajattelussa voidaan mielen moninaisuuden ymmärrystä jäljittää ainakin antiikin aikakauteen.

---

[107] Kolk 2015, 279, käännös oma.

Kirjassaan *Valtio* Platon kuvaa ihmismielen kolmiosaiseksi. Ihmisen järkisielu (*logistikon*) sijaitsee päässä: se rakastaa tietoa ja viisautta. Se filosofoi, koska tietäminen tekee sen onnelliseksi. Tasapainoisessa systeemissä järkisielu johtaa ihmistä. Intosielu (*thymoeidēs*) sijaitsee sydämessä, joka on tunteiden sijaintipaikka. Se on omin päin toimiessaan tuhoava ja paha, mutta se voi tottua kuuntelemaan järjen ääntä ja tulla sille hyväksi palvelijaksi. Himosielu (tai tahtosielu, *epithymētikon*) sijaitsee vatsassa. Se haluaa välittömiä aistinautintoja ja pyrkii välttämään kaikkea kärsimystä. Se on tyhmä ja yksinkertainen, ja haluaa aina samoja yksinkertaisia nautintoja. Tämä sielu koulutetaan hyväksi apuriksi oikean kasvatuksen avulla, ja se voi oppia kohtuullisuutta.[108]

Jo tästä kuvauksesta voi tunnistaa monia asioita siitä, mitä sisäisessä maisemassamme tapahtuu. Sisällämme on osia, jotka ovat keskenään ristiriidassa ja joiden välisiä suhteita voi työstää. Tuskin kenellekään on vieras ajatus, että käymme sisällämme kamppailua esim. järjen ja tunteiden välillä, tai vaikkapa levon ja bilettämisen tarpeiden välillä, tai terveellisen syömisen ja lohtusyömisen välillä. Tämä tuntuu intuitiivisesti selvältä.

Platonin ajoista näihin päiviin saakka mielen moninaisuutta on milloin demonisoitu, milloin pidetty itsestäänselvyytenä ja luonnollisena ilmiönä. Esim. teollisen ajan filosofisen ajattelun airut Friedrich Nietzsche näki mielen yksiselitteisesti moninaisena, kun taas samalla aikakaudella Pierre Janet piti dissosiaatiota (*disagrégations psychologiques*) patologisena, traumojen aiheuttamana ilmiönä. Sama trendi on jatkunut viime vuosisadan mittaan. Esim. Carl Gustav Jung ja psykosynteesin isä Roberto Assagioli kuvasivat elävästi ihmisen alipersoonallisuuksia, kun taas toisaalta 1952 amerikkalaiseen diagnoosijärjestelmään lisättiin dissosiaatiohäiriöitä.

Huomionarvoista kuitenkin on, että 1960-luvulta lähtien osien kanssa työskentelystä on tullut yhä yleisempi tapa harjoittaa psykoterapiaa.

---

[108] Wikipedia 2024.

Esimerkkejä terapioista, joissa osatyöskentelyllä on keskeinen rooli, ovat Gestalt-terapia, transaktioanalyysi, erilaiset minätilaterapiat, skeematerapia (tai tunnelukkoterapia) ja sisäisen lapsen kanssa työskentelyyn perustuvat terapiat. Transaktioanalyysi ja skeematerapia ovat suorastaan popularisoineet ajattelua mielen moninaisuudesta, koska niitä käytetään myös itsen kehittämisen ja henkisen kasvun välineinä.

Gestalt-terapian tyhjän tuolin tekniikka on hyvä esimerkki osien kanssa työskentelystä. Siinä otetaan käsiteltäväksi vaikea tunne, esimerkiksi vihaisuus. Terapiahuoneessa on tyhjä tuoli, johon ihminen voi asettaa vaikean tunteen ja alkaa käydä sen kanssa dialogia. Ihminen voi kysyä vihalta, mikä sen on triggeröinyt. Sen jälkeen hän istuu vihaisuuden tuoliin ja vastaa sen puolesta, ja näin aletaan osan kanssa käydä dialogia. Ihmisiä on yllättänyt, miten eläviltä ja itsenäisiltä heidän osansa vaikuttavat näin työskennellen. Voi olla hämmentävää huomata mitä ajatuksia nousee mieleen ja mitä omasta suusta tulee ulos yksinkertaisesti toisen osan asemaan asettumalla.

## 8.1. Sisäisen perheen systeemiterapia, IFS

Traumaterapiassa erityisen merkitykselliseksi mielen moninaisuuden kanssa työskentelyn viitekehykseksi on viime vuosikymmenen aikana muodostunut Richard Schwartzin kehittämä sisäisen perheen systeemiterapia (*Internal Family Systems*, IFS), joka soveltuu myös itseapuun sekä itsetuntemuksen ja itsemyötätunnon kehittämiseen.

IFS kuvaa ihmisen persoonallisuuden lähtökohtaisesti pluralistiseksi ja systeemiseksi kokonaisuudeksi. IFS tarkastelee ihmisen sisäistä dialogia ja dynamiikkaa osapersoonallisuuksien kautta. Niitä voi ajatella minipersoonina, joista muodostuu ihmisen kokonaispersoonallisuus. Näiden osien (*parts*) tehtävä on pitää arkea rullaamassa ja estää ihmistä haavoittumasta. Osat voivat myös kantaa kokemiamme traumoja. Jos "osat" käsitteenä tuntuu vieraalta, ne voi myös mieltää minätiloiksi tai moodeiksi, kuten skeematerapiassa tehdään, ja ne voi tunnistaa intensiivisistä tunteista tai kehollisista reaktioista, kuten vaikkapa paniikkikohtauksista.

IFS:n mukaan sisäinen osien maailma on mielen luonnollinen tila, ei merkki häiriöstä. IFS tunnustaa sen, että kaikki kantavat traumoja – joidenkin haasteet traumojen kanssa ovat vain vaikeampia kuin toisilla. Systeemissä, jossa on koettu paljon traumoja, osista voi tulla toimintatavoiltaan radikaaleja ja jäykkiä. Nuo osat voivat olla helposti tunnistettavia ja niin selväpiirteisiä, että kuka tahansa voi nähdä osien aktivaation (vrt. ns. dissosiatiivinen identiteettihäiriö). Niiden välillä voi olla merkittäviä jännitteitä, jotka vaikeuttavat arjen hallintaa.[109]

Schwartz on luonut teoriansa ja käsitteistönsä orgaanisesti kuuntelemalla terapia-asiakkaitaan. Hän huomasi, että asiakkaat puhuvat jatkuvasti osapersoonallisuuksista, kuten esim. "osa minusta on tästä jotakin mieltä, ja toinen osa aivan eri mieltä". Niinpä hän alkoi tutkia, mitä tapahtuu, jos osia puhuttelee suoraan. Hän huomasi, että osien kanssa voi hyvin käydä keskusteluita, ja että osat näyttävät muodostavan systeemisen kokonaisuuden, jossa osat voivat olla keskenään liittoutuneita tai niiden välille voi syntyä ristiriitoja. Ja jotkut osat halutaan pitää visusti piilossa.

Schwartz huomasi myös, että jokaisella osalla on pyrkimys hyvään, kivun ja kärsimyksen välttämiseen, vaikka ne toiminnallaan aiheuttavat arjessa ongelmiakin. Näin alkoi piirtyä kuva osien dynamiikasta jokaisessa asiakkaassa, ja yhteisistä piirteistä, joita eri ihmisten sisäisissä systeemeissä on.[110]

**IFS:n ytimessä on siis ajatus, että ei ole pahoja tai huonoja osia, vaan osat pyrkivät suojelemaan ihmistä uusilta traumoilta. Osista erotellaan kahdenlaisia: suojelijoita ja karkotettuja. Suojelijat puolestaan voidaan jakaa järjestäjiin ja pelastajiin.[111]**

Järjestäjät pitävät normaaliuden kulissit pystyssä ja huolehtivat siitä, että ihminen ainakin pinnalta katsoen elää normaalia elämää. Nämä osat ovat

---



130

proaktiivisia ja pyrkivät toiminnallaan estämään vaikeita tunteita ja traumoja tunkeutumasta arkeen. Ne ovat periksiantamattomia, päättäväisiä ja kriittisiä. Pelastajat astuvat peliin, kun sisäiseen systeemiin pääsee tunkeutumaan tunnevyöryjä järjestäjien tai "managerien" estelystä huolimatta. Pelastaja-osat ovat reaktiivisia eivätkä välitä toimintansa seurauksista. Ne ovat valmiita äärimmäisiin tekoihin ylivoimaisten tunteiden vaientamiseksi. Pelastajien käyttäytymisrepertuaariin kuuluu mm. päihteiden käyttö, addiktiiviset toimintamallit, itsetuhoisuus, aggressio ja dissosiaatio.

Järjestäjiä kauhistuttaa pelastajien toiminta ja näin osien välille syntyy usein polarisaatiota, joka voi olla kokemuksellisesti hämmentävää ja hyvin kuormittavaa: yhtenä hetkenä raivoat kuin henkesi edestä ja seuraavana sätit itseäsi raivoamisesta, ja lopuksi koet intensiivistä häpeää. IFS:n näkökulmasta tunnetilojen rajukin ailahtelu tai erilaisten persoonallisuuksien vaihteleva ilmeneminen yhdessä ihmisessä on kuitenkin normaalia psyykkistä dynamiikkaa, eikä diagnostisoitava patologinen ilmiö silloinkaan, kun se on äärimmäistä.

Kolmas ryhmä osia, karkotetut, kantavat jokaisessa ihmiselämässä väistämättömiä traumakuormia ja niihin liittyviä kipeitä tunteita. Karkotetut osat elävät menneisyydessä ja janoavat tulevansa nähdyiksi ja hoivatuiksi. Karkotetut tulevat esiin trauma-aktivaatioina ja tunnevyöryinä, joiden esiintymistä sekä pelastajat että järjestäjät haluavat toiminnallaan estää.

IFS tunnistaa osien lisäksi ihmismielen rakenteista myös henkisen olemuspuolen ytimen, jota kutsutaan Itseydeksi tai Itse-energiaksi (engl. *Self, Self-energy*). Itseyden toimintaa leimaa uteliaisuus, rauhallisuus, selkeys, yhteenkuuluvuus, itsevarmuus, rohkeus, luovuus ja myötätunto.

Itseys tasapainottaa systeemiä purkamalla osien välisiä konflikteja ja neuvottelemalla suotuisampia toimintastrategioita arjessa. Se kykenee antamaan karkotetuille sen huomion ja hoivan, jota nämä tarvitsevat eheytykseen traumoista.

Näin osat voivat transformoitua Itseyden johtamaksi harmoniseksi kokonaisuudeksi, joka ohjaa elämää tasapainoisesti. IFS katsoo, että meissä jokaisessa on valmiina tarvitsemamme parantava voima, kunhan osaamme valjastaa sen käyttöömme. Tämä voima on Itseys.

Kaoottisen ja paljon traumoja kantavan systeemin ristiriitaisen dynamiikan takia ihminen ei välttämättä pysty aktivoimaan Itse-energiaansa. Silloin on terapeutin tehtävänä edustaa Itse-energiaa ja auttaa asiakasta kartoittamaan ja ymmärtämään omaa sisäistä systeemiään, työstämään sen jännitteitä ja poistamaan karkotettujen kantamia kuormia.

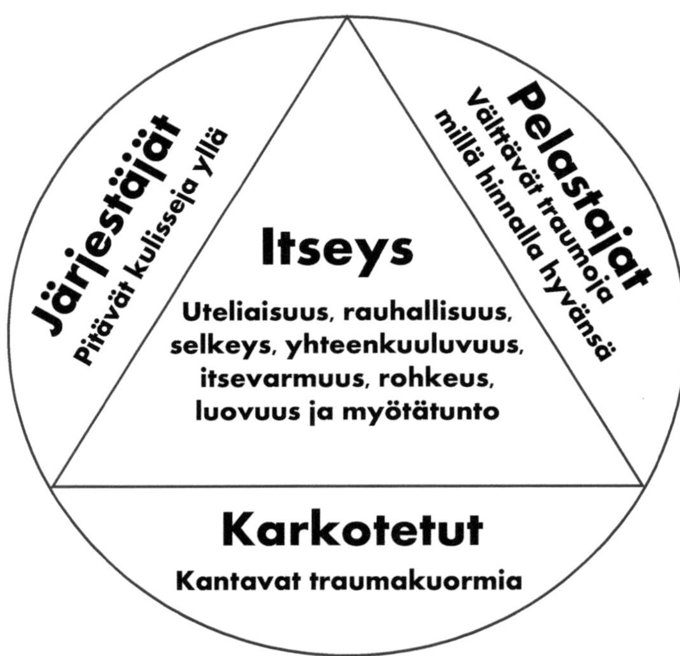


**Kuva 6. IFS:n keskeiset käsitteet.**

IFS:ää käytetään menestyksekkäästi mm. traumaperäisen stressin, ahdistuksen, masennuksen, riippuvuuksien ja kivun hallinnassa. IFS soveltuu myös itseterapiaksi. Kun sen periaatteet on opiskellut, voi omaa sisäistä systeemiään ohjata näiden periaatteiden avulla. Tärkeimpänä edellytyksenä on, että Itseytensä saa aktivoitua.

Se tapahtuu IFS:ssä useimmiten meditaatioiden ja mielikuvaharjoitusten avulla. Usein myös kehollisilla rauhoittumis- ja rentoutumisharjoituksilla voidaan saada tuloksia, koska osat ja Itseys ovat dialektisessa vuorovaikutuksessa kehon kanssa.

## 8.2. Sisäisen systeemin dynamiikka

IFS:ssä ajatellaan osien olevan kuin pieniä minipersoonallisuuksia sisällämme. Niillä kullakin on kokonainen tunteiden ja toimintatapojen kirjo. Yksi osa ei siis ole vastuussa vain yhdenlaisesta ajattelusta, tunteesta ja toimintatavasta ja toinen osa vastuussa jostakin toisesta jne.[112]

Osien kanssa voi muodostaa keskusteluyhteyden, niitä voi oppia tuntemaan paremmin ja niiden kanssa voi neuvotella. Ne voivat suhtautua Itseyteen luottavaisesti tai epäluuloisesti, ne voivat kommunikoida keskenään ja niitä voi auttaa muuttamaan toimintatapojaan suotuisammiksi. Jokaisella ihmisellä on täysin ainutlaatuinen osiensa systeemi. Ymmärtämällä osiaan paremmin ihminen voi muuttaa sisäistä dynamiikkaansa tasapainoisemmaksi ja kokea itsensä kokonaiseksi ihmiseksi.

IFS kuuluu samaan terapeuttiseen jatkumoon kuin mm. Gestalt-terapia, minätilaterapiat, transaktioanalyysi, sisäisen lapsen kanssa työskentely ja skeematerapia. IFS on tässä terapeuttisessa traditiossa yksi pisimmälle menetelmällistettyjä terapiamuotoja: siinä voidaan edetä systemaattisesti ja turvallisesti kaoottisimmankin sisäisen systeemin ongelmien ratkaisemisessa.

Eri osilla on erilaisia rooleja kunkin yksilön systeemissä. Ne kaikki pyrkivät jollakin tapaa edistämään hyviä intressejä, vaikka ne usein toiminnallaan aiheuttavatkin ongelmia. Jotkin osat hoitavat elämän käytännöllisiä asioita.

---

[112] Tämä esitys perustuu pääsääntöisesti Jay Earleyn kirjaan Self-Therapy (2009).

Toiset osat puolustautuvat ulkoisilta uhilta tai sisäisiltä kivuilta. Jotkut osat kantavat pelkoa tai häpeää, joka juontuu lapsuudesta.

Osat vaikuttavat siihen, miten ymmärrämme itsemme ja miten näemme muut ihmiset, ja miten arjessa toimimme. Ne vaikuttavat ajatuksiimme ja tunteisiimme.

Jotkut osat toimivat itselle suotuisilla toimintatavoilla, kun toiset osat turvautuvat äärimmäisiin strategioihin. Äärimmäiset osat voivat vaikeuttaa elämää monella tavalla. Ne voivat vaikkapa puolustautua silloinkin, kun siihen ei ole mitään syytä – tämä voi olla ihmissuhteita kuormittavaa. Jotkut osat toimivat hetkittäin suotuisilla tavoilla, ja toisina hetkinä äärimmäisillä tavoilla.

## Suojelijat

Suojelijat pyrkivät toimimaan niin, että olisimme aina mukavuusalueellamme emmekä koskaan kokisi kipua, häpeää tai pelkoa. Ne pyrkivät estämään tapahtumia, jotka nostaisivat esiin karkotettujen kokemia traumoja. Suojelijat voivat myös aktiivisesti estää karkotettuja tulemasta systeemissä esille, ja tästä karkotetut ovat myös saaneet nimensä. Vaikka suojelijat keskittyvät nykyhetken haasteisiin, ne ovat oppineet perusläksynsä lapsuudessa eivätkä ne ole tietoisia siitä, että olet kasvanut aikuiseksi. Koska olet niiden silmissä vielä haavoittuva lapsi, ne pitävät toimiaan välttämättöminä haavoittuvan lapsen suojelemiseksi.

Osa suojelijoista on järjestäjiä (managereita), jotka pitävät arkea rullaamassa. Osa suojelijoista on pelastajia, jotka käyttävät äärimmäisiäkin toimintastrategioita, jotta traumamuistot eivät nousisi pintaan.

Suojelijoilla on monenlaisia toimintastrategioita. Joku osa voi älyllistää kaiken pyrkiessään turruttautumaan vaikeilta tunteilta. Toinen osa voi pitää muita ihmisiä etäällä, jotta nämä eivät pääse aiheuttamaan ongelmallisia tunteita. Jotkut osat elävät kieltäen elämässä vallitsevan kaaoksen. Toiset osat suojautuvat ongelmilta syyttelemällä niistä aina muita ihmisiä. Jotkut osat haluavat hukuttaa vaikeat tunteet ja koetut traumat päihteisiin, pelaamiseen, shoppailuun tai työhön liiallisesti uppoutuen. Jotkut suojelijat viljelevät sisäistä kritiikkiä ja häpeää sekä toisia osia että muita ihmisiä kohtaan. Toisinaan suojelijat yrittävät auttaa sinua näyttämään normaalilta ja suorituskykyiseltä. Ne voivat janota muiden tunnustusta ja arvostusta. Jotkut osat pyrkivät saamaan rakkautta muilta mielistelemällä ja taipumalla aina muiden tahtoon. Suojelijat voivat pyrkiä jatkuvaan elämän tilanteiden kontrollointiin uhkien eliminoimiseksi.

Kaikkien suojelijoiden perususkomus on se, että niiden toimintaa tarvitaan, jotta eläisit siedettävää, kivutonta ja antoisaa elämää. Vaikka niiden strategiat voivat olla tuhoisia, on niiden perustava aie aina ehdottomasti hyvä. Yksikään osa ei ole syntynyt pahat mielessä.

Suojelijat voivat näyttäytyä muille ihmisille sinun vahvoina puolinasi. Joku osa on karismaattinen esiintyjä. Toisella on verraton sosiaalinen supliikki. Jotkut ovat taitavia luomaan intiimejä suhteita. Toisaalta joskus suojelijat eristävät sinut muista ihmisistä. Osat voivat olla ylenpalttisen aggressiivisia ja muita ihmisiä syytteleviä. Osien ajattelu- ja käyttäytymisrepertuaari on loputtoman moninaista, ja siksi oman systeemin pelkkään tuntemiseen, saati siihen vaikuttamiseen, voi mennä pitkä aika.

## Karkotetut

Karkotetut elävät menneessä ja ovat ikään kuin jäätyneet tietyn ikäisiksi traumojen seurauksina. Karkotetut voivat olla vaikkapa kaksi- tai viisivuotiaita ja niillä on ikäisensä kokemus- ja ajatusmaailma. Ne elävät aina siinä maailmassa, jossa ne traumatisoituivat. Koska traumatisoituminen voi olla pitkäkestoista ja jatkua jopa vuosia, karkotetut voivat elää kokonaisessa traumatisoineiden tapahtumien sarjassa. Karkotetut ovat niitä haavoittuvia lapsia, joita suojelijat pyrkivät toiminnallaan suojelemaan.

*Itsestäni tunnistamani karkotettu osa on varhaisteini, joka kantaa mukanaan stressaavan perhe-elämän kuormaa noin kuusivuotiaasta saakka, eli usealta vuodelta. Tämän osan kanssa kommunikointi on haastavaa, koska kokonainen ryhmä suojelijoita suojelee sitä. Ajan oloon yhteys on kuitenkin alkanut syntyä, ja nyt pystyn kuulemaan mitä se tarvitsee ja pystyn läsnäolollani lievittämään sen yksinäisyyttä.*

Karkotetut omaksuvat uskomuksia ja toimintamalleja perheeltään. Kaoottisissa perheissä kasvaneiden karkotetut voivat olla kaoottisia. Tunnekylmässä kasvanut karkotettu voi olla turtunut tunne-elämältään. Mikä tahansa onkin ollut se alkuperäinen tilanne, johon karkotetut osat jäätyivät, ne kantavat hyvin vaikeita tunteita. Ne voivat tuntea esimerkiksi loputonta yksinäisyyttä, syviä pettymyksiä ja tunteita hylätyksi tai kaltoinkohdelluksi tulemisesta.

Traumakuorma ei ainoastaan aiheuta karkotettujen vaikeita tunnekokemuksia, vaan se värittää myös uskomuksia itsestä ja maailmasta. Karkotetut voivat kokea itsensä arvottomiksi ja epäonnistuneiksi: ihmisiksi, joita kukaan ei voi eikä halua rakastaa. Ne voivat kokea koko maailman vaaralliseksi. Karkotettujen tunteet ja uskomukset ovat niin raskaita kokea, että suojelijat ovat valmiita äärimmäisiinkin toimiin, jotta ne eivät nousisi pintaan. Mielen syrjäisimmissä sopukoissa elävät karkotetut voivat näin elää lohdutonta, yksinäistä elämää janoten hoivaa, jota vaille ne ovat jääneet.

Karkotetut eivät ole tietoisia siitä, että traumoista on voinut kulua vuosia. Ne eivät tiedä, että olet kasvanut aikuiseksi ihmiseksi, jolla on niiden tarvitsemaa hoivaamisen kykyä. Karkotetut eivät saa yhteyttä Itseyteesi muuten kuin erityisellä vaivalla ja sisäisellä dialogilla, johon IFS terapiana johdattaa. Joskus karkotettujen ääni voi kuitenkin tulla suojelijoiden toimista huolimatta tietoisuuteen. Silloin koet karkotettujen vaikeita tunteita ja hoivan tarpeita: saatat kokea olevasi jälleen traumatisoitunut lapsi.

## Itseys

Meillä kaikilla on suojelijoiden ja karkotettujen lisäksi meidän todellinen itsemme, henkinen ytimemme, Itseys. Kun osat eivät ole aktiivisena ja toimintamme ohjaimissa, olemme Itsessämme. Itseys on rentoutunut, avoin ja myötätuntoinen omia osia ja muita ihmisiä kohtaan. Itseydessämme koemme olomme maadoittuneeksi, keskittyneeksi ja epäreaktiiviseksi; pystymme

136

reflektoimaan toimintaamme ja osiamme ja näkemään myös muiden ihmisten osia.

Itseys on meidän sisäinen johtajamme ja parantajamme. Kun osien näkökulma on putkinäköinen, Itseyden näkökulma itseemme ja maailmaan on kokonaisvaltainen. Kun osat keskittyvät yksittäisiin ongelmiin, Itseys pystyy näkemään asioiden kokonaiskuvan ja reflektoimaan elämämme suuria kysymyksiä. Itseys kykenee olemaan läsnä tilanteissa ja kehossa kokonaisvaltaisesti. Itseys meissä on rakkauden lähde.

Itseys on yhteyksissä elävä: se kokee itsensä yhteenkuuluvaksi muiden ihmisten kanssa. Se tahtoo olla yhteydessä muihin harmonisella ja muita tukevalla tavalla. Se haluaa myös olla yhteydessä osiisi, saada ne luottamaan itseensä auttaakseen niitä luopumaan kuormistaan.

Itseys on utelias. Se on kiinnostunut muista ihmisistä, heidän motiiveistaan ja heidän tarpeistaan. Se pyrkii ymmärtämään muita tuomitsematta heitä. Se on myös utelias osia kohtaan: se haluaa ymmärtää kunkin osan toiminnan motiivit. Koska jokaisella osalla on pohjimmiltaan hyväntahtoinen tarkoitus, Itseys haluaa ymmärtää mihin osa toiminnallaan tähtää ja miltä se sinua suojelee. Kun osat ymmärtävät ja uskovat tämän, ne voivat haluta avautua Itseydelle.

Tämän edellytyksenä on, että Itseys rakentaa suhteita osiin johdonmukaisella tavalla. Jos osia vain moikkaa kerran palaamatta asiaan koskaan, ei voi syntyä sisäiseen eheytymiseen tarvittavaa luottamussuhdetta. Niinpä sisäisen dialogin käyminen Itseydestä käsin on loppuelämän projekti, ja monille siitä tulee myös parantava ja kantava elämäntapa.

Itseys on myötätuntoinen ja avoin. Se välittää sisäisten osien ja muiden ihmisten kärsimyksestä ja tahtoo toimia kärsimystä lievittävillä tavoilla. Kaikilla osilla on suuri tarve myötätunnolle: karkotetut kokevat kärsimyksiä ja suojelijat tekevät kärsimyksen välttämiseksi äärimmäisiä tekoja, jotka aiheuttavat häpeää ja itsesyytöksiä. Itseydeltä osat voivat saada tarvitsemaansa myötätuntoa ja osat saavat kokemuksen siitä, että ne tulevat nähdyiksi. Näin syntyy korjaavia kokemuksia reaaliajassa ja rakentuu parantava sisäinen suhde.

Itseys on rauhan tyyssija. Se on väkevästi läsnäoleva ja maadoittunut. Näin se kykenee ottamaan vastaan osien intensiivisiäkin tunteita. Esimerkiksi suru tai häpeä voi vyöryä sisäisessä systeemissä ylivoimaisena tunteena, joka aiheuttaa osissa hallitsemattoman voimakkaita reaktioita. Vaikeiden tunteiden kokeminen alkaa tuntua mahdolliselta vasta Itseyden ollessa rauhoittavasti läsnä. Tämä on edellytys sille, että vaikeita tunnekokemuksia voi alkaa työstää ja että osien fobia vaikeita tunteita kohtaan alkaa lieventyä.

Mistä tiedät, oletko Itseydessäsi? Jos et pysty suhtautumaan toiseen ihmiseen tai osiisi tuntien yhteenkuuluvuutta, uteliaisuutta tai myötätuntoa, tai et pysty pysymään rauhallisena, et todennäköisesti ole Itsessäsi. Itseyden voi saada aktivoitua tekemällä vakautumis- tai maadoittamisharjoituksia. IFS jää sanahelinäksi, ellei sitä pysty kokemaan todeksi itsessään. Siksi kutsun jokaista lukijaa avoimin mielin tutustumaan itsemyötätunnon kehittämisen harjoituksiin (ks. luku 10.3). Kun itseys on ohjaimissa, asiat selkiintyvät ja ongelmia voi ratkaista. Kun osat ovat ohjaimissa, vallitsee reaktiivisuus ja joskus myös puhdas kaaos.

## 8.3. IFS arjessa

*Olen IFS:n oppien avulla oppinut lempeää sisäistä dialogia ja osieni ohjausta. Ennen nukahtamista aktivoin Itseyteni intentionaalisella hengityksellä tai rentouttamalla lihakseni. Sitten voin aloittaa neuvonpidon osien kanssa. Mitä osia on nyt läsnä? Ne näyttäytyvät kehollisina tuntemuksina, ajatuksina tai tunteina. Mikä niistä työntäytyy muiden ohi esiin? Mitä se haluaa viestittää ja mitä se tarvitsee? Mistä se on huolissaan? Voiko se hellittää hetkeksi ja antaa muiden osien puhua? Mitkä osat ja niiden tarpeet ovat jääneet päivän aikana kuulematta? Mitä ne kokevat ja tarvitsevat? Miten tasapainottaa tilannetta ja mihin kiinnittäisin huomiota tulevaisuudessa?*

*Nyt kirjoittaessani kirjaa havaitsen, että erityisen aktiivisena on osa, joka haluaa kontribuoida jotakin tarkoituksellista maailmaan, eli kirjoittaa tämän kirjan. Vaikka osalla on arvokas tarkoitus, se jyrää alleen kaikki muut osat ja välillä estää minua rauhoittumasta ja pitämästä huolta itsestäni. Sen motiivina on pelko elämän päättymisestä milloin tahansa. Kysyn mitä kirjailijaosa tarvitsee, jotta se voisi tuntea olonsa turvallisemmaksi. Se kertoo tarvitsevansa varmuuden siitä, että kirja valmistuu, muutoin se ei voi hellittää otettaan. Jos vakuutan sen siitä, että teen kaikkeni kirjan eteen, vaikka säästelisinkin voimiani, saavat muut osat tilaa.*

*Esiin tulee osa, joka on huolissaan jaksamisestani ja loppuun palamisen mahdollisuudesta. Yritän vakuuttaa sille, että pidän kyllä koko systeemini tarpeista huolta, mutta en ole yllättynyt, että se ei vielä usko minua – historiani osoittaa muuta. Suhteeni huolestuneeseen osaan vaatii vielä lisää huomiota ja minun on teoillani osoitettava, että tarkoitan mitä lupaan. Jos kuitenkin uurastan työssä säästämättä itseäni, tulee lopulta esiin kolmas osa, joka lamaannuttaa minut täysin, enkä pääse seuraavana päivänä sängystä ylös. Tätä tapahtuukin parin viikon välein. Minulla on vielä työtä tehtävänä sen kanssa, miten kuluttavasti työstän kirjaani.*

*On vielä yksi osa, joka haluaa usein huomiotani. Se kaipaa leikkiä, jotakin mukavaa ajanvietettä, jota ei tehdä niin tosissaan. Sille lupaan esim. pelata sanapelejä aina välillä. Tällä hetkellä nämä neljä osaa dominoivat sisäistä dialogiani ja yritän suoda niille riittävästi huomiota. Kerron niille kunnioittavani sitä, miten kovaa ne työskentelevät eteeni. Samalla yritän pitää mielessä, että on myös osia, jotka eivät arkisessa elämässä pääse kuuluville. Yritän pitää itseni avoinna niiden kuulemiseksi. Pyrin myös keskustelemaan osieni kanssa pitkin päivää, koska näen että se olisi varmasti hyväksi. Toistaiseksi se on kuitenkin arjen tohinassa vaikeata ja tarvitsen sille erityisen tilan. Kuten kaikessa traumatyöskentelyssä, on tavoitteena tehdä auttavista toimintatavoista arkisia.*

Ajattelen osieni "asuvan" autonomisen hermoston eri tiloissa. Kirjailijaosassa on sympaattisen hermoston energiaa, joka on koko ajan ylivireyden rajamailla, ja muutaman päivän välein kääntyykin ylivireydeksi. Huolestuneessa osassani on myös SNS-energiaa. Se vaatii toimia, jotta jaksaminen varmistuisi. Lamaantunut osa on laadultaan selvästi dorsaalivagaalisen hermoston dominoima. Leikkisä osa ja Itseys ovat ventraalivagaalisen hermoston asukkeja.

Kaiken kaikkiaan sisäisen dialogin hetket, joita olen harjoittanut pari vuotta, ovat vähentäneet häpeää ja lisänneet itsemyötätuntoa ja itsetietoisuutta, ja ne rauhoittavat ylikierroksilla käyvää mieltäni ja kehoani. Käytyjen sisäisten dialogien ansiosta ymmärrän nyt, että ihmissuhteitani sotkeneet toimintatapani, joita aiemmin häpesin, ovat syntyneet hyvistä tarkoitusperistä. Uskon, että ne voivat transformoitua vähemmän kuormittaviksi ja yleisemmin hyväksytyiksi toimintamalleiksi. Osittain tätä transformaatiota on jo tapahtunutkin.

Avain muutokseen on siinä, että osaan tuoda Itseyden näkökulman sisäiseen elämääni. On uskallettava kohdata osien maailma sellaisena kuin se on ja annettava osille tilaa puhua. Kaikkein tärkeintä on oppia hoivaamaan haavoittuneimpia osiaan. Minulta on vaatinut pari vuotta asian kypsyttelyä ennen kuin olen saanut hedelmällistä sisäistä dialogia aikaiseksi. Osien kanssa työskentely voi olla hyvin hidasta.

IFS opettaa myös myötätuntoa muita kohtaan, koska se auttaa tunnistamaan, miten osat kilvoittelevat kaikkien sisäisessä maailmassa. Nyky-yhteiskunnassa jokaista myötätunnon ilmaisua tarvitaan kipeästi. IFS:ssä on maailmaa transformoiva potentiaali, mikäli sen opit saavat levitä.

Harjoituksia oman sisäisen systeemin kartoittamiseksi ja itsemyötätunnon kehittämiseksi löytyy kirjan luvusta 10.3.

# 9.  Mikä on hyvää traumahoivaa

## 9.1. Salutogeneesi hoidon filosofiana

Brackman & Hedrickin (2024) mukaan traumaterapia on alun alkaen ollut patologisoivaa, mutta se on nykyään kehittymässä *salutogeeniseksi*. Patologisoivassa ajattelussa traumatisoituminen ymmärretään sairaudeksi tai häiriötilaksi, ja siinä keskitytään diagnooseihin ja oireisiin: siihen mikä on vialla. Patologisoiva näkökulma on reduktionistinen ja sen tavoitteena on häiriötilaa edeltävään "terveyden" tilaan pääseminen. Aiempi traumaterapia keskittyi traumaattisiin muistoihin ja niiden työstämiseen jopa uudelleentraumatisoitumisen riskillä. Terapeutilla oli hoitoa vahvasti ohjaava ja kontrolloiva ote.

**Salutogeeninen lähestymistapa keskittyy siihen, mikä on vielä eheää ja toimivaa.** Salutogeneesi tarkoittaa terveyden alkuperää. Salutogeenisestä näkökulmasta terveys ymmärretään hyvinvoinnin jatkumona ja ihmisessä itsessään uskotaan olevan kaikki tasapainoon pääsemiseen tarvittava. Näkökulma on holistinen. Traumatisoituminen ymmärretään kehon pyrkimyksenä selvitä ylivoimaisen stressin kokemuksien kanssa, ja itsesäätelyn merkitystä korostetaan niin oireiden hallinnassa kuin traumamuistojen purkamisessakin. Turvan kokemuksen käsitetään olevan itsessään terveyttä edistävää.

Salutogeeninen ajattelu pitää mahdollisena myös traumanjälkeistä kasvua: ihminen voi elää intentionaalista, tarkoituksellista elämää traumoista huolimatta. Fokuksessa ei ole menneisyys, vaan elämässä eteenpäin meneminen. Salutogeenisesti toimiva terapeutti on opas ja kanssakulkija, ja terapiatyötä leimaa tiukan ohjaamisen sijaan yhteistyö ja asiakkaan tarpeiden kuuleminen.

Lisäksi salutogeenisessä traumahoidossa:

- Keskitytään diagnoosien sijaan asiakkaan tarinoihin. Tarinoista pyritään tunnistamaan asiakkaan voimavaroja ja kompetensseja, jotka otetaan työskentelyn keskiöön.
- Tuetaan asiakasta etenemään askel askeleelta ja systemaattisesti kohti kokonaisvaltaista hyvinvointia koko hoitoprosessin ajan, oireisiin keskittymisen sijaan.
- Ymmärretään stressi jatkumona, ja tuetaan asiakasta asianmukaisella psykoedukaatiolla sekä auttamalla häntä säätelemään stressireaktioitaan itsen vakauttamisen harjoituksilla.
- Ymmärretään asiakkaan kokemukset niiden historiallisessa, kulttuurisessa ja sosiaalisten identiteettien kontekstissa.
- Työskentely luo uskoa ja kasvualustan positiiviseen tulevaisuuteen.
- Lisätään asiakkaan uskoa itseohjautuvuuteen ja kykyyn tehdä uusia valintoja elämässään.
- Tuetaan asiakasta katsomaan elämäänsä kaukonäköisesti.[113]

# 9.2. Traumaterapian vaikuttavuuden tekijöitä

Psykoterapian vaikuttavuuden tutkimuksissa on vuosikymmenten ajan noussut päällimmäiseksi johtopäätökseksi, että keskeisin terapian onnistumista ennustava tekijä on hoitosuhteen laatu. Mitä terapeutin ja asiakkaan välisen suhteen laatu tarkoittaa?

Oma vastaukseni 15 vuoden kokemuksella on, että **traumaterapiassa ensisijaista on, että terapiasuhde tuntuu turvalliselta. Turvallinen terapeutti on reguloitu, vakautuneessa tilassa oleva. Toisin sanoen terapeutin tulee olla tottunut havaitsemaan omia stressiaktivaatioitaan ja säätelemään niitä reaaliajassa – etenkin silloin, kun asiakas itse aktivoituu traumaattisten muistojen tunkeutumisesta pintaan.**

---

[113] Rhoton & Gentry 2021, 4–10.

Kokemukseni perusteella terapeutit eivät ole mitenkään immuuneja kokemaan stressiaktivaatioita terapiaistuntojen aikana, eivätkä he välttämättä havaitse omia aktivaatioitaan ainakaan reaaliajassa. Jos terapeutti ei ole vakaassa tilassa, on traumataustaisen asiakkaan äärimmäisen vaikeaa pysyä vakaana, kun yhteissäätelyä ei tapahdu, eikä turvan signaaleja saa terapeutilta.

Kukaan ei kuitenkaan ole jatkuvasti täydellinen viilipytty ja rauhan ja turvan tyyssija. Jos terapeutin aktivaatioita tapahtuu, on niitä syytä käydä eksplisiittisesti läpi asiakkaan kanssa, mikä voi suorastaan lähentää terapiasuhdetta. Tämä voi myös auttaa psykoedukaatiossa, kun terapeutin reaktiot havainnollistavat mistä trauma- tai stressiaktivaatioissa on kyse. Avoimuus tasavertaistaa terapiasuhdetta ja normalisoi stressiaktivaatiot ilmiönä.

Tämä saa suoraa tukea siitä, miten Rhoton & Gentry kuvaavat adekvaatin traumaterapiasuhteen rakentamisen edellytyksiä. Heidän mukaansa terapeutin tulee:

- Oppia ja hallita itsesäätelyn strategioita.
- Tehdä itsen vakauttamisen harjoituksia 15–20 kertaa päivässä, eli elää opetuksensa todeksi omassa elämässään.
- Tuntea traumamekanismit perusteellisesti ja kyetä kuvaamaan ne selkeästi asiakkaille, joille informaation sulattelu voi olla vaikeaa silloin kun traumareaktiivisuus on akuuttia.
- Kyetä kuvaamaan asiakkaille, miten näiden traumareaktiivisuus on luonnollista kehon toimintaa.
- Pohtia, miten sanavalinnoilla tuetaan orientaatiota kasvuun ja mahdollisuuksiin, oireisiin fokusoinnin sijaan.
- Miettiä, miten kaikki terapian käytännöt ja eteneminen rakentavat jatkuvasti rauhallista tunnelmaa ja yhteistyösuhdetta sekä asiakkaan kyvykkyyksien kasvua.
- Antaa asiakkaille mahdollisimman paljon valinnanmahdollisuuksia hoitoon liittyvissä asioissa.
- Hallita laaja työkalupakki erilaisia tekniikoita ja harjoituksia, joista valitaan asiakkaan ehdoilla tälle parhaiten sopivia.

- Varmistaa, että traumamuistoja ei käsitellä ennen kuin asiakas on oppinut vakauttamaan itseään.
- Pystyä luomaan positiivisia odotuksia terapiaa kohtaan kertomalla asiakkaalle onnistuneiden terapiaprosessien "menestystarinoita".
- Pystyä kuvaamaan asiakkaalle läpinäkyvästi, miten terapiatyöskentely vaiheistuu ja etenee.
- Keskustella asiakkaan kanssa etukäteen tekijöistä, jotka saattavat muodostaa esteitä terapiatyöskentelylle.
- Ymmärtää, että asiakas ei aina pääse osallistumaan terapiaan eri syistä, ja sopia etukäteen, miten poissaoloista sovitaan ja miten niitä käsitellään.
- Keskustella asiakkaan kanssa terapian konkreettisista tiloista tai olosuhteista ja pohtia, miten tila luo turvaa terapiaan. Ennakoitavuus on aina ensisijasta.
- Pyytää jatkuvasti palautetta työskentelystä, mieluiten jokaisen istunnon päätteeksi.[114]

Gentry (2020) korostaa jatkuvaa palautteen keräämistä monimuotoisesti traumatisoituneiden kanssa työskenneltäessä. Hän ymmärtää, että luottamukseen tulee katkoksia välttämättömänä osana kompleksisen trauman terapiaa. Katkokset ovat hänen mukaansa yksinomaan hyvästä: ne mahdollistavat syvemmän luottamuksen rakentamisen, ja konfliktien jälkeisessä työskentelyssä voi asiakkaalle tarjota korjaavia kokemuksia siitä, että jännitteisestä tilasta voi palautua hyvään suhteeseen. Tästä ei kaikilla traumatisoituneilla ole aiempia kokemuksia.

**Ecker (2012) korostaa terapiasuhteen laadun lisäksi toisena keskeisenä terapian vaikuttavuutta edistävänä tekijänä sitä, että terapiassa käytetään menetelmiä, jotka toteuttavat traumamuistojen rekonsolidaatiota (ks. luku 6.2).**

---

[114] Mt., 135–153.

Käytännön standardi traumamuistojen rekonsolidaation edistämiseksi on Suomessa EMDR. Terapeutin on hyvä ymmärtää, että sen vaikuttavuuden taustalla on muistin rekonsolidaatio prosessina – tämä on syytä eksplikoida myös asiakkaalle. Oman kokemukseni mukaan EMDR:n vaikuttavuus selitetään asiakkaille joko huonosti tai mystifioivilla käsitteillä, ja sama vaivaa ainakin osin EMDR:ää koskevaa kirjallisuutta.

Olen koonnut seuraavaan muutamia täydentäviä näkökulmia siihen, miten traumatisoitumista tulisi hoitaa.

1. Hyvä terapia on aina yksilöllistä. Terapia on kahden ainutlaatuisen yksilön välinen suhde, ja valittavien menetelmien tulee perustua terapeutin hyvin hallitsemiin taitoihin ja tekniikoihin sekä asiakkaan preferensseihin. Ensisijaisena tavoitteena on, että asiakas kokee itse hallitsevansa terapiaansa ja elämäänsä.[115]

2. Auttajan tulee keskittyä kuuntelemaan traumatisoitunutta, tukemaan ja selventämään asiakkaan tarjoamia tarinoita ja selityksiä. Auttajan tehtävä ei ole tarjota tulkintoja tapahtumista, taustoista tai motiiveista, vaan auttaa asiakasta artikuloimaan omia näkemyksiään.[116]

3. Terapeutin tehtävä on ymmärtää asiakkaan subjektiivinen maailmankuva ja auttaa asiakasta oikaisemaan siinä esiintyviä epäsuotuisia merkityssuhteita. Itse olen kantanut paljon traumaperäisiä epäsuotuisia uskomuksia, kuten esimerkiksi omasta/ihmisen perustavanlaatuisesta pahuudesta tai siitä että kaikki fyysinen kipu kertoo hengenvaarallisesta taudista. Tämän kaltaisten perususkomusten paljastaminen ja niiden epäsuotuisuuden oivaltaminen turvallisessa ja tuomitsemattomassa keskustelussa on terapiassa tapahtuvan vuorovaikutuksen ydintä.

4. Terapiaan tulee aina sisältyä kehotietoisuutta edistäviä toimintatapoja ja harjoituksia, "bodyfulnessia". Pelkkä keskusteluterapia ei ole hyvää

---

[115] Ks. esim. Frankl 2005, 112 ja Rauhala 202–231.
[116] Brackman & Herdick 2024.

traumaterapiaa. Vaikka vanhojen traumanarratiivien tutkiminen ja uusien luominen onkin tärkeää, syntyy turvallisuus kehosta käsin.

5. Terapeutin tulee ymmärtää perusteellisesti, mitä asiakkaalle tapahtuu terapian ulkopuolella. Terapian aikana tulisi varmistua siitä, että asiakkaan ympäristö terapian ulkopuolellakin on mahdollisimman turvallinen. Jos asiakas palaa aina kaoottiseen ympäristöön, jota hän ei hallitse, on terapialla laihat mahdollisuudet onnistua.[117] Lisäksi terapian seurannan keskiössä tulee olla ne haasteet, jotka nousevat asiakkaan arjessa esteiksi terapiassa opeteltujen taitojen käyttöönotolle.

6. Terapia ja päihdekuntoutus erotetaan Suomessa melko jyrkästi toisistaan: vallalla on käsitys, että päihdeongelma tulisi ratkaista ennen kuin terapiatyöskentely voi olla tuloksekasta. Traumojen ja riippuvuuksien hoitoa ei kuitenkaan pitäisi erottaa toisistaan. Sekä addiktioiden hoidon että traumahoidon suunnannäyttäjä Gabor Maté toteaa:

> "Riippuvuus ei ole valinta eikä ensisijaisesti sairaus. Se saa alkunsa ihmisen epätoivoisesta yrityksestä ratkaista ongelmia, kuten emotionaalista kipua, ylivoimaista stressiä, yhteyden menettämistä, hallinnan menettämistä tai itseä kohtaan tunnettua syvää epämiellyttävyyttä. Lyhyesti sanottuna riippuvuus on epäonnistunut strategia ratkaista inhimillisen kivun ongelma. Kaikki huumeaineet – ja kaikki riippuvuuteen liittyvä käyttäytyminen riippumatta siitä, onko kyseessä uhkapeli, seksi, internet tai kokaiini – lievittävät kipua joko suoraan tai epäsuorasti ohjaamalla huomiota pois siitä."[118]

Matén mukaan päihderiippuvuus ei ole traumoista irrallinen ongelma, vaan traumaoire, jota tulee hoitaa traumatyöskentelystä käsin. Samaa ajattelutapaa noudattavat Arizona Trauma Instituten kurssit.[119]

---

[117] Ks. esim. Schwartz, 66–67.
[118] Maté 2011, käännös oma.
[119] Ks. esim. Arizona Trauma Institute 2024.

7. Terapeutin tulee kyetä tukemaan asiakasta tämän henkisessä kasvussa. Tämä edellyttää terapeutilta valmiuksia käydä keskustelua arvoista: asiakasta on autettava kokemaan elämä tarkoitukselliseksi ja tavoitteita täynnä olevaksi (vrt. logofilosofian opit luvussa 2.2 ja harjoitukset luvussa 10.4). Edellytyksenä tälle työlle on, että terapeutti itse toimii tietoisesti valittujen ja reflektoitujen arvojen pohjalta intentionaalisesti.

Holistisella otteella toteutetusta traumaterapiasta voidaan puhua, mikäli keskustelun lisäksi siinä ratkotaan ja poisherkistetään psykofyysistä traumareaktiivisuutta psykoedukaatiolla ja somaattisin harjoituksin, edistetään traumamuistojen rekonsolidaatiota, huomioidaan asiakkaan historia ja elämäntilanteen ajankohtaiset haasteet sekä kyetään käymään keskustelua asiakkaan arvoista ja tavoitteista.

## 9.3. Traumainformoitu terveydenhuolto

Terveydenhuolto, johon traumatisoituneet ohjataan, on lähtökohtaisesti medikalistista. Medikalistinen ajattelu on patologisoivaa ja reduktionistista. Medikalistisessa ajattelussa trauma ymmärretään joksikin mielenterveyden häiriöksi, jota pitäisi hoitaa kuten muita sairauksia hoidetaan, ja häiriön taustalla oletetaan olevan aivokemiallisia epätasapainotiloja ja geneettisiä tekijöitä.[120]

Tästä seuraa tendenssi käyttää lääkitystä ensisijaisena strategiana vaikeasti oireilevan ihmisen kuntoutuksessa, eikä ihmisten todellinen hätä ja sen taustalla oleva järkeenkäypä syy, kuten traumaattinen olosuhde tai historia, saa asianmukaista huomiota.

Vaikka patologisoivaa näkökulmaa tuskin esiintyy laajalti suomalaisten terapeuttien keskuudessa, voi sitä kuitenkin esiintyä psykiatrisissa kuntoutusyksiköissä ja vastaavissa laitoksissa. Victim Focus (2024) kuvaa patologisoivan ajattelutavan voivan ilmetä hoito-organisaatioissa mm. seuraavilla tavoilla:

---

[120] Vrt. Taylor & Shrive 2023, 24.

- Traumatisoituneiden kokemuksia väheksytään, kyseenalaistetaan tai tulkitaan kuvitelmiksi ja valheiksi.
- Marginalisoitujen väestöryhmien oletetaan kärsivän muita todennäköisemmin mielenterveyden häiriöistä.
- Traumatisoituminen leimataan mielenterveyshäiriöksi.
- Mielenterveyshäiriöiden diagnooseja jaetaan vaikeista kokemuksista kertoville asiakkaille.
- Traumahistoria ja -näkökulma ohitetaan diagnooseja tehtäessä.
- Ihmisiä diagnosoidaan etänä.
- Ihmisiä diskriminoidaan heidän saamiensa mielenterveysdiagnoosien perusteella.
- Vaikeasti oireilevien asiakkaiden kanssa ei haluta työskennellä, elleivät he ole lääkittyjä.
- Traumareaktiot ja -oireet ymmärretään "epänormaaleiksi".
- Kärsiville ihmisille kerrotaan, että heidän ongelmansa ovat geneettisiä tai sisäsyntyisiä.
- Kärsiviä ihmisiä pidetään epäluotettavina, epäuskottavina ja ongelmia aiheuttavina.
- Organisaatio ylläpitää myyttejä mielenterveyshäiriöiden syistä.
- Organisaatiot eivät tunnista tai halua käydä keskustelua patologisoivan lähestymistavan ongelmista.
- Asiakkaita väheksytään tai heistä pilaillaan organisaation sisäisessä puheessa.
- Asiakkaita ei kuunnella silloin, kun he eivät koe diagnoosejaan tai lääkitystään oikeiksi.

Kaiken terveydenhuollon – ja psykiatrisen hoidon erityisesti – tulisi kehittyä traumainformoituun suuntaan. Terveydenhuollossa tulisi ymmärtää, että henkisen ja psyykkisen kärsimyksen, ja usein fyysisestikin manifestoituvan ongelman, taustalla voi olla jonkinasteinen traumatisoituminen. Traumareaktiot tulisi ymmärtää ihmisen systeemin luonnolliseksi mukautumiseksi liian stressaavaan ympäristöön, ei häiriötilaksi tai sairaudeksi.[121]

---

[121] Mt., 28.

Perustiedot liiallisesta ja pitkäkestoisesta stressistä ja traumatisoitumisen mahdollisuudesta pitäisi olla jokaisella, joka kohtaa asiakkaita terveydenhuollossa. Tämä auttaisi näkemään "vaikeidenkin" asiakkaiden käytöksen taustalla kivuliasta traumaattista oppimista, jonka aiheuttamiin reaktioihin asiakkaat eivät välttämättä itse osaa vaikuttaa. Tieto lisäisi empatiaa, joka vuorostaan parantaisi vuorovaikutusten laatua. Traumatisoituneita ei tarvitsisi pelätä eikä työntää etäälle. Aidosta vuorovaikutuksesta syntyisi molemminpuolista välitöntä hyvinvointia. Kaiken terveyspalvelun pitäisi tähdätä turvallisuuden tunteen lisäämiseen, ja itsen vakauttamisen keinojen tulisi olla itsestäänselvä osa hoitohenkilökunnan ammattitaitoa.

Psykoedukaation lisäämiseen, traumainformaatioon ja vakautumistaitojen opetteluun voidaan suhtautua terveydenhuollossa epäilevästi, peläten sitä, että ylikuormitetun henkilökunnan työtaakkaan lisätään jälleen yksi ylimääräinen painolasti. Pelko on kuitenkin aiheeton, sillä nämä taidot itse asiassa keventävät työtaakkaa: onnistunut yhteissäätely saa henkilökunnan kestämään työpaineita paremmin, ja asiakaskohtaamisista tulee helpompia. Vakautuneena työtehtävistä suoriudutaan tehokkaammin ja aikataulujen tai muiden vaatimusten paineissa on helpompaa työskennellä.

Kun terveydenhuollossa potilaisiin kohdistuu usein nimenomaan kehollisia toimenpiteitä, ovat traumatisoituneet tässä erityisen haavoittuvassa asemassa. Hoitohenkilöstön pitäisi tiedostaa traumataustan potentiaali kaikissa kehoon ja koskemiseen liittyvissä asioissa. Asiakkaalla tulisi olla mahdollisimman paljon valinnanvaraa toimenpiteisiin liittyvissä detaljeissa. Koko hoitoprosessi jälkitoimineen (seuranta, tulosten raportointi jne.) pitäisi esitellä selkeästi, mieluusti kirjallisesti, koska traumareaktioissa potilaan normaali muistaminen eriasteisesti estyy. Toistaiseksi olen nähnyt lupaavinta kehitystä tässä suhteessa hammaslääkärien vastaanotoilla: pelkäävien asiakkaiden kohtaamisiin harjaantuneet hammaslääkärit hidastavat vauhtia, selittävät toimenpiteitä etukäteen, pyytävät jatkuvaa palautetta ja antavat mahdollisuuden taukoihin.

Sarvela (2024) pohtii, johtuvatko terveydenhuollon ongelmalliset nykykäytännöt osittain siitä, että organisaatiot itsessään ovat kollektiivisesti traumatisoituneita resurssi- ja kustannustehokkuuspaineiden alla. Hän herättelee organisaatioita reflektoimaan omaa tilaansa:

> "Rikottujen työyhteisöjen kulttuuri, jossa ei arvosteta riittävästi myötätuntoa ja ammattilaisten keskinäisiä laatusuhteita tai myötäeläviä suhteita palvelunkäyttäjiin, saattaa pahimmillaan olla haitallisen stressin saastuttama myrkyllinen eli toksinen ympäristö kaikille osapuolille. Keikkalääkärikulttuuri ylenkatsoo ihmisten välisiä, toipumista edistäviä, kestäviä potilas- ja työtoverisuhteita. Ei ihme, että tällaisesta järjestelmästä myös ammattilaiset alkavat paeta. Se mitä tarvitaan, on traumainformoidut, inhimilliset palvelut, jossa huomiota suunnataan rikkinäisten ihmissuhteiden korjaamiseen, terveisiin ja ravitseviin työpaikan ihmissuhteisiin."

Vaikka traumatietoinen toiminta todellistuu ruohonjuuritasolla, on epätodennäköistä, että se leviää ruohonjuuritasolta käsin. Terveydenhuollon johdon tulisi ottaa traumainformoitu toiminta keskeiseksi osaksi strategiaa, ja aloittaa työ Sarvelan viitoittamalla tavalla organisaation sisäisen stressi- ja traumadynamiikan haltuun ottamiseksi ja hoitamiseksi. Tästä voisi luonnostaan seurata saman ilmiön adekvaatti huomioiminen asiakaskontakteissa.

## 9.4. Traumainformoitu arki

Kaikki me kohtaamme traumatisoituneita siellä missä on ihmisiäkin, ja traumatisoituminen näkyy mm. kaduilla, kasvatuksessa, työpaikoilla, julkishallinnossa, vankeinhoidossa, politiikassa ja arvokeskusteluissa. Miten me voisimme toimia niin, että emme traumatisoi tai uudelleentraumatisoi toisiamme?

Viktor Frankl korosti yksilöiden ruohonjuuritoiminnan merkitystä kaikkien hyvinvoinnin parantamisessa. Hän toteaa ajankohtaiselta kuulostavalla tavalla: "Maailma on huonossa tilassa, mutta kaikki muuttuu vielä huonommaksi, ellei jokainen meistä tee parastaan."[122]

---

[122] Frankl 2006, käännös oma.

Traumainformoitu yhteiskunta saisikin parhaimman lähtölaukauksen, jos ongelmaa lähestyttäisiin sekä tutkimusvaikuttamisen keinoin (esim. lastenhuollon tutkimus- ja kehittämishankkeet) että jokaisen kansalaisen oman toiminnan reflektoinnin kautta.

Jokainen voi arvioida, missä määrin itse kantaa mukanaan traumoja tai pitkään kestänyttä toksista stressiä, joka näkyy merkittävänä reaktiivisuutena ja kyvyttömyytenä vakauttaa itseä. Jokainen voi kehittyä itsen vakauttamisessa.

Jokainen meistä voi myös asettua ongelmallisesti käyttäytyvän kanssaihmisen saappaisiin: kun tuo nyt reagoi kohtuuttomasti, mitä hänen sisällään mahtaa tapahtua? Jokin ymmärrettävä, luonnollinen selitys löytyy usein huikeimmankin ylilyönnin taustalta. Yleensä taustalla oleva tekijä on kivulias implisiittinen oppiminen.

Me voimme kehittää myötätuntoa itseämme ja muita kohtaan. Jokaisessa kohtaamisessa voimme tulla tietoisiksi siitä, että lähetämme joko turvan tai turvattomuuden signaaleja muille. Voimme omaa hermostoamme hallitsemalla auttaa muita hallitsemaan omaansa. Tässä on avain harmonisempaan yhteiseloon, jossa uudelleentraumatisoidutaan vähemmän.

Emme välttämättä pysty muuttamaan tai auttamaan toisia, mutta muuttamalla ja auttamalla itseämme annamme muille mahdollisuuden suotuisaan muutokseen yhteissäätelyn rauhoittavassa syleilyssä.

# 10. Harjoituksia

Seuraavien lukujen tehtävänä on johdattaa lukija tutustumaan kolmenlaisiin harjoituksiin, jotka voivat helpottaa elämää monimuotoisen traumaperäisen stressin tai muun pitkäkestoisen toksisen stressin kanssa. Harjoituksia voi käyttää terapian osana tai itseapuna.

Itsen vakauttamisen harjoituksissa pyritään rauhoittamaan traumaattisia stressireaktioita, eli niillä palautetaan autonominen hermosto tasapainon tilaan. Vakauttaminen on traumatisoituneen perustaito arjessa pärjäämiseksi ja oireiden hallitsemiseksi tai lieventämiseksi. Vakauttamista kutsutaan traumaterapiassa usein itsesäätelyksi tai maadoittamiseksi.

Seuraavan luvun itsemyötätunnon harjoitukset tukevat nekin arjessa toimimista. Monet traumatisoituneet ovat sisäistäneet lapsuuden perheensä toksisista puhetavoista ankaraa itsekritiikkiä ja muuta kielteistä sisäistä puhetta. Saatamme traumatisoida itseämme lisää, jos emme kiinnitä huomiota siihen, miten itseämme kohtelemme. Itsemyötätunnon avulla voimme oppia ymmärtämään vahingollisiakin toimintamallejamme. Voimme purkaa häpeää ja aiheetonta syyllisyyttä ja korvata ne empatialla ja myötätunnolla niin itseämme kuin muita kohtaan.

Kolmas osa harjoituksista keskittyy intentionaaliseen elämään. Intentionaalisuus tarkoittaa tässä yhteydessä sitä, että kuljemme elämässä kohti tietoisesti valittua suuntaa ja tavoittelemme arvokkaita asioita. Kun suuntamme on selkeä, tiedämme millaiseksi ihmiseksi haluamme kasvaa ja miten etenemme tavoitetilaa kohti. Traumatisoituminen ei estä elämästä arvokasta elämää, vaan elämän kokeminen arvokkaaksi ja tarkoituksentäyteiseksi on kestävän hyvinvoinnin kivijalka.

Intentionaalisen elämän pohdinta on hyödyllistä kenelle tahansa, joka etsii elämänsä suuntaa tai on epävarma siitä, mitä valintoja arjessa pitäisi tehdä. Nämä harjoitukset ovat henkistä työskentelyä ja ne ovat aina tekijälleen turvallisia. Edellytyksenä elämän suunnan löytämiselle on kuitenkin, että osaamme vakauttaa itsemme tasapainoiseen tilaan, jossa ajatus kulkee kirkkaasti. Jos traumaoireesi ovat vaikeita, on hyvä saada ote itsen vakauttamisesta ennen kuin aloittaa intentionaalisen elämän pohdinnat. Filosofiseen pohdiskeluun voi kuitenkin aina palata, ja vakauttamisen tulisi edeltää reflektointia.

## 10.1. Yleisiä ohjeita harjoitteluun

Olemme kaikki ainutlaatuisia yksilöitä: se mikä puhuttelee tai auttaa yhtä, ei välttämättä toimi jollekulle muulle. Seuraavien lukujen harjoitukset ovat valikoituneet kirjoittajan preferenssien mukaan. Minulle on helppoa tehdä seuraavissa luvuissa mainittuja harjoituksia ja omasta kokemuksestani tiedän ne toimiviksi. On kuitenkin olemassa myös tehokkaita, mutta minulle vieraita tapoja harjoitella, kuten erilaiset tanssiin, joogaan tai vaikkapa qigongiin perustuvat harjoitukset. Niistä voi olla suurtakin hyötyä monimuotoisen trauman oireiden hallinnassa, mutta minulle vieraina ne ovat rajautuneet tästä kirjasta pois.

Toinen kategoria harjoituksia, jotka eivät minua henkilökohtaisesti puhuttele, ovat piirtämiseen perustuvat harjoitukset. Itse asiassa minulla on piirtämiseen liittyvä traumahistoria, ja se vaikeuttaa piirtämisen käyttämistä itseapuna.

**Tärkein periaate kaikessa traumaoireiden hallinnan harjoittelussa on, että harjoitukset eivät saa uudelleentraumatisoida tai tuottaa stressiä tai dissosiaatiota – turvallisuus ja hyvinvointi ensin!**

Jos tunnet voimakkaita traumareaktioita tai dissosiaatiota tehdessäsi vakauttamis- tai itsemyötätuntoharjoituksia, en suosittele harjoitusten tekemistä, koska hyötyisit todennäköisesti ammattilaisen avusta ennen kuin aika on kypsä itsenäiselle harjoittelulle. Vakauttamiseen osaavat opastaa tehokkaasti muutamassa istunnossa esim. psykofyysiset fysioterapeutit tai psykofyysisen psykoterapian harjoittajat. Itselleni panostus työskentelyyn psykofyysisten fysioterapeuttien kanssa on ollut yksi parhaimmista ratkaisuista, joita olen omalla traumamatkallani tehnyt.

Jos taas sisäinen puhe, jolla itsemyötätuntoa harjoitetaan, aiheuttaa sisäistä kaaosta, on hyvä keskustella turvallisen traumapsykoterapeutin kanssa. Itselleni ei minkäänlainen sisäinen puhe ollut mielekästä, ennen kuin olin ollut pitkään psykoterapiassa. Jos elät sisäisessä kaaoksessa, voi vaikea oirehdinta estää toimintakykyä niin paljon, että panostus psykoterapiaan on hyvin todennäköisesti kannattavaa.

**Harjoitusten tekeminen on sitä helpompaa, mitä vakaampaa ja säännöllisempää arkesi on.** Tämä tuottaa monille traumatisoituneille haasteen, koska olemme saattaneet sisäistää lapsuuden olosuhteiden kaoottisuutta siten, että olemme kotonamme kaaoksessa, ja säännöllisyys tuntuukin kuormittavalta.

Itselläni toimintakyky vaihtelee niin paljon, etten kykene elämään erityisen säännöllistä elämää, ja osan ajasta olen täysin toimintakyvytön. Tämä ei kuitenkaan estä minua tekemästä työtä oireideni hallitsemiseksi, koska palaan harjoitteluun uudestaan heti kun voimavarani riittävät. Näin epäsäännölliselläkin harjoittelulla saa muutoksia aikaan, vaikka säännöllinen harjoittelu etenisi rivakammin.

On tärkeää edetä omien voimavarojensa puitteissa. Omien resurssiensa ylittäminen tuottaa lopulta aina vain lisää stressikuormaa. Kiinnitä erityisesti huomiota unen laatuun. Mitä paremmin nukut öisin, sitä enemmän kehosi palautuu stressireaktioista. Hyvä uni on hyvinvoinnin perusta. Itsen vakauttamisen harjoituksissa on mukana pari vinkkiä huonounisille ja painajaisten näkijöille.

**Pyri luomaan itsellesi turvallinen tila harjoitteluun.** Aloita harjoitusten tekeminen paikassa, jossa saat olla rauhassa ja koet olevasi turvassa. Kiinnitä huomiota valaistukseen ja äänimaisemaan. Ympäröi itsesi turvaa tuottavilla ankkureilla. Ankkuri voi olla vaikkapa jokin esine, kuva tai mielikuva tai musiikkikappale, jonka avulla voit palauttaa turvallisuuden tunteen, jos tunnet stressireaktioita.

Itselleni turvaa tuottavat esim. kissojemme läsnäolo tai mielikuvat heidän rapsuttamisestaan sekä viileä huone, himmeä valaistus ja tuulettimen tasainen humina, joka peittää tehokkaasti taustaääniä, ja tuulen tunteminen iholla.

Vasta kun turvallisessa tilassa harjoittelu sujuu, on aika siirtää harjoituksia arkisempiin tilanteisiin.

**Ole aktiivinen etsiessäsi itsellesi sopivia harjoituksia.** Tämän kirjan harjoitukset ovat vain esimerkkejä – vaikkakin hyvin perusteltuja ja traumaterapiassa paljon käytettyjä – siitä, mitä kaikkea voit tehdä hyvinvointisi eteen. Traumatietoisuus on levinnyt jo niin laajasti, että harjoituksia löytyy hakukoneiden avulla erittäin runsaasti. Myös tästä kirjasta poisrajautuneita hallittuun liikkumiseen ja kuvalliseen ilmaisuun keskittyviä harjoituksia on helppo löytää.

Jos olet aktiivinen sinulle sopivien harjoitusten löytämiseksi, sinulla on ennen kuin huomaatkaan kourallinen tai pari harjoituksia, jotka auttavat arjessa pärjäämistä. Tämä on se tavoitetila, johon harjoittelu tähtää. Sopivien harjoitusten löytäminen on sinun henkilökohtainen projektisi, johon voit saada vinkkejä muilta, mutta vain sinä osaat arvioida, mikä on sinulle sopivin ja eri tilanteisiin riittävä työkalupakki.

**Harjoituksia tulisi tehdä säännöllisesti, mieluiten useita kertoja päivässä, vaikka et lainkaan kokisi stressiä tai trauma-aktivaatioita.** Vain riittävillä toistoilla saat harjoituksia lihasmuistiin, mikä helpottaa harjoitusten tekemistä stressaantuneessakin tilassa. Traumaoireiden hallinnassakin pätee klisee ”harjoitus tekee mestarin”.

Ota haltuun yksi harjoitus kerrallaan. Suurin osa muutoksen tavoittelusta kaatuu siihen, että yrittää muuttaa elämässä liikaa asioita kerralla. Jotkut harjoitukset voivat tuntua ihan hölmöiltä, mutta niitä kannattaa kokeilla silti. Toisaalta jotkut harjoitukset vaativat aikaa ja kokeilua ennen kuin niistä saa apua.

Minulle kaikki kehollinen harjoittelu oli alkuun niin vierasta, että se joko ahdisti tai vähintäänkin tunsin itseni naurettavaksi harjoitellessani. Mutta heti kun löysin ensimmäiset toimivat harjoitukset, tiesin harjoittelun olevan kannattavaa, koska välitön helpotus oli niin suuri.

Tee tietoinen päätös lähestyä harjoituksia avoimin mielin, ja koeta jättää ennakkoasenteet narikkaan. Tee harjoituksista omia versioitasi. Näin löydät itsellesi tehokkaita työkaluja nopeimmin.

Ole itsellesi lempeä harjoitellessasi. Sinussa ei ole mitään vikaa, jos harjoituksista ei saa kiinni, tai ne eivät toimi. Se on yksinkertaisesti merkki siitä, että olet elänyt olosuhteissa, joissa puolustusreaktioita on tarvittu niin paljon, että kehosi ja mielesi eivät hevin luovu puolustusvalmiudesta. Sitkeys kuitenkin palkitaan. Jos et luovu tavoitteesta oppia näitä taitoja, löydät toimivia ratkaisuja itsellesi ennemmin tai myöhemmin. Siihen voit luottaa.

Pidä päiväkirjaa harjoittelusta, jos se on sinulle luontevaa. Päiväkirjamerkintöjen avulla voit saada oivalluksia siitä, mikä sinulle toimii, ja saat perspektiivin siihen, että harjoittelu alkaa ennemmin tai myöhemmin tuottaa tuloksia.

Traumareaktioiden hallinta on loppuelämän projekti. Autonominen hermostosi tulee reagoimaan kuviteltuunkin vaaraan pitkin elämääsi. Harjoituksista tulee ideaalitapauksessa sinulle elämäntapa, jolla pidät itseäsi paremmassa tasapainossa. Tekemällä pieniä muutaman sekunnin harjoituksia pitkin päivää saat enemmän voimavaroja elää itsesi näköistä elämää.

## 10.2. Itsen vakauttaminen

Itsen vakauttamisen harjoittelu alkaa siitä, että alkaa ymmärtää ja kokea olevansa nykyhetkessä läsnä ja turvassa. Toinen kivijalka on totuttelu kuuntelemaan kehon tilaa ja viestejä. Tavoitteena on oppia tunnistamaan stressireaktioiden käynnistyminen niin pian kuin mahdollista, jotta reaktiot voidaan katkaista vakauttamisharjoituksin. Kehon viestejä hermoston tilasta kutsutaan traumaslangilla interoseptioksi.

Kehon viestien kuunteleminen ei välttämättä ole helppoa, ja se voi alkuun vaatia ammattilaisen tukea. Jos stressaannut kehosi tuntemuksista herkästi, voit pyytää apua esim. yllä mainituilta kehollisen työskentelyn ammattilaisilta.

Lue alkuun läpi kaikki tässä luvussa olevat harjoitukset. Osa saattaa olla jo sinulle tuttuja, ja toisaalta saatat tuntea vetoa erityisesti joihinkin harjoituksiin. On aina hyvä aloittaa siitä, mikä tuntuu itselle luontevimmalta.

## Turvan tunteen kehittäminen

Seuraavat harjoitukset edellyttävät, että omistat niille aikaa päivästäsi ja teet niitä keskittyneessä ja rauhallisessa tilassa. Niiden etu on, että ne ovat aina turvallisia tehdä. Jos sinulla ei kuitenkaan juuri nyt ole pitkäjännitteisyyttä tehdä näitä harjoituksia, voit hypätä suoraan myöhemmin esitettäviin lihasten rentouttamisharjoituksiin ja maadoitusharjoituksiin.

Suurin osa tilanteista, joissa stressaannut, eivät todellisuudessa ole vaarallisia, vaikka kehosi saattaakin reagoida niihin siten kuin vaara olisi merkittäväkin. Voit valmentaa itsesi tuntemaan olosi turvalliseksi objektiivisesti turvallisissa tilanteissa.

Valitse muutama vakiohetki päivästä, jolloin pyrit aktiivisesti havaitsemaan, oletko turvassa vai vaarassa. Sopivia tilanteita havaitsemiseen voivat olla vaikkapa kotona oleskelu, työpaikalla työskentely tai vaikka kaupassa käynti.[123]

Kun katselet ja kuuntelet ympäristöäsi, pohdi millaiset asiat siinä kertovat oletko turvassa vai vaarassa, millaiset asiat ovat sinulle turvan tai vaaran signaaleja?

Keskity erityisesti siihen, mikä tuottaa sinulle turvaa. Turvan tunnetta voi tuottaa mikä tahansa aistimus, samaan tapaan kuin mikä tahansa aistimus saattaa laukaista stressireaktion.

Näetkö, kuuletko, tunnetko tai haistatko jotakin, joka kertoo sinun kehollesi, että olet turvassa? Onko sinulla turvallisuuden tunnetta tuottavia rutiineja eri tilanteissa?

---

[123] Tämän harjoituksen inspiraation lähde on Stackhouse 2024.

Miten kehosi arvioi sitä, miten turvallisia muut ihmiset ovat? Millaiset ihmiset tuottavat turvaa? Mikä heidän käytöksessään tuntuu turvalliselta?

Miten itse toimit havaitaksesi turvaa muissa ihmisissä? Katsotko ihmisiä kasvoihin, kuunteletko heidän puhettaan keskittyneesti? Havaitsetko ympäristöäsi aktiivisesti? Vai katsotko poispäin ihmisten kasvoista ja kuuntelet heitä ylimalkaisesti?

Voisitko olla aktiivisempi etsimään turvan signaaleja? Voitko nähdä ihmisten kasvoilla hymyn virettä tai pehmeää katsetta tai voitko kuulla heidän puheensa sävyjä? Voitko itse välittää turvan viestejä hymyllä tai lempeällä katseella tai käyttämällä soinnukkaasti ääntäsi vuorovaikutustilanteissa?

Voitko pitää mukanasi turvaa tuottavia esineitä tai vaikkapa kuvia? Voitko luoda itsellesi mielikuvan, jonka mieleen palauttaminen tuottaa sinulle turvaa? Kuvittele ympäristö, joka symboloi sinulle täydellisen rauhan tilaa. Palaa tähän mielikuvaan, jos tunnet ahdistuvasi. Mielikuvia voit aina kantaa mukanasi ja voit palata niihin milloin vain.

Jos pidät päiväkirjaa, kirjaa havaintosi siitä, mikä tuottaa sinulle turvaa ja mikä turvattomuutta. Keskity kuitenkin turvallisuutta tuottaviin asioihin, koska niitä on alkuun vaikeampi havaita. Monimuotoisesti traumatisoituneina olemme erikoistuneita kokemaan vaaraa, ja tätä kokemusta pyrimme muuttamaan.

Tee itsellesi päivittäinen haaste löytää ympäristöstäsi mahdollisimman monta turvan tunnetta tuottavaa asiaa.

*Minä tiedän omasta reflektoinnistani, että minulle turvaa tuottavat esim. puolisoni ja kissamme sekä kotimme rauhallinen ilmapiiri, jossa aistiylikuormitusta estetään verhoilla, lempeällä valaistuksella ja vaikkapa TV:n äänen voimakkuuden hallitsemisella. Turvallisuutta tuottaa myös se, etten yritä tehdä monta asiaa yhtä aikaa, vaan keskityn kunnolla siihen mitä teen. Ulkoillessa löydän turvaa lippiksestä päässäni, tummenevista silmälaseista, puistojen rauhasta, meren äärellä olemisesta ja lintujen laulusta. Ollessani muiden ihmisten kanssa saan turvaa hymyistä, katsekontaktista ja ystävällisestä käytöksestä.*

*Koen oman oloni turvallisemmaksi kohdellessani muita ihmisiä ystävällisesti, koska se saa heidät tuntemaan olonsa turvalliseksi, mikä saa heidätkin välittämään turvan signaaleja.*

## Kehon kuulostelu, "bodyfulness"

Opettele kuulostelemaan kehosi tuntemuksia keskittymällä kehoosi muutamana vakioajankohtana päivittäin. Voit harjoitella esim. herättyäsi, töistä päästyäsi ja ennen nukkumaanmenoa.

## Kontaktipisteharjoitus

Kontaktipisteharjoitus on perusta keholliselle harjoittelulle. Se tarjoaa turvallisen tavan alkaa olla kehossa ja kuunnella kehoa. Elizabeth Stanleyn traumatietoisen mindfulness-ohjelman osana harjoitusta tehdään päivittäin useiden viikkojen ajan, ja Stanley kehottaa tekemään siitä arkisen rutiinin.[124]

Harjoitus etenee seuraavasti:

Asetu mukavasti istumaan turvalliseen paikkaan, jossa sinua ei häiritä. Sulje silmäsi ja ota muutama rauhallinen hengitys. Käy läpi kehosi päästä varpaisiin. Tunne kehosi kontakti istuma-alustaasi ja ympäristöösi. Tunnetko jossakin kohdassa kehossasi erityisen voimakkaan kontaktipisteen?

Onko esim. pakaroiden kontakti istuma-alustaan erityisen painava, tai ovatko jalkasi erityisen tukevasti maassa tai onko kätesi kontaktissa tuoliin tai muuhun kehoon? Valitse yksi kontaktipiste, johon nyt keskityt.

Miltä kontakti tuntuu? Onko se lämmin vai viileä? Kova vai pehmeä? Mukava vai epämukava? Jännittynyt vai rento? Millä muilla sanoilla luonnehtisit kontaktia?

---

[124] Stanley 2019, 263–265.

Mitään tarvetta muuttaa mitään ei ole, vaikka voitkin tarvittaessa asettua mukavampaan asentoon.

Keskity muutaman minuutin ajan tähän kontaktiin. Välillä ajatuksesi karkaa, ja se kuuluu asiaan. Palauta huomiosi lempeästi tähän yhteen kontaktipisteeseen. Lopuksi avaa silmäsi ja palauta tietoisuuteesi koko se turvallinen ympäristö, jossa olet.

## Kävelymeditaatio

Kävelymeditaatio on vaihtoehto kontaktipisteharjoitukselle. Tämä vaihtoehto on hyvä, jos kaipaat hieman aktiivisempaa harjoitusta kuin istualtaan tehtävä kontaktipisteharjoitus.

Tee harjoitus rauhallisessa ja turvallisessa tilassa. Kävele muutama minuutti paljain jaloin, hyvin rauhallisesti, kiinnittämättä katseella erityistä huomiota mihinkään. Keskity siihen, miten tunnet lattian jalkojesi alla. Miltä kontakti tuntuu jaloissa? Miltä tuntuu siirtää paino jalalta toiselle? Miltä tuntuu askeltaa varpaiden varassa tai korostuneesti kantapää ensin? Miltä kontakti kuulostaa, kuuletko lattian narahtelevan?

Kun ajatuksesi karkaa, palauta huomiosi jälleen jalkoihin ja niiden kontaktiin kävelyalustaa vasten. Laajenna lopuksi huomiosi ympäristöösi kiinnittäen huomiota siihen, että olet turvassa.

# Kehon skannaus

Kun kontaktipisteharjoitus tuntuu luontevalta tehdä, laajenna harjoitusta vielä tarkempaan kehon kuunteluun. Asetu jälleen mukavasti istumaan turvalliseen paikkaan, jossa sinua ei häiritä. Sulje silmäsi ja ota muutama rauhallinen hengitys. Huomioi jälleen kontaktisi istuma-alustaan ja ympäristöön.

Tutki sen jälkeen, onko jossakin kohdassa kehoasi jännitystä, kipua tai levottomuutta, joka kaipaa huomiotasi? Vai onko kehossa rauhallista? Mitä vatsassa tapahtuu? Entä rinnassa? Tunnetko sydämen sykkeen, ja millainen se on? Millainen on hengityksesi? Miltä ihosi tuntuu?

Mitä tapahtuu, jos keskityt yksi kerrallaan niihin tuntemuksiin, jotka tuntuvat kaipaavan huomiotasi? Jos alat kokea ahdistusta, muistuta itseäsi siitä, että olet turvassa, ja palauta huomiosi kehosi kontaktipisteisiin. Voit myös avata hetkeksi silmät ja katsella ympärillesi muistaen, että sinua ei uhkaa mikään. Jatka sen jälkeen kehon kuuntelua. Onko jokin muuttunut?

Jos se tuntuu luontevalta, niin kiitä kehoasi sen välittämistä viesteistä. Jos pidät päiväkirjaa harjoittelusta, kirjaa huomioitasi kehon kuuntelusta.

Harjoitusta voi kehittää edelleen kiinnittämällä huomiota kehon epämukaviin tuntemuksiin ja koskettamalla kehon huomiota kaipaavia kohtia. Jos esim. rinnassa on puristavaa tunnetta, anna kämmenesi lämmittää rintaasi. Voit myös kuvitella hengittäväsi parantavaa happea epämukavilta tuntuviin kohtiin syvillä henkäyksillä.

Joskus epämukavuus ei väisty. Pystytkö olemaan kehon epämukavan tuntemuksen kanssa? Mitä jos annat sille tilaa ja annat sen vain olla? Jos ahdistut, tee kontaktipisteharjoitus tai kiinnitä huomio turvalliseen ympäristöösi. Kiitä kehoasi sen viesteistä.

## Lihasten rentouttaminen

Edelliset harjoitukset vaativat, että varaat niille erikseen aikaa ja turvallisen tilan, jossa niitä tehdään. Monimuotoisen traumaperäisen stressin hoidon suunnannäyttäjä Eric Gentry suosii rentoutumisharjoituksia, joita voi tehdä pitkin päivää muutamia kertoja tunnissa ja myös muiden seurassa arjen eri tilanteissa.[125]

Kun näissä harjoituksissa harjaantuu, ei rentoutumiseen mene kuin muutama sekunti kerrallaan, joten harjoituksia voi tehdä keskeyttämättä puuhiaan, pitkin päivää. Näin niistä tulee arkinen tapa ja stressireaktioita voi taltuttaa esim. töiden teon lomassa.

Harjoituksille yhteistä on, että niiden tavoite on rentouttaa lihakset. Lihasten rentouttaminen katkaisee stressireaktion. Kun teet harjoituksia muutaman kerran tunnissa, varmistat, että vietät enemmän aikaa tasapainoisessa tilassa kuin stressireaktioissa. Näin sinulla on enemmän voimavaroja käytettävissäsi.

Hermoston palaamisen tasapainon ja palautumisen tilaan voi tunnistaa lihasten rentoutumisen lisäksi mm. seuraavista kehon viesteistä: haukotus, syvä huokaus, sykkeen laskeminen, kylmät väreet, lämmin aalto tai vatsan kuriseminen.[126]

## Heittäydy nuudeliksi

Kun tässä harjoituksessa on harjaantunut, pystyy suuren osan kehon lihaksista rentouttamaan yhdellä henkäyksellä. Kuvittele keitettyä spagettia tai nuudeleita, ja että raajasi ja koko keho muuttuu samanlaisiksi veteliksi naruiksi. Anna lihastesi päästää irti niissä olevasta jännityksestä tätä mielikuvaa hyödyntämällä.

---

[125] Gentry 2021, 69–95.
[126] Stanley 2019, 212.

Jos tämä mielikuva ei auta rentouttamaan lihaksia, kokeile seuraavaa:

- Erityisen tehokas tapa stressireaktion katkaisuun on lantionseudun lihasten rentouttaminen. Jännitä alavatsan ja pakaroiden lihakset ja kaikki niiden välistä, laske viiteen ja rentouta lihakset.

- Jännitä eri lihasryhmiä yksi kerrallaan niin tiukasti kuin osaat, laske viiteen ja rentouta lihakset. Voit esimerkiksi aloittaa jalkaterien lihaksista ja siirtyä sitten reisilihaksiin, sitten lantion seudun lihaksiin jne.

- Ennen kuin pääset kovin pitkälle eri lihasryhmien rentouttamisessa, on stressireaktio todennäköisesti irrottanut otteensa.

Lihasryhmien progressiivinen rentoutus sopii myös tehtäväksi illalla sängyssä, jos nukahtaminen on vaikeaa.

## Äng- ja vuu-äänteet

Sano hiljaa itseksesi äng-äänne tai jos olet yksin, anna äng-äänen soida kuuluvasti. Se jännittää suun lihaksia, kielen ja kitalaen. Jatka äng-äännettä laskemalla viiteen. Rentouta sen jälkeen kaikki suun ja leuan alueen lihakset. Toista tämä 3 kertaa.

Myös vuu-äänteen soinnukas ääntäminen voi rauhoittaa. Pidä huulesi kevyesti yhdessä ja puhalla ilmaa ulos niiden välistä mahdollisimman kapeasta aukosta. Päästä ääntä ulospuhalluksen mukana niin että huuliltasi muodostuu v-äänne. Kun huulesi vastustavat uloshengityksen ja äänihuulten muodostamaa värinää, äänesi resonoi värähdellen suussa, nielussa ja rinnassa. Tämä aktivoi parasympaattista hermostoa ja rauhoittaa tehokkaasti.

# Syvä huokaus ja haukotteleminen

Vedä henkeä sisään hyvin lyhyesti kaksi kertaa peräkkäin nenän kautta, ja päästä syvä huokaus. Jo tämä voi rauhoittaa hermostoasi.

Kokeile houkutella esiin myös haukottelurefleksi. Tee se avaamalla suuta kuin haukotellaksesi, mutta hyvin hitaasti. Avaa suu hitaasti niin isoon haukotusasentoon kuin saat. Saatat huomata haukottelevasi, mikä keskeyttää stressireaktion.

# Syvä hengitys

Hidasta hengitystä tietoisesi. Kokeile, miten rauhoittavaa on hengittää säännöllisesti. Hengitä sisään nenän kautta ja suun kautta ulos. Hengitä sisään laskien hitaasti neljään, ja ulos laskien hitaasti neljään. Toista 5–10 kertaa.

Kokeile myös hengittää palleallasi niin, että tunnet palleasi laajenevan, kun hengität sisään. Pitkitä uloshengitystä.

Voit myös pyrkiä tehostamaan rauhoittavaa hengitystä pitämällä taukoa sisään ja ulos hengittämisen välissä. Toimi seuraavasti:

- Hengitä nenän kautta sisään laskemalla neljään
- Pidätä hengitystä laskemalla kahteen
- Hengitä suun kautta ulos laskemalla kuuteen
- Pidätä hengitystä laskemalla kahteen
- Toista tämä sarja 3–5 kertaa.

Etsi erilaisia hengitysrytmejä kokeilemalla itsellesi paras rauhoittava hengitysrytmi. Itselleni toimii parhaiten hyvin dramaattisesti hidastettu syvä hengitys, jossa lasken viiteen sisään hengittäessä, lasken neljään ennen kuin hengitän ulos, hengitän ulos supistettujen huulten läpi laskien kymmeneen ja pidätän hengitystä laskien kahteen ennen kuin toistan sarjan.

Jos olet kovin levoton, voit tehostaa hengitysharjoitusta ottamalla siihen kehollisen toiminnan mukaan. Voit esim. kuvitella, että pitelet kämmeniesi välissä palloa, joka kasvaa, kun hengität sisään – seuraa käsilläsi kuvitteellisen pallon kokoa – ja pienenee ulos hengittäessä niin pieneksi, että kätesi puristuvat toisiaan vasten.

Voit myös hyödyntää mobiilisovelluksia, jotka ohjaavat sinua hengittämään, jolloin harjoitukseen on helppo keskittyä. Hyvä esimerkki on Androidille tehty *Breathe*-niminen ilmainen sovellus. Ilmainen on myös iPhonelle ja Androidille tehty *The Breathing App*, jonka avulla voi hidastaa hengitystä.

## Valsalva-manööveri

Tämä harjoitus voi laskea verenpainetta nopeasti, joten jos sinulla on matala verenpaine tai sydänsairauksia, en suosittele sen käyttämistä. Myös retinopatia tai juuri suoritettu kaihileikkaus on este harjoituksen tekemiselle, koska harjoitus lisää hetkellisesti painetta silmissä. Muidenkin on hyvä olla harjoitusta tehdessä istuallaan tai makuulla verenpaineen vaihtelun vuoksi. Harjoitus on monille tuttu siitä, miten lentokoneessa saa avattua paineenvaihtelusta tukkoon menneet korvat.

Vedä syvään henkeä sisään. Sisäänhengityksen jälkeen pidä suu tiukasti kiinni ja purista sormillasi sieraimet kiinni. Tee voimakas uloshengitysliike, joka aiheuttaa painetta nieluun ja korviin. Jatka puhallusta muutamia sekunteja, ja kun päästät ilman ulos, lihaksesi rentoutuvat.

## Ääreisnäköön fokusoiminen

Katso parin metrin päässä edessäsi olevaan kohteeseen. Anna katseesi pehmetä ja siirrä silmiä liikuttamatta katseesi fokus kummankin silmän ääreisnäköön: äärimmälle oikealle ja vasemmalle. Itse voin esimerkiksi tällä hetkellä katsoa vastapäisellä seinällä olevaa kelloa. Pitäen katseeni kellossa alan kiinnittää huomiota ääreisnäössä oikealla olevaan kirjahyllyyn ja vasemmalla olevaan soitintelineeseen.

Jos harjoitus tuntuu vaikealta, voit levittää kätesi suoriksi sivuillesi ja heiluttaa sormiasi, mikä houkuttelee huomiosi ääreisnäköön. Huomaatko, miten kehosi rentoutuu?

Toinen tapa aktivoida ääreisnäköä on ottaa mukava istuma-asento ja laittaa sormet ristiin takaraivon taakse. Katso eteesi. Liikuttamatta päätäsi siirrä katse mahdollisimman pitkälle oikealla näkyvään kyynärpäähäsi. Pidä katse siellä, kunnes kehosi huokaa tai haukottelee tai muuten rentoutuu. Rentoutuminen voi tapahtua välittömästi tai siihen voi mennä kymmeniä sekunteja. Toista sitten harjoitus katsomalla tällä kertaa mahdollisimman kauas vasemmalle liikuttamatta päätäsi.

## Maadoitusharjoituksia

Tasapainon tilaan voi päästä myös aktivoimalla aistit. Tämä on erityisen tehokasta, jos olet menettänyt kontaktin kehoosi tai dissosioit.

Perusmaadoitusharjoitus etenee seuraavasti:

Käytä aistejasi tullaksesi tietoiseksi ympäristöstäsi ja nimeä:

* 5 asiaa, jotka näet
* 4 asiaa, joita voit koskettaa
* 3 asiaa, jotka kuulet
* 2 asiaa, jotka voit haistaa
* 1 asia, jonka voit maistaa

Valitse itsellesi esine tai maku tai haju, jota voit pitää mukanasi arjessa aktivoidaksesi aisteja. Esine voi olla mikä tahansa taskuun laitettava esine, jota voi puristella kämmenessä, vaikka pieni stressipallo. Haju voi olla vaikkapa pieni hajuvesipullo, ja maku voi olla voimakkaasti maistuva pastilli.

## Aktivoi tuntoaistiasi

Kokeile seuraavia harjoituksia:

- Hiero käsiäsi yhteen rivakasti.

- Piirrä etusormella toisen käden kämmeneen kuvioita. Tunne miten paljon tuntohermoja käsissäsi on.

- Kokeile hieroa jalkojasi kaikessa rauhassa. Jalanpohjassakin on paljon tuntohermoja.

- Pyydä joku rapsuttamaan selkääsi. Tai voit rapsuttaa tai puristella itse itseäsi.

- Kokeile päänhierojaa, selän rapsuttajaa, piikkimattoa tai piikkipalloa, joita saa ostettua netistä muutamalla eurolla. Jokainen näistä aktivoi tuntoaistia.

## Hiero korviasi

Keskity erityisesti hieromaan vasemman korvan tragusta ja conchaa sormellasi. Näissä korvan osissa on valtavasti kiertäjähermon hermopäitä, erityisesti conchassa. Paikanna tragus ja concha seuraavalla sivulla olevan kuvan 7 avulla. Tragus on pieni taaksepäin osoittava nipukka. Conha on ulkokorvan pieni käytävä, johon sormenpää juuri mahtuu.

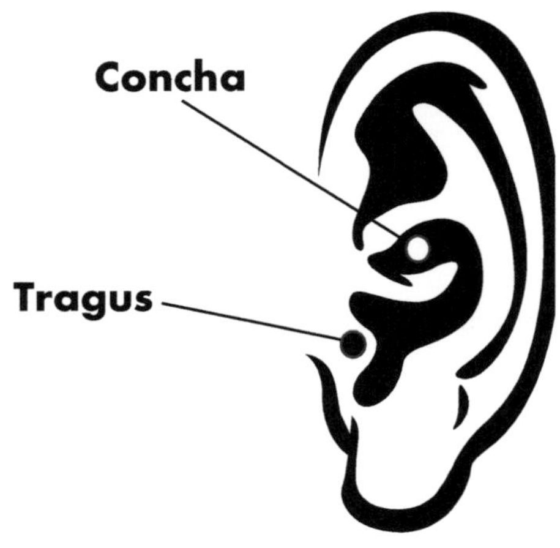


**Kuva 7. Tragus ja concha.**

## Kokeile perhostaputusta

- Aseta kätesi ristikkäin rintakehällesi, avoin oikea kämmen vasten vasemman solisluun aluetta, vasen kämmen oikeaa solisluuta vasten.

- Taputtele rintakehää vuorokäsin.

- Taputa hyvältä tuntuvaan tahtiin parin minuutin ajan.

- Voit kokeilla myös taputtaa reisiä vuorotellen, jos perhostaputus ei tunnu hyvältä.

168

# Jos sinulle on vaikeaa nousta sängystä tai päästä liikkeelle alivireyden takia, kokeile seuraavia asioita:

- Katsele ympärillesi ja sano ääneen missä olet.

- Ravistele käsiäsi tai jalkojasi tai kumpiakin.

- Tunne kehosi paino alustaa vasten ja hahmota mielessäsi kehosi äärirajat.

- Tunnustele kehoasi käsilläsi esim. puristelemalla käsivarsia ja reisiä.

- Hyräile tai puhu ääneen itseksesi.

- Pirskota kylmää vettä kasvoillesi.

- Etsi ympäristöstäsi jotakin, joka houkuttelee sinua toimimaan, kuten lemmikki, jolle voisit antaa herkkuja, tai liikkumaan houkutteleva musiikki tai maistuva välipala.

## Dissosiaatiosta tähän hetkeen ja paikkaan palaaminen

Joskus dissosiatiivisia trauma-aktivaatioita kokiessa menettää kontaktin tilaan ja aikaan. Palauta silloin mieleen, missä olet ja mikä päivä on, ja että olet turvassa. Katsele hetki ympärillesi ja sano ääneen: olen niin-ja-niin-monta vuotta, on vuosi X, kuukausi X ja viikonpäivä X. Olen paikassa X ja turvassa. Esimerkiksi: "Olen 57-vuotias, on vuosi 2024, kesäkuu ja lauantai. Olen turvallisesti kodissani."

# Taistele tai pakene -reaktion vieminen loppuun

Arielle Schwartz (2024) korostaa, että kehollisten traumareaktioiden pitää antaa tapahtua loppuun, jotta keho oppii palautumaan reaktioista normaalisti. Schwartz näkee pitkittyneet traumareaktiot tiloina, joihin keho on jämähtänyt, koska traumatisoivassa tilanteessa ei ole ollut mahdollista viedä stressireaktioita läpi ja palata tasapainon tilaan. Sovellan seuraavassa tätä ajatusta.

Joskus erittäin ylivireänä voit kokea itsesi tuskaisen levottomaksi. Kehosi viestii, että nyt pitäisi toimia. Silloin rauhoittavinta voi olla toteuttaa tuo impulssi ja toimia jollakin turvallisella tavalla. Voit kokeilla esimerkiksi:

- Lihasten jännittämistä ja rentouttamista vuorotellen useita kertoja.

- Ravistella raajojasi.

- Hieroa käsiä yhteen rivakasti.

- Antaa kynän tai näppäimistön laulaa ja purkaa energiaasi kirjoittamiseen. Älä sensuroi, vaan anna palaa. Voit aina myöhemmin tuhota tekstin halutessasi.

- Työntää tukevaa seinää kaikilla voimillasi.

- Tehdä riuskan kävelyn tai juoksulenkin.

- Käydä salilla ja antaa nyrkkeilysäkille kyytiä.

Edellä mainitut maadoitusharjoitukset toimivat vastaavalla tavalla, kun olet alivireinen tai dissosiatiivinen: ne vievät traumaattisen jäätymisen reaktion loppuun palauttamalla kehon ja ympäristön tietoisuuteesi.

# Musiikin hyödyntäminen vakauttamisessa

Musiikki on ihmiskunnan historian erottamaton osa: musiikkia on tehty niin pitkään kuin ihminen on ollut olemassa, ja musiikki on inhimillinen universaali. Musiikki vaikuttaa meihin orgaanisesti, ja musiikin avulla hermostomme virittäytyy turvallisuuden tilaan. Jos musiikki yhtään puhuttelee sinua, niin kokeile seuraavia harjoituksia:

- Hyräile tai laula kovaan ääneen suosikkikappaleitasi. Äänesi on parantavaa, joten älä välitä mitään siitä, miltä se kuulostaa.

- Tee itsellesi lista toisaalta rauhoittavista, toisaalta aktivoivista musiikkikappaleista, joita voit käyttää tarvittaessa itsesi rauhoittelemiseen ylivireydestä tai aktivoimiseen alivireydestä. Musiikin suoratoistopalveluissa listojen tekeminen on yksinkertaista.

- Kokeile, miltä binauraalisten ääniaaltojen kuuntelu tuntuu. Löydät binauraalisia ääniaaltoja sisältävää musiikkia suoratoistopalveluista hakusanoilla 'binaural beats'.

- Kokeile laulumeditaatiota. Tiedetään, että hyvinvoinnin kannalta erityisen hyödyllinen laulumeditaatio on intialainen Kirtan Kriya, jonka tehokkuutta on tutkittu. Tässä meditaatiossa lauletaan tavuja 'saahtaah-naah-maah' ohjatusti. YouTubesta löytyy useita ohjattuja Kirtan Kriya -sessioita. Älä anna sen häiritä, että harjoituksella on esoteerinen tausta. Myös muita laulumeditaatioita löytyy etsimällä, jos juuri tämä meditaatio ei sinua puhuttele. Hyvä esimerkki on OM-meditaatio.

- Jos soitat jotakin instrumenttia tai laulat, kokeile tehdä soittamisesta tai laulamisesta maadoittava ja rauhoittava harjoitus. Jätä kaikki taiteelliset tavoitteet taaksesi. Valitse jokin skaala tai melodia. Improvisoi sitten soittaen tai laulaen tuon skaalan tai melodian säveliä eri järjestyksissä hyvin hitaasti kuunnellen soittimen tai äänesi resonointia ja sävelten välisiä suhteita. Leiki sävelten voimakkuudella. Soita tai laula välillä hieman nopeammin, ja hidasta uudestaan. Keskity tuntemaan soitin kädessäsi tai äänesi resonanssi kehossa: miten se soi, narahtelee, vinkuu tai muuten tuottaa muitakin ääniä kuin nuotteja. Kuulostele, miten soitin tai äänesi soi siinä tilassa, jossa olet.

## Yli- tai alivireyden tunnistaminen

Kun edellä mainitut harjoitukset alkavat sujua, laajenna harjoittelua niin, että pysähdyt pitkin päivää kuuntelemaan mitä kehossasi tapahtuu, esim. kerran tai pari tunnissa. Pari minuuttia kerrallaan riittää. Pohdi nyt tunnistatko kehossasi ylivireyttä tai alivireyttä.

Ylivireänä sinulla on keskittymisvaikeuksia ja saatat olla ahdistunut tai levoton, tai voit kokea itsesi aggressiiviseksi. Vatsastasi saattaa kouraista tai saatat tuntea painetta rinnassasi. Sydämen syke on kiihtynyt ja hengität rinnallasi pallean sijaan, ja hengitys saattaa olla pinnallista ja nopeaa. Kurkussasi voi tuntua kireältä ja kätesi saattavat täristä. Sinulla saattaa olla kova tarve toimia, tehdä jotakin stressaavalle asialle.

Voit kuivaharjoitella ylivireyden tunnistamista kuvittelemalla arkinen stressaava tilanne, joka ei kuitenkaan aktivoi sinua liikaa. Voit esim. kuvitella, että joku tuntematon ihminen lähettää sinulle loukkaavan sävyisen viestin. Mitä kehossasi tapahtuu? Onko sinulla tarve toimia välittömästi, esimerkiksi vastata viestiin tai tuhota se ja blokata lähettäjä? Tunnetko jotakin kehossasi – vatsassa, rinnassa, hengityksessä, sykkeessä?

Rauhoittele nyt itseäsi tekemällä edellä mainittuja harjoituksia esim. rentouttamalla lihakset tai maadoittamalla itsesi. Tämänkaltainen lievä stressiaktivaatio, joka kutsutaan esiin, ja sitten taltutetaan, opettaa hermostollesi, että stressiaktivaatioista on mahdollista palautua.

Alivireyden tunnistat siitä, että olet vetämätön ja tuntuu kuin sinussa ei olisi lainkaan energiaa. Mielialasi on negatiivinen tai masentunut eikä mikään motivoi. Sinulla on tarve vetäytyä maailmalta itseesi. Et tunne välttämättä mitään kehossasi ja myös tunteesi saattavat olla turtuneet. Alivireyttä on vaikeampi tunnistaa sen tapahtuessa kuin ylivireyttä, koska reflektointikyky on pitkälti estynyttä alivireydessä. Älä siis ole huolissasi, jos et tunnista alivireyttä ennen kuin se on ohi. Ajan oloon voit silti oppia tunnistamaan alivireyttä sen tapahtuessa.

Tee yllä olevia maadoitusharjoituksia, kun koet alivireyttä.

Ks. myös luvusta 7.2 lista ylivireyteen tai alivireyteen jämähtämisen oireista.

## Triggereiden eli traumalaukaisijoiden tunnistaminen

Kun kykysi tunnistaa kehosi vireystilaa kasvaa, voit pohtia, millaiset asiat laukaisevat stressireaktion, eli yli- tai alivireyden. Onko traumalaukaisijana toiminut joku ihminen, tilanne, ympäristö tai aistimus – jokin, jonka olet nähnyt, kuullut tai haistanut? Tavoitteena triggereiden tunnistamisessa on oppia tulemaan niistä tietoiseksi, jotta voit varautua vakauttamaan itseäsi, jos etukäteen tiedät, että tulet olemaan triggeröivien asioiden kanssa tekemisissä.

Älä ole huolissasi, jos et vielä tunnista triggereitäsi. Se voi vaatia aikaa. Joskus saatat myös tarvita ammattilaisen apua, jos tilanne on sellainen, että kaikki mahdollinen tuntuu triggeröivältä. Olet silloin saattanut jämähtää yli- tai alivireyteen, tai saatat kokea vaikeaa autonomisen hermoston dysregulaatiota. Siihen voit saada ammattilaiselta apua.

## Huonot yöunet ja painajaiset

Jos sinulla on nukahtamisvaikeuksia, tee yllä kuvattuja rentoutusharjoituksia sängyssä. Lihasryhmien jännittäminen ja rentouttaminen auttaa nukahtamisessa. Jos mielesi laukkaa ja märehtii menneitä, tee seuraavassa luvussa esiteltyjä itsemyötätuntoharjoituksia.

Jos nukut levottomasti, kokeile painopeiton käyttämistä. Tasaisesti jakautuva paino kehollasi antaa sinun tuntea, missä kehosi rajat kulkevat, ja maadoittaa antamalla tukevan kontaktin peittoon ja sänkyyn.

Jos näet painajaisia, jotka herättävät sinut, nouse sängystä ja kävele hetki rauhoittaen itseäsi rentoutumisharjoituksilla tai aktivoimalla aistejasi. Ravistele kehosi irti painajaisesta.
Jos näet toistuvia painajaisia, luo niille uusi, vaihtoehtoinen kulku hereillä ollessasi. Näen itse esim. painajaisia, joissa elän uudestaan lapsuuden karuissa kotioloissa, enkä millään pääse pois omaan kotiin puolisoni luo. Hereillä ollessani olen päättänyt, että tämä uni saa yllätyskäänteen, jossa vaimoni ilmestyy paikalle hakemaan minut kotiin. Tämä päätökseni on muuttanut tuon painajaisen kulkua, ja nykyisin herään näistä painajaisista levollisena.

## Ohjattuja vakauttamisharjoituksia

Verkosta löytyy paljon ohjattuja vakauttamisharjoituksia. Ohjaus voi tehdä harjoittelusta helpompaa. Hyviä suomenkielisiä esimerkkejä löytyy Mieli ry:n ja Surunauhan nettisivuilta. Ks. esim.:

https://surunauha.net/miten-autat-itseasi/

https://mieli.fi/vahvista-mielenterveyttasi/harjoitukset/

# 10.3. Itsemyötätunnon kehittäminen

Ei ole yhdentekevää, miten itseäsi kohtelet. Olemalla kohtuuton, liikaa vaativa tai ylikriittinen itseäsi kohtaan lisäät stressikierroksia elämääsi. Seuraavat harjoitukset pyrkivät korvaamaan kielteistä sisäistä puhetta – häpeää, itseinhoa, itsensä ruoskimista ja tarpeetonta syyllisyyttä – lempeällä ja terveemmällä sisäisellä dialogilla.

Lue ensin läpi kaikki harjoitukset ja aloita siitä harjoituksesta, joka sinua eniten puhuttelee. Jos jokin harjoitus herättää stressireaktioita tai voimakkaita negatiivisia tunteita, ei aika ole kypsä kyseisen harjoituksen tekemiselle.

## Kohtele itseäsi kuin hyvää ystävää

Muistele tilannetta, jolloin kohtasit jotain haastavaa, teit virheen tai kävit stressaavan keskustelun.

Miten reagoit? Syytätkö tai häpeätkö itseäsi? Inhoatko omaa käytöstäsi? Tunnetko olosi niin nolostuneeksi, että toivoisit maan nielaisevan sinut?

Kuvittele nyt, että läheinen ystäväsi olisi samassa tilanteessa. Kuvittele, kuinka kannustaisit häntä samassa tilanteessa. Mitä rohkaisun, tuen ja lohdutuksen sanoja tarjoaisit kohottaaksesi hänen mielialaansa?

Kun sinulla on selkeä käsitys siitä, kuinka kohtelisit ystävääsi, kohdista tämä myötätunto itseesi. Puhu itsellesi samalla ystävällisyydellä, empatialla ja rohkaisulla kuin mitä osoittaisit ystävällesi.

Aina kun ajattelet samankaltaisia tilanteita, toista rauhoittava ja myötätuntoinen puhe itsellesi. Voit esimerkiksi sanoa: ”Teen parhaani ja se riittää” tai ”Virheiden tekeminen on ok, olen vain ihminen.”

Toista tämä harjoitus päivittäin ja ota harjoituksen kohteeksi viimeksi kohtaamasi kuormittava tilanne, tai tilanne, joka laukaisi sinussa häpeää, noloutta, syyllisyyttä tai itseinhoa.[127]

---

[127] Gupta 2024.

# TAHO-harjoitus

Tämä on vaihtoehtoinen harjoitus edelliselle harjoitukselle. Tämän harjoituksen inspiraationa on Tara Brachin RAIN-harjoitus (Recognise, Allow, Investigate, Nurture).[128]

Palauta mieleen tilanne, joka on saanut sinussa aikaan vaikeita tunteita, kuten syyllisyyttä, häpeää tai vihaisuutta.

**T: Tunnista** mitä sinussa tapahtuu tilannetta muistellessa: "Mitä sisälläni tapahtuu juuri nyt?" Mitkä tuntemukset työntyvät etualalle? Mitä tunteita koet? Onko mielesi täynnä negatiivisia ajatuksia? Tule rauhassa tietoiseksi siitä, mikä tunne sisälläsi on vallitseva.

**A: Anna olla**. Anna elämän olla juuri sellaisena kuin se on. Sano itsellesi: "Annan tämän kaiken olla niin kuin se on". Sano "kyllä" sille äänelle, joka sinussa sanoo "ei". Yksinkertaisesti: huomaa se, mikä on läsnä, tuomitsematta, työntämättä sitä pois ja yrittämättä muuttaa sitä.

**H: Huomaa** kokemuksesi eri osa-alueet lempeästi ja uteliaasti. Seuraavat kysymykset voivat auttaa sinua:

- Mikä tässä kokemuksessa on ikävintä; mikä eniten haluaa huomioni?
- Mitä vaikeilta tuntuvia uskomuksia minulla on?
- Mitä vaikeita tunteita tämä herättää?
- Missä tunteet ovat kehossani?
- Millaisia tuntemukset ovat (puristeinen, kuuma, tärisevä, suoranainen kipu jne.)?
- Ovatko nämä tunteet tuttuja ja sellaisia, joita koet usein?
- Mitä tämä tunne tarvitsee eniten minulta?

---

[128] Brach 2019.

**O: Osoita myötätuntoa.** Itsemyötätunto voi syttyä hetkinä, jolloin tunnistamme kärsivämme. Itsemyötätunto todellistuu, kun tarkoituksellisesti vaalimme sisäistä elämäämme hoivaavalla asenteella. Yritä aistia, mitä negatiivinen mielesi eniten tarvitsee. Tarvitseeko se validointia? Anteeksiantoa? Tai vain myötätuntoista seuraa tai rakkautta? Kokeile, mikä tarkoituksellinen ystävällisyyden ele auttaa eniten tai lohduttaa tai pehmentää tunteita.

Kuiskaa itsellesi se, mitä nyt eniten tarvitaan, esim.:

- Olen täällä sinua varten.
- Olen pahoillani ja rakastan sinua.
- Tämä ei ole sinun vikasi.
- Luotan sinun hyvyyteesi.

Tee itsellesi jokin hoivaava ele. Paina esimerkiksi kämmenesi sydäntäsi tai poskea vasten tai halaa itseäsi.

## 10.4. IFS:n inspiroimia harjoituksia

Seuraavat harjoitukset lähestyvät itsemyötätuntoa osien kanssa työskentelyn näkökulmasta. Jos sisäinen systeemisi on kaoottinen, voi näiden harjoitusten tekeminen aiheuttaa voimakkaita reaktioita. Silloin on turvallisinta pysyttäytyä edellisissä harjoituksissa ja tutustua omiin osiinsa keskustelemalla tähän harjaantuneen psykoterapeutin kanssa.

Harjoitukset perustuvat sisäisen perheen systeemiterapiaan, joka on esitelty luvussa 8.1. Jos et ole vielä lukenut tuota lukua, tee se nyt. Varmistu ennen harjoittelua siitä, että ymmärrät mitä ovat suojelijat, karkotetut ja Itseys.

IFS on pitkälle menetelmällistetty terapiamuoto, jolla on potentiaalia ratkaista traumoja silloin, kun työtä tehdään terapeutin ohjauksella. Näin harjoituksissa keskitytään kuitenkin yksinomaan suojelijoiden kanssa työskentelyyn.

Suojelijoihin on helppo saada yhteys, koska ne ovat aktiivisia ja näkyviä toimijoita elämässäsi. Suojelijat ovat vastuussa kokemastasi häpeästä ja syyllisyydestä ja muista kielteisistä tunteista itseäsi kohtaan. Harjoituksilla pyrimme luomaan sisäisen ilmapiirin, jossa osat voivat luopua kielteisestä puheesta.[129]

## Suojelijaan tutustuminen

Suojelijat kokevat usein välttämättömäksi viljellä negatiivisia tunteita itseä ja muita kohtaan, jotta sinä pysyt kivulta suojassa. Yritämme IFS:n keinoin selvittää, mikä suojelijoita motivoi, miltä ne sinua suojelevat ja miten voit auttaa niitä luopumaan kuormittavista toimintatavoista, uskomuksista ja tunteista. Tässä harjoituksessa otetaan ensimmäinen askel yhden suojelijan kanssa kommunikoimiseksi.

Asetu istumaan turvalliseen tilaan, jossa saat olla rauhassa harjoituksen ajan. Ota muutama syvä hengitys. Sulje silmäsi, jos se tuntuu luontevalta ja turvalliselta.

Kuulostele kehoasi ja mielesi liikkeitä. Pane merkille ajatukset, tunteet, sisäiset aistimukset tai toimintaimpulssit, jotka nousevat etualalle. Mikä niistä näyttää erityisesti haluavan huomiosi?

Tunne, ajatus tai kehon viesti, joka haluaa huomiosi, on peräisin osasta, joka pyrkii suojelemaan sinua kivulta. Ajattele sitä kokonaisena ihmisenä, jolla on monenlaisia tavoitteita, ajatuksia, tunteita ja toimintatapoja, ja jonka kanssa voi keskustella. Miltä tämä osa näyttää tai kuulostaa? Onko sillä nimeä? Minkä ikäinen osa on?

Miltä sinusta tuntuu, kun olet läsnä tämän osan kanssa? Oletko utelias sitä kohtaan, haluatko tietää siitä lisää? Vai ärsyttääkö se sinua? Pelkäätkö sitä? Haluatko päästä siitä eroon?

---

[129] Alla olevat harjoitukset ovat saaneet innoituksen IFS:n isän, Richard Schwartzin kirjasta No Bad Parts ja Jay Earleyn kirjasta Self-Therapy.

Jos tunnet jotain muuta kuin avoimuutta tai uteliaisuutta osaa kohtaan, nämä ajatukset tai tunteet ovat peräisin toisista osista, jotka eivät ehkä pidä osasta, johon haluat kiinnittää huomiota, tai ne pelkäävät sitä tai niillä on jokin muu äärimmäinen tunne sitä kohtaan. Pyydä muita osia rentoutumaan ja antamaan sinulle vähän tilaa saada olla osan kanssa ilman ennakkoasenteita.

Jos muut osat estävät sinua kommunikoimasta valitsemasi osan kanssa, se ei haittaa. Voit viettää aikaa tutustumalla näihin osiin, jotka eivät halua rentoutua ja antaa sinun olla vuorovaikutuksessa kohteeksi valitsemasi osan kanssa.

Jos koet uteliaisuutta osaa kohtaan, olet Itseydessäsi, ja on turvallista aloittaa keskustelu valitsemasi osan kanssa. Kokeile kysyä osalta, haluaako se kertoa sinulle jotakin, ja jää odottamaan vastausta.

Odota rauhassa, keskittyen osaan, kunnes vastaus tulee. Jos osa ei vastaa, sekään ei haittaa. Jos taas osa vastaa kysymykseesi, voit oppia tuntemaan sitä lisää ja kysyä siltä, mikä sen rooli on, miksi se toimii (tai ajattelee tai tuntee) niin kuin se toimii?

Onko sinun mahdollista osoittaa osaa kohtaan arvostusta siitä, että se yrittää pitää sinusta huolta? Miten se reagoi arvostukseen?

Kysy sitten tältä osaltasi, mitä se tarvitsee sinulta tulevaisuudessa. Jos osalla on äärimmäisiä tunteita tai toimintatapoja, mitä voisit tehdä, että niihin ei tarvitsisi tukeutua?

Kiitä kaikkia osiasi siitä, että ne ovat sallineet sinun tutustua osaan, ja kerro niille, että tämä ei ole heidän viimeinen tilaisuutensa keskustella sinun kanssasi, koska aiot tutustua heihin vielä enemmän.

Kirjaa ylös mitä opit osastasi. Saitko vastauksia seuraaviin kysymyksiin?

- Mikä on osan nimi ja ikä?
- Mikä on osan rooli, miten se pyrkii auttamaan sinua hallitsemaan elämääsi ja toimimaan maailmassa?
- Miten se suhtautuu muihin ihmisiin tai muihin osiin?
- Miten se pyrkii suojelemaan sinua kivuliailta kokemuksilta tai tuntemuksilta?
- Mitä positiivista se pyrkii saamaan aikaan sinun puolestasi?
- Miltä se sinua suojelee?

Ei haittaa, jos et saa vastauksia kaikkiin kysymyksiin vielä. Olet ottanut vasta ensimmäisen askeleen sisäisen systeemisi kanssa työskentelyyn. Osat tulevat ajan oloon tutuiksi ja niiden kanssa keskustelusta tulee mutkatonta ja luontevaa.

## Kartoita osien ryhmittymä

Seuraavaksi otamme tavoitteeksi tutustua joukkoon osia, joilla on suhteita toisiinsa. Ota esille muistiinpanovälineet.

Asetu istumaan turvalliseen tilaan, jossa saat olla rauhassa harjoituksen ajan. Ota muutama syvä hengitys. Sulje silmäsi, jos se tuntuu luontevalta ja turvalliselta.

Kuulostele kehoasi ja mitä mielessäsi liikkuu. Pane nyt merkille jokin toinen osa kuin se, jonka kanssa työskentelit edellisessä harjoituksessa. Se voi ilmoitella itsestään tunteena, ajatuksena, uskomuksena tai toimintaimpulssina.

Kun keskityt tähän uuteen osaan, paikanna se kehostasi. Pysy keskittyneenä tähän osaan, kunnes olet muodostanut siitä riittävän käsityksen, jotta voit piirtää tai kirjata sen paperille. Voit esim. kysyä osalta, miksi se haluaa itseään kutsuttavan, minkä ikäinen se on ja mikä sen rooli tai tavoite on. Kiitä sitä saamistasi tiedoista ja kerro, että tulet tutustumaan siihen myöhemmin vielä paremmin.

Kun olet lisännyt ensimmäisen osan paperille, keskity uudelleen samaan kohtaan kehossasi ja pysy keskittyneenä siihen, kunnes huomaat jonkinlaisen muutoksen kehossa, ajatuksissa tai tunteissa, mistä tunnistat toisen osan läsnäolon. Keskity nyt tähän toiseen osaan, paikanna se kehostasi ja keskustele sen kanssa, kunnes osaat piirtää tai kirjata sen paperille.

Kun olet kuvannut toisen osan paperille, keskity siihen uudelleen ja pysy sen kanssa, kunnes huomaat uuden kehollisen tuntemuksen, tunteen, ajatuksen tai uskomuksen sisälläsi, kun uusi osa astuu esiin. Kuvaa paperille tai kirjaa muutoin, mitä tietoja saat osasta selville.

Toista tämä prosessi, kunnes sinulla on tunne, että olet kartoittanut yhden ryhmän osia sisäisestä systeemistäsi. Älä ole huolissasi siitä, oletko saanut kattavan kuvan ryhmästä; muita osia voi ilmetä ajallaan, kun jatkat harjoittelua.

Kun työskentelet tämän ryhmän osien kanssa, voit työstää niitä negatiivisia toimintatapoja, ajatuksia, uskomuksia ja tunteita, joista tämä ryhmä vastaa. Sisälläsi on muitakin osia, mutta nyt olet todennäköisesti tutustunut ryhmään osia, jotka ovat erityisen aktiivisia ja näkyviä puolia itsestäsi. On hyvä edetä hitaasti ja luoda luottamuksellisia suhteita osiin. Se on tärkeämpää kuin kartoittaa koko sisäinen osiesi maailma.

Katso nyt paperia, jolle olet piirtänyt tai kirjannut osat. Miten osat suhteutuvat toisiinsa? Suojelevatko jotkut osat muita osia? Taistelevatko jotkut keskenään? Ovatko jotkin osat liittoutuneet keskenään? Keskity tähän kysymykseen rauhassa. Osasi vastaavat kysymyksiin.

Kun alat saada vastauksia näihin kysymyksiin, tee muistiinpanoja osien välisistä suhteista. Katso nyt muistiinpanojasi uudestaan ja pohdi, mitä tunnet näitä osien ryhmiä kohtaan. Mieti, mitä tämä ryhmä osia tarvitsee sinulta. Odota vastauksia ja kirjaa ne.

Keskity vielä kertaalleen osiin, ja kiitä niitä saamistasi tiedoista ja kerro niille, että tulet jatkossakin keskustelemaan niiden kanssa ja auttamaan niitä.

# Itseyden erottuminen osasta

Joskus osat saattavat ottaa niin täydellisesti ohjaimet elämästäsi, ettet kykene näkemään maailmaa ja sisäistä elämääsi muuten kuin niiden silmin. Itseytesi ei ole silloin aktiivisena. Tunnistat tämän siitä, ettet enää suhtaudu osiisi tai muihin ihmisiin uteliaasti tai myötätuntoisesti tai pyrkimyksellä ymmärtää heitä.

Pyydä silloin ohjaimissa olevaa osaa hellittämään hetkeksi ja erottumaan Itseydestäsi, jotta saat tilaa keskustella osiesi kanssa. Useimmiten tämä riittää. Joskus osat eivät hellitä siltikään. Kokeile silloin aktivoida Itse-energiaasi tekemällä rentoutumis- tai maadoittumisharjoituksia.

Voit myös pyrkiä neuvottelemaan osan kanssa. Kysy osalta, mitä se pelkää tapahtuvan, jos se hellittää otettaan? Joskus osat eivät vielä luota Itseyteesi, koska ne eivät vielä tunne sinua riittävästi eivätkä luota hyviin aikeisiisi. Joskus ne pelkäävät, että jos ne hellittävät hetkeksikin, muut osat tulevat sähläämään ja toimimaan tavoilla, joita ohjaimissa oleva osa ei hyväksy.

Käytä silloin aikaa kertoaksesi osalle, että sinä olet aikuinen ja toimit vastuullisesti, ja sinun pyrkimyksesi on auttaa kaikkia osia niin, että ne eivät enää kokisi tarpeelliseksi työskennellä niin kovaa tai etteivät ne joutuisi tuntemaan voimakkaita ja kuormittavia tunteita tai kantamaan raskaita uskomuksia. Jo yksin tämä keskustelu voi antaa Itseydellesi lisää tilaa.

Jos osa ei vieläkään rentoudu, niin jatka suhteen rakentamista. Kiitä osaa sen antamista tiedoista ja lupaa palata asiaan. Jatka suhteen rakentamista seuraavan kerran, kun käyt keskustelua osan kanssa. Kiirettä asiassa ei tarvitse pitää.

# Päivittäinen check-in osien kanssa

Luo itsellesi rutiini keskustella osien kanssa päivittäin. Päätä tehdä harjoitus esim. aina päivän päätteeksi tai vaikkapa työpäivän jälkeen.

Asetu jälleen istumaan turvalliseen tilaan, jossa saat olla rauhassa harjoituksen ajan. Ota muutama syvä hengitys. Sulje silmäsi, jos se tuntuu luontevalta ja turvalliselta.

Keskity niihin osiin, joihin olet jo tutustunut aiempien harjoitusten avulla. Tarkoitus on nyt vain saada selville, miten osat voivat, ja tarvitsevatko ne jotakin, tai haluavatko ne kertoa sinulle jotakin.

Muistuta osiasi, että välität niistä ja arvostat niiden kovaa työtä. Kerro niille hieman enemmän siitä, kuka olet, luottamuksen rakentamiseksi. Muista, että osat saattavat kuvitella, että olet vielä haavoittuva lapsi, ellet ole kertonut niille toisin.

Muista myös, että kaikilla osilla on arvokas tavoite: sinun suojelemisesi stressiltä ja kivulta, vaikka niiden toimintatavat voivatkin olla myös vahingollisia. Jos et vielä ymmärrä, miksi osat ajattelevat, uskovat tai toimivat niin kuin ne tekevät, pidä huolta siitä, että opit tuntemaan ne paremmin. Tämä on itsemyötätuntoa käytännössä.

Eri päivinä eri osat tulevat etualalle. Keskity niihin, kysyen mitä ne tarvitsevat sinulta, ja muistuta niitä, etteivät ne ole enää yksin, ja että sinä olet niiden tukena. Vakuuttele osiasi, että sinä tulet vastuullisena aikuisena toimimaan niin, että niiden ei enää tarvitse harjoittaa vahingollisia toimintatapoja tai kantaa negatiivisia ja kuormittavia uskomuksia. Ne voivat elää rennompaa elämää, kun sinä Itseydessäsi hoidat elämässä eteen tulevia haasteita.

Jos osat osoittavat halua ruoskia ja tuomita tai häpäistä muita osia tai ihmisiä, muistuta niitä siitä, ettei se ole enää tarpeen, nyt kun sinä olet apuna ja tukena. Mitään pahaa ei tapahdu, jos ne luopuvat näistä toimintatavoista tai tunteista, koska sinä hoidat asiat kuntoon rakentavilla tavoilla, mikä vähentää myös kaikkien osien kuormittumista. Pitämällä itsesi vakaana ja Itseydessäsi pystyt käytännössä tekemään tämän todeksi arjessa.

Kiitä osiasi neuvonpidosta ja muistuta niitä, että palaat seuraavana päivänä asiaan. On tärkeää, että pidät tästä lupauksesta kiinni. Sisäisen dialogin kehittäminen ei ole pelkkä psyykkinen interventio. Parhaimmillaan se on elämäntapa.

Voit syventää sisäistä dialogiasi työskentelemällä IFS-praktikon kanssa[130] tai hyödyntämällä itsenäisesti vaikkapa Jay Earlyn kirjaa Self-Therapy, johon liittyy myös työkirja.

## 10.5. Intentionaalinen elämä

Intentionaalisella elämällä tarkoitetaan tässä yhteydessä elämäntapaa, jossa elämme arvojen mukaista, tarkoituksellista ja tavoitteellista elämää ja teemme tietoisia valintoja, jotka vaikuttavat siihen, millaiseksi me itse kasvamme ja millaiseksi elämämme muodostuu. Keskeistä intentionaalisuuden kehittämisessä on muodostaa selkeä oma käsitys siitä, mitä arvot ovat. Arvoista voidaan johtaa tarkoituksellisia tavoitteita ja elämänprojekteja. Lisäksi arvojen tiedostaminen helpottaa päätösten tekemistä arjessa.

Elämän tarkoituksellisuus realisoituu nimenomaan pienissä arjen valinnoissa, arkisissa tilanteissa. Joskus tulee eteen myös valintoja, jotka voivat aiheuttaa merkittäviä kerrannaisvaikutuksia myöhempään elämään ja muiden ihmisten elämiin. Jokainen ihminen on yksilö, jonka eteen tulee hänelle ainutkertaisia valintatilanteita jokainen päivä. Kohtaat ihmisiä työpaikalla, kaupoissa, puistoissa ja sosiaalisessa mediassa, toimit kuluttajana, otat kantaa päivänpolttaviin kysymyksiin jne. Kaikissa näissä tilanteissa voit toimia joko arvopohjaisesti tai valintojesi arvopitoisuutta miettimättä.

Vain sinä itse voit omatunnon ääntä kuunnellen päättää, miten eri tilanteissa toimit. Me olemme vastuussa koko elämästämme ja jokaisesta sen arkisimmastakin valinnasta. Elämän tarkoituksellisuus on sitä, että teemme arvojen mukaisia valintoja. Arvoja voi pyrkiä realisoimaan arjessa aiempaa paremmin koko elämän ajan. Tätä on henkinen kasvu käytännössä.

---

[130] Ks. IFS-yhdistyksen kotisivut osoitteessa Sispsy.fi.

Seuraavien harjoitusten inspiraation lähde on logofilosofia, jota on esitelty luvussa 2.2. Lue luku nyt ennen kuin sukellat harjoituksiin. Logofilosofia on tarkoitettu inspiroimaan ihmisiä elämään arvokasta ja tarkoituksellista elämää.

Omana harjoituksenaan suosittelen logofilosofiseen kirjallisuuteen tutustumista. Suomen kielellä esim. Timo Purjon ja Anne Niiles-Mäen & Minna Sadeahon kirjat ja kirjoitukset käsittelevät logofilosofiaa tai logoteoriaa, kuten Purjo sitä kutsuu. Myös Suomen logoterapiayhdistys harrastaa julkaisutoimintaa.[131]

Logofilosofiassa intentionaalista elämää kutsutaan pyrkimykseksi itsen transsendenssiin. Itsen transsendenssissa ihminen ylittää itsekeskeisyytensä ja kurottautuu toiminnallaan kohti arvokasta. Silloin ihminen on inhimillisimmillään ja elää täyttä elämää. Logofilosofia on hyvän, kriisitkin kestävän elämän filosofiaa.

Seuraavat harjoitukset on suunniteltu tehtäväksi järjestyksessä, ja uusi harjoitus rakentuu aina sitä edeltäville. Harjoitukset on tarkoitettu rauhassa pohdittaviksi, ja niitä tehdessä on hyvä pyrkiä jättämään suorittava asenne taakse. Tehtäviin johdattavat tekstit ovat lyhyitä, mutta niitä seuraava pohdinta vaatii aikaa. Ota aikaa esim. pari viikkoa per harjoitus. Näin varmistat, että olet pohtinut asioita perusteellisesti. Henkistä kasvua ei voi kiirehtiä.

Saat myös harjoituksista enemmän irti, jos teet niitä keskustellen ajatuksistasi jonkun luotettavan henkilön kanssa. Ehkä voitte tehdä harjoituksia yhdessä?

Harjoituksien tuloksia on hyvä kirjata ylös, jotta voit jatkaa pohdintaa pitkäjänteisesti ja palata aiempien oivallustesi pariin.

---

[131] Ks. esim. Purjo 2012 ja 2014 tai Niiles-Mäki & Sadeaho 2020 ja 2021, sivut 115–215 ja https://logoterapiayhdistys.fi.

## Arvokkaasti toimivat ihmiset esikuvina

Mieti, millainen on hyvä ihminen, keskittymättä liikaa siihen, mitä hyvyys tarkkaan ottaen tarkoittaa. Kuka olisi hyvä esikuva kenelle tahansa, esim. omille lapsillesi? Jos mieleesi ei tule ketään tosielämän ihmistä, myös fiktiivinen hahmo käy pohdinnan kohteeksi hyvin.

- Miten hyvä ihminen toimii maailmassa?
- Miten hän kohtelee muita ihmisiä, ympäristöään ja luontoa?
- Mitkä muut ominaisuudet tekevät hänestä hyvän ihmisen?

Pohdi seuraavaksi, miten voisit toimia arjessa niin, että oma toimintasi heijastaisi tuota esikuvaa? Mitä sellaisia asioita tekisit, joita et nyt tee? Mitä tekisit toisin kuin nyt? Mitä voisit tehdä jo tänään tai huomenna muistuttaaksesi esikuvaasi?

## Elämän huippuhetkiä

Kaikkein traumatisoivinkin elämä sisältää traumatisoivien tapahtumien lisäksi huippuhetkiä, joiden muistelemisesta saa elämänvoimaa. Ne ovat syvästi tarkoituksellisia, koska elämä itsessään on arvokasta ja tarkoituksellista. Huippuhetkinä olet väkevästi elämässä läsnä.

Palauta mieleesi 4–5 elämäsi huippuhetkeä.

- Mitä kussakin niistä tapahtui?
- Mikä tilanteessa oli erityisen arvokasta?
- Keitä ihmisiä tilanteeseen liittyi?
- Miten muut ihmiset auttoivat tekemään tilanteesta erityisen?

Mikä näissä huippuhetkissä oli sellaista, mitä voisit kokea arjessasikin jollakin tavalla? Miten voisit kokea arjessa jotakin arvokasta, joka muistuttaa sinua noista huippuhetkistä? Voisitko olla mukana luomassa muille ihmisille huippuhetkiä?

## Mikä elämässäsi on hyvin

Myös nykyisessä elämäntilanteessasi on asioita, jotka kannattelevat sinua. Mitä ne ovat? Ketkä ihmiset tukevat sinun maailmassa olemistasi? Millaisia asioita teet itse pitääksesi elämäsi hyvänä?

Miten voisit osoittaa kiitollisuutta kaikkea sitä kohtaan, mikä on hyvin? Miten voisit vaalia elämässä olevaa hyvää jokainen päivä?

## Omat vahvuudet ja mahdollisuudet

Ihmisillä on taipumus kritisoida itseään, ja toisinaan myös vähättelemme omia kykyjämme. Elämä näyttää usein valmiiksi eletyltä: arki toistaa itseään eikä muutoksia tapahdu, ellei jokin pieni tai suuri katastrofi, kuten pandemia, sysää elämää toisille urille.

Nyt keskitymme kuitenkin vahvuuksiimme ja siihen, mitä uusia elämänmahdollisuuksia ne meille avaavat. Kiinnitä vahvuuksiasi pohtiessa huomiota siihen, että sama asia voi olla joko vahvuutesi tai heikkoutesi, riippuen konteksista. Esim. epäitsekkyys voi olla altruistista tai se voi olla kyvyttömyyttä pitää omista rajoista huolta, ja ahkeruus voi olla terveellistä tai työnarkomaniaa.

Mitä vahvuuksia pystyt luettelemaan itsestäsi suoralta kädeltä? Älä ole turhaan vaatimaton. Monet vahvuuksistamme eivät vain pääse arjessa näkyviin erilaisten olosuhteiden tai itsesensuurin vuoksi.

Jos omien vahvuuksien listaaminen spontaanisti tuntuu vaikealta, voit myös turvautua seuraavaan listaan ja pohtia, mitkä näistä vahvuuksista kuvaavat sinua. Oletko ahkera, aktiivinen, altruistinen tms.?

Ahkera
Aktiivinen
Altruistinen
Avarakatseinen
Avoin
Avulias
Eettinen
Ekologinen, luontoa
säästävä
Empaattinen
Ennakkoluuloton
Epäitsekäs
Harkitseva
Huolellinen
Huumorintajuinen
Iloinen
Innokas
Itseensä luottava
Itsekseen viihtyvä
Itsenäinen
Johdonmukainen
Joustava
Jämäkkä
Järjestelmällinen
Kekseliäs

Kilpailuhenkinen
Kriittinen
Kunnianhimoinen
Kärsivällinen
Käytännöllinen
Luotettava
Luova
Läheisistä välittävä
Nopea
Oma-aloitteinen
Oppimishaluinen
Oppimiskykyinen
Palveluhenkinen
Pitkäjänteinen
Pohdiskeleva
Positiivinen
Päämäärätietoinen
Päättäväinen
Rauhallinen
Rakastava
Realistinen
Rehellinen
Rento
Rohkea
Sanavalmis

Sinnikäs
Sosiaalinen
Sovitteleva
Suunnitelmallinen
Suvaitsevainen
Taiteellinen
Tarkka
Tiedonhaluinen
Tunnollinen
Tunteellinen
Täsmällinen
Urheilullinen
Utelias
Vakuuttava
Varovainen
Vastuuntuntoinen
Yhteistyöhaluinen
Ymmärtäväinen
Yritteliäs
Ystävällinen
Älykäs

**Taulukko 1. Henkilökohtaisia vahvuuksia.**

Miten saat käytettyä vahvuuksiasi arjessa? Minkä pitäisi muuttua, jotta saisit käytettyä vahvuuksiasi enemmän? Mitä voit itse tehdä käyttääksesi vahvuuksiasi enemmän?

# Arvojen reflektointi

Logofilosofiassa ajatellaan aitojen arvojen olevan universaaleja. Ne ovat riippumattomia kulttuurista tai ajasta tai henkilökohtaisista arvostuksista. Ne tuovat maailmaan hyvää, yksilöllisen hyvän sijaan, eikä niiden vaaliminen ole keneltäkään pois. Aitojen arvojen lisäksi on instrumentaalisia tai välinearvoja. Ne ovat vain välineitä jonkin asian saavuttamiseksi, ja siksi vain välillisesti arvokkaita. Välinearvot voivat ohjata yksilön arjen tavoitteiden saavuttamiseen, mutta vain universaaleihin arvoihin nojaamalla tehdään maailmasta mahdollisimman hyvä paikka elää ja omasta elämästä mahdollisimman hyvää.

Universaaleja arvoja on mahdotonta tyhjentävästi listata, mutta filosofisessa keskustelussa universaaleiksi arvoiksi tunnistetaan usein ainakin **hyvyys, totuus, kauneus ja rakkaus.**

Itse lisäisin universaalien arvojen listaan myös vapauden, elämän ja tasa-arvon. Mitä asioita sinä haluaisit listata universaaleiksi arvoiksi, joita voitaisiin soveltaa kaikessa elämässä, kaikkina aikoina?

Muodosta oma listasi siitä, mitkä ovat universaaleja arvoja. Haluaisitko lisätä jotakin em. arvoihin, tai poistaa jotakin listalta? Jos tehtävä tuntuu mahdottomalta, älä lannistu. Logofilosofiassa ajatellaan, että ihmisen omatunto intuitiivisesti tietää, mikä on arvokasta. Luota siis intuitioosi ja kykyysi erottaa aidosti arvokas muusta.

Mitä nämä arvot sinulle tarkoittavat? Mitä on hyvyys tai totuus? Millainen on hyvä, tai totuudellinen ihminen? Miten kauneus ja rakkaus täydellisimmillään ilmenee maailmassa? Miten toivoisit näiden arvojen todellistuvan omassa elämässäsi tai ihmiskunnassa?

Huomioi, että ihmisenä me emme osaa olla esim. täydellisen rakastavia tai totuudellisia. Arvot ovat täydellisiä, ihmiset vajavaisia. Voimme silti pyrkiä todellistamaan arvoja arjessa niin hyvin kuin osaamme. Silloin kysymme itseltämme esim.: miten voisin olla tänään rakastavampi kuin eilen?

Tämä pohdinta vaatii erityisesti aikaa, ja keskustelut arvoista läheisten kanssa voivat olla hyvin avartavia. Älä luovuta, jos et heti löydä vastauksia. Filosofinen pohdinta vaatii kypsyttelyä.

## Arvohierarkiasi

Eri aikoina eri arvot näyttäytyvät elämässäsi muitakin arvoja arvokkaampina. Käsityksesi siitä, mikä on arvoista tärkein, elää myös elämänvaiheesta toiseen. Mitkä edellisessä harjoituksessa luettelemistasi arvoista puhuttelevat sinua tällä hetkellä eniten? Mikä on arvoista kaikkein tärkein? Mitä se tarkoittaa arjessa toimimisen kannalta? Miten todellistat itsellesi tärkeimpiä arvoja? Vaikuttavatko ne valintoihisi tai siihen, miten kohtelet muita ihmisiä tai ympäristöäsi?

Arvojen pohtiminen ei ole abstraktia filosofiaa, vaan sen on tarkoitus näkyä päivittäisessä elämässä suunnan antajana. Arvojen järjestyksen uudelleenpohtiminen taas on tärkeää erityisesti elämän suuremmissa valintatilanteissa.

*Tällä hetkeä minua ohjaavat erityisesti rakkauden ja totuuden arvot kirjaa kirjoittaessa. Kirjoitan arvostuksesta vertaisiani kohtaan. Se heijastaa pyrkimystäni toimia rakastavasti. Pyrin myös lähestymään totuutta traumatisoitumisesta lähestymällä sitä holistisesti ja parhaan käsillä olevan tiedon valossa. Nämä arvo-orientaatiot luovat perustan sille, miten kirjoittamista lähestyn.*

*Kun kirjani on valmis, voi olla aika antaa kauneuden arvon ohjata arkea orientoitumalla musiikin tekemiseen tai kirjoittaa kirjalle jatkoa. Pohdin kirjan valmistumisen jälkeen vielä kertaalleen, mikä arvo kutsuu minua toimimaan eniten.*

# Arvokas elämä arjessa

Viktor Frankl luetteli kolme tapaa, joilla voimme todellistaa arvoja arjessa. Logofilosofiassa näitä tapoja kutsutaan tarkoitusmahdollisuuksiksi, koska ne tuovat tarkoitusta jokapäiväiseen elämään. Tarkoitusmahdollisuuksia piilee jokaisessa päivässä, ja ne ovat yksilöllisiä juuri sinulle, koska sinä olet ainutlaatuinen ja elämäsi tilanteet ovat ainutkertaisia.

Sinun tehtäväsi on löytää mahdollisimman paljon tarkoitusmahdollisuuksia omasta arjestasi. Näin elämästä voi muodostua syvästi tarkoituksellista. Syvä yhteys elämän tarkoituksellisuuteen vahvistaa ihmistä kriisien ja huonompien aikojen kestämiseen, koska tarkoitusmahdollisuuksia piilee myös kurjuuden ja kärsimyksen keskellä. Testamentti tästä löytyy Viktor Franklin klassikkoteoksesta *Ihmisyyden rajalla* (engl. *Man's Search for Meaning*), jossa Frankl kuvaa, miten väkevä yhteys tarkoituksiin auttoi häntä itseään ja muita vankeja selviytymään keskitysleirien kauhuista.

**Ensimmäinen tarkoitusmahdollisuus on kokea jotakin arvokasta.** Mitä arvokkaan kokemisen mahdollisuutta elämässäsi on juuri tänään? Voitko uppoutua taiteeseen tai luontoon, tai olla ihmisten tai eläinten seurassa kokien rakkautta? Miten arvoa voi nähdä siellä, missä muut eivät sitä välttämättä näe?

*Tänään olen itse kokenut arvojen olemassaolon, kun minulla soi korvamatona rakastamani musiikki. Voin pitää kirjoittamisesta taukoa ja palkita itseni tällä musiikilla, joka heijastaa minulle kauneuden arvoa. Saan myös pitkin päivää arvokkaita kohtaamisia kissojen kanssa, kun nämä kaipaavat huomiota. Kohtaamisissa todellistuu rakkautta.*

**Toinen tarkoitusmahdollisuus on tehdä jotakin arvokasta.** Mitä sellaista voit tehdä tänään, joka tuo jotakin arvokasta maailmaan? Miten voit käyttää vahvuuksiasi tuodaksesi jotakin aitojen arvojen mukaista maailmaan? Voitko kohdata muita arvokkaasti ja rakastavasti lisäten heidän hyvinvointiaan?

*Itse keskityn tänään kirjoittamiseen ja tuotan jotakin, jonka uskon olevan vertaisilleni, heidän läheisilleen ja ammattilaisille arvokasta.*

**Kolmas tarkoitusmahdollisuus on kohdata elämänkolhuja niihin arvokkaasti asennoituen.** Jos kärsit monimuotoisesta traumatisoitumisesta, valitsetko antautua sen uhriksi vai päätätkö esiintyä selviytyjänä ja inspiraation lähteenä muille kärsiville? Miten voit kääntää kärsimyksen voitoksi? Voitko tehdä läheistesi elämän mahdollisimman helpoksi omasta kärsimyksestäsi huolimatta? Voitko päättää elää tarkoituksellisesti ja arvokkaasti?

*Minä yritän kääntää kärsimykseni voitoksi ottamalla haltuun monimuotoisen trauman mahdollisimman hyvin, hallitsemalla oireitani ja jakamalla tietoa siitä, mikä traumatisoitunutta voi auttaa.*

Ei ole epäilystäkään, että arvokkaan asennoitumisen tarkoitusmahdollisuus on näistä vaikein. Mutta jos löydämme tavan kohdata oma kärsimyksemme arvokkaasti, ei elämä koskaan voi lannistaa meitä lopullisesti. Kukaan ei käyttäydy täydellisen arvokkaasti jokainen hetki kärsiessään, mutta jokainen voi pyrkiä löytämään risukasaan paistavan auringonsäteen.

## Missiosi elämässä

Emme tiedä, mitä elämässä tapahtuu seuraavaksi. Tämä ei kuitenkaan estä meitä toimimasta pitkäjänteisesti arvokasta tavoitellen. Miten voit toteuttaa elämässäsi arvoja pitkäjänteisesti? Kirjaa vastauksesi seuraaviin kysymyksiin pohtien vastauksia kaikessa rauhassa.[132]

- Miksi olet elossa? Mikä on tehtäväsi tällä planeetalla?
- Mitä haluat tehdä kun "kasvat isoksi"?
- Mitä toteuttamattomia haaveita sinulla on?
- Mikä on sinulle todella tärkeää?
- Mitkä ovat tärkeimmät kolme vahvuuttasi?

---

[132] Harjoituksen lähde on Brackman & Hedrick 2024.

Lue ajatuksella läpi, mitä kirjasit. Täydennä sitten seuraavat lauseet:

Haluan elää _______________________________________________

Tehdä työtä _______________________________________________

Jatkaa _______________________________________________

Rakastaa _______________________________________________

Tulla _______________________________________________

Uskoa _______________________________________________

Edistää _______________________________________________

Pyrkiä _______________________________________________

Löytää _______________________________________________

Aion luopua _______________________________________________

En aio enää _______________________________________________

Nyt olet kirjannut ylös kaiken, mitä tarvitset missiotasi varten. Kuvaa nyt muutamalla virkkeellä uudelleen, miksi olet elossa ja mikä on roolisi tällä planeetalla. Ole rohkea mission kuvaamisessa. Tarkoitus on tavoitella elämässä kaikkea sitä, mikä sinulle on voimavarojesi puitteissa mahdollista.

Oma missioni on tällä hetkellä tiivistetysti seuraava:

*Minun tehtäväni on selvittää mahdollisimman hyvin, mistä monimuotoisessa traumassa on kyse, ja jakaa siitä tietoa kykyjeni ja voimavarojeni mukaan. Tahdon verkottua tämän tehtävän mahdollistamiseksi ja olla keskeinen ääni suomalaisessa traumakeskustelussa. Tehtäväni on myös kehittyä muusikkona ja jatkaa elinikäistä projektiani kehittyä musiikin tekemisessä pyrkien tuottamaan ihmisille iloa äänittämällä musiikkia ja esiintymällä. Tahdon toteuttaa pitkäaikaisen unelmani sooloalbumista. Tahdon olla rakastava aviomies ja hyvä iskä kahdelle kissallemme. Sitoudun ottamaan uusia rescue-kissoja, kun aika jättää näistä rakkaista pojista. Tahdon olla lojaali ystävä ystävilleni ja ylittää sosiaalisiin suhteisiin liittyvää pelkoani. Tahdon elää säännöllisempää ja tasaisempaa elämää. Tahdon työskennellä tavoitteellisesti näiden asioiden saavuttamiseksi.*

Lue oma missiosi ääneen. Miltä tuntuu kuulla se puhuttuna? Voitko sitoutua siinä oleviin lupauksiin itsellesi?

Palaa mission pariin silloin tällöin, ja arvioi, miten elämäsi etenee sen mukaisesti. Elämä heittää silloin tällöin kapuloita parhaimmankin suunnitelman rattaisiin, ja silloin missiota on hyvä tarkentaa.


## Muistokirjoitus

Kun elämäsi joskus päättyy, maailmaan jäljelle jääneet jäävät muistelemaan sinua. Kuvittele, että joku sinut hyvin tunteva on tehnyt sinusta muistokirjoituksen. Millainen se olisi ideaalitapauksessa? Mitä muistelemisen arvoisia asioita olet kuolemaasi mennessä tehnyt? Miten elit, ja millainen ihminen olit eläessäsi?

Kirjoita nyt muistokirjoituksesi, sivun tai kahden verran tekstiä.

Lue läpi kirjoittamasi teksti ääneen, ja pohdi, miten voisit toimia jo tänään niin, että muistokirjoituksessa olevat asiat tulisivat todeksi.

# Eksistentiaaliset projektisi

Tavoitteita on vaikeata saavuttaa, ellei niistä tee konkreettisia projekteja, joiden puitteissa työskennellä. Eksistentiaaliset projektit ovat pitkäkestoisia henkilökohtaisia projekteja, joiden tekemiseen sitoudut kuukausiksi tai vuosiksi. Ne toteuttavat arvojasi vahvuuksiasi hyödyntäen ja antavat elämälle selkeän ja konkreettisen suunnan. Viktor Frankl toteaa:

"Asia, jonka ihminen ottaa omakseen, tekee hänestä sen, mikä hän on."

Kirjaa ylös 3 pitkäkestoista projektia, joita pyrit tällä hetkellä edistämään.

Käytän omia projektejani esimerkkeinä:

*Kirjan valmistuttua teen työtä sen markkinoimiseksi somessa ja luennoimalla valikoiden. Kirja tarvitsee myös jatkokseen työkirjan, joka tiivistää ja esittää monimuotoisen trauman psykoedukaation helpommin lähestyttävässä muodossa. Tarvitsen visualistin tekemään kirjan tiimoilta yhteistyötä kanssani. Työkirja valmistuu vuonna 2025.*

*Työstän sooloalbumiani, kun työkirja on valmistunut. Kirjoitan kappaleet aiempaa musiikkiani helpommin lähestyttäviksi, jotta ne tuottaisivat iloa useammille. Julkaisen albumin vuonna 2026, 60-vuotissynttärini kunniaksi.*

*Pidän terveydestäni parempaa huolta, ja vakautan itseäni säännöllisesti joka päivä, jotta voin toteuttaa em. projekteja pitkäjänteisesti. Itsestä huolehtimiseen kuuluu myös myötätuntoisen sisäisen puheen edelleen kehittäminen ja nykyisen terapian jatkaminen.*

# Mitä seuraavaksi?

Jos edellä esitetyt kysymykset intentionaalisesta elämästä tuottavat enemmän kysymyksiä kuin vastauksia, ja harjoitusten tekeminen tuntuu mahdottomalta, on mahdollista, että olet niin kuormittunut, että nyt on hyvä keskittyä itsen vakauttamiseen arvopohjaisen pohdinnan sijaan. Tähän työhön voi aina ryhtyä sitten, kun voimavaroja on enemmän.

Jos sinusta tuntuu mahdottomalta tehdä harjoituksia yksin, mieti voisitko tehdä niitä jonkun luotettavan henkilön kanssa. Avoin dialogi on yksi tehokkaimpia tapoja kirkastaa mieltään henkistä työskentelyä varten.

Jos olet onnistunut tekemään edelliset harjoitukset, sinulla on nyt aiempaa selkeämpi käsitys siitä, mitä arvot ovat ja mitkä sinun vahvuutesi ovat, ja mikä tehtäväsi maailmassa on. Sinulla on suunta, joka auttaa fokusoimaan elämässä siihen, mikä on sinulle aidosti tärkeää. On itsestään selvää, että kaikki ei aina etene tahtomme ja suunnitelmiemme mukaisesti. Viimeistään silloin tämä työ tulee eteemme uudelleen tehtäväksi. Elämän käännekohdissa kaikki edeltävä pohdinta on uudelleen relevanttia. Ota silloin muistiinpanosi esille ja tee rohkeasti uudet linjaukset itsellesi. Uusi tilanne vaatii uuden suunnan.

Harjoita logofilosofista asennetta päivittäin. Haastan jokaisen lukijan pyrkimään päivittäin pitämään mielessä, että:

- Vaihtoehtoja on *aina* olemassa.
- Käyttäytymistään *voi* muuttaa.
- Kaikista elämäntilanteista *on* löydettävissä tarkoitusta.
- Elämä itsessään on *tarkoituksellista* kaikissa tilanteissa.
- Jotakin *myönteistä* on löydettävissä kaikissa tilanteissa.
- *Tarkoitusmahdollisuuksia* löytyy myös virheistä, epäonnistumisista, sairastelusta ja peruuttamattomista menetyksistä.[133]

---

[133] Fabry 2021.

# 11. Yhteenveto

Toivoisin erityisesti seuraavien asioiden jäävän lukijoiden mieleen tästä kirjasta:

1. Monimuotoinen trauma vaikuttaa ihmisen kaikkiin olemuspuoliin. Se vaikuttaa siihen, miten ymmärrämme itsemme, muut ihmiset ja maailman. Se vaikuttaa myös siihen, miten reaktiivisia olemme psyykkisesti, ja tunne-elämämme voi olla kaoottista. Se vaikuttaa myös suoraan sairastuvuuteen.

2. Monimuotoinen trauma ei ole mielenterveyshäiriö, vaan tulosta luonnollisista kehollisista prosesseista, joita syntyy, kun yksilö on kokenut liian pitkään stressiä, jonka vaikeus ylittää hänen sietokykynsä. Erityisen haavoittuvia traumatisoitumiselle ovat lapsena pitkään stressiä kokeneet.

3. Monimuotoisen trauman taustalla on automaattinen implisiittisten ja proseduraalisten muistojen muodostus ("lihasmuisti") ja autonomisen hermoston dysregulaatio. Traumatisoituminen on siten alkuperältään kehollinen ilmiö.

4. Traumaattiset muistot ovat työstettävissä ja traumareaktioita voi poisherkistää. Avain poisherkistämiseen on pysyä vakautuneena, kun elämässä tulee traumareaktioita laukaisevia asioita eteen.

5. Hyvä traumaterapeutti pysyy vakaana, kun asiakas käsittelee vaikeita kokemuksiaan. Näin terapiassa voi syntyä traumamuistoja korjaavia kokemuksia.

6. Hyvä traumaterapia sisältää riittävän keskusteluterapian lisäksi psykoedukaation traumasta (vrt. tämän kirjan sisältö) ja kehollisia menetelmiä, joista asiakas voi valita itselleen mieleisimpiä ja toimivimpia.

7. Traumamuistoja ei käsitellä terapiassa ennen kuin asiakas on omaksunut taitoja itsensä vakauttamiseen.

8. Jokainen traumatisoitunut tai liikaa stressiä elämässä kokeva voi auttaa itseään tekemällä vakauttavia harjoituksia, kehittämällä itsemyötätuntoa ja elämällä intentionaalista, tarkoituksellista elämää.

9. Tärkein itseavun keino on opetella rentouttamaan lihakset silloin, kun koet stressireaktioita. Näin poisherkistät traumareaktioita reaaliajassa.

10. Jos elämäsi suunta on hukassa, tee työtä selvittääksesi itsellesi, mitkä sinulle tärkeät arvot ovat, ja varmista, että ne näkyvät suunnitelmissasi ja arjessasi.

You deserve a medal
Just for standing up
The shit that you've
Been going through
Never seems to stop

You deserve a medal
Just for standing up
Resilience in turbulence
Courage hard to top

You deserve a medal
You do.

Freak Kitchen: Medal. Lyriikka: Mattias IA Eklundh.
Julkaistu tekijän luvalla.

# Lähteet


Allison, Michael (2024) Our Adaptive, Reflexive Response Hierarchy to Safety and Threat. Koulutusmateriaali. Polyvagal Institute.

American Psychiatric Association (2024) Stigma, Prejudice and Discrimination Against People with Mental Illness. URL: https://www.psychiatry.org/patients-families/STIGMA-AND-DISCRIMINATION. Viitattu 28.5.2024.

Arizona Trauma Institute (2024) Trauma and Addiction. Koulutusmateriaali. Arizona Trauma Institute.

Armstrong, Courtney (2019) Rethinking Trauma Treatment – Attachment, Memory Reconsolidation, and Resilience. Norton. Kindle-versio.

Badench, Bonnie (2023) The Heart of Trauma – Healing the Embodied Brain in the Context of Relationships (Norton Series on Interpersonal Neurobiology). Norton. Kindle-versio.

Batthyány, Alexander (toim.) (2016) Logotherapy and Existential Analysis – Proceedings of the Viktor Frankl Institute Vienna. Volume 1. Springer.

Brach, Tara (2019) Radical Compassion – Learning to Love Yourself and Your World with the Practice of RAIN. Penguin.

Brackman, Jenny & Hedrick Emily (2024) Certified Posttraumatic Growth Specialist -koulutuksen luennot ja koulutusmateriaalit. Forward-Facing Institute.

Broom, Brian (2018) Meaningful Disease. How Personal Experience and Meanings Cause and Maintain Physical Illness. Routledge. Kindle-versio.

Courtois, Christine (2014) It's Not You, It's What Happened to You – Complex Trauma and Treatment. Telemachus Press. Kindle-versio.

Critchley, Simon (2009) Being and Time part 1: Why Heidegger matters. Artikkeli The Guardian -sanomalehdessä 8.6.2009.

Dana, Deb (2018) The Polyvagal Theory in Therapy – Engaging the Rhythm of Regulation. Norton.

Deurzen, Emily van (toim.) (2019) The Wiley World Handbook of Existential Therapy. Wiley-Blackwell.

Dezelic, Marie & Ghanoum, Gabriel ym. (2016) Trauma Treatment – Healing the Whole Person: Meaning-Centered Therapy & Trauma Treatment Foundational Phase-Work. Presence Press International.

Earley, Jay (2009) Self-Therapy – A Step-by-Step Guide to Creating Wholeness and Healing Your Inner Child Using IFS, A New, Cutting-Edge Psychotherapy. Pattern Systems Books.

Ecker, Bruce & Ticic, Robin & Hulley, Laurel (2012) Unlocking the Emotional Brain – Eliminating Symptoms at Their Roots Using Memory Reconsolidation. Routledge. Kindle-versio.

Fabry Joseph (2021) Guideposts to Meaning — Discovering What Really Matters. Purpose Research.

Feldman Barrett, Lisa (2017) How Emotions Are Made – The Secret Life of the Brain. Mariner Books. Kindle-versio.

Feldman Barrett, Lisa (2021) Seven and a Half Lessons About the Brain. Mariner Books. Kindle-versio.

Fisher, Janina (2021) Transforming the Living Legacy of Trauma – A Workbook for Survivors and Therapists. PESI Publishing. Kindle-versio.

Fisher, Janina (2024) Twenty-Five Years of Trauma Treatment – What Have We Learned. URL: https://janinafisher.com/resources/free-ebooks/. Viitattu 27.5.2024.

Frances, Allen (2014) Saving Normal – An Insider's Revolt against Out-of-Control Psychiatric Diagnosis, DSM-5, Big Pharma, and the Medicalization of Ordinary Life. Mariner Books.

Frankl, Viktor (1981) Ihmisyyden rajalla. Otava.

Frankl, Viktor (2000) Recollections – An Autobiography. Basic Books. Kindle-versio.

Frankl, Viktor (2004) On the Theory and Therapy of Mental Disorders – An Introduction to Logotherapy and Existential Analysis. Routledge.

Frankl Viktor (2005) Logoterapia – avain mielekkääseen elämään. Lyhytterapiainstituutti.

Frankl, Viktor (2006) Man's Search for Meaning. Beacon Press. Kindle-versio.

Frankl, Viktor (2010) The Feeling of Meaninglessness. Marquette University Press.

Frewen, Paul & Lanius, Ruth (2015) Healing the Traumatized Self: Consciousness, Neuroscience, Treatment. Norton. Kindle-versio.

Heidegger, Martin (2009) Oleminen ja aika. Vastapaino.

Gentry, Eric (2016) Forward-Facing Trauma Therapy – Healing the Moral Wound. Compassion Unlimited. Kindle-versio.

Gentry, Eric (2020) Advanced Training for Trauma Treatment of Complex PTSD. Koulutusmateriaali. Arizona Trauma Institute.

Gentry, Eric (2021) Forward-facing Freedom. Outskirts Press.

Gupta, Sanjana (2024) 5 Self-Compassion Exercises to Practice Daily. https://www.verywellmind.com/self-compassion-exercises-to-practice-daily-8619690. Viitattu 6.7.2024.

Hart, Onno van der & Nijenhuis, Ellert & Steele, Kathy (2006) The Haunted Self – Structural Dissociation and the Treatment of Chronic Traumatization. Norton.

Herman, Judith (2022) Trauma and Recovery – The Aftermath of Violence – from Domestic Abuse to Political Terror. Hatchette Book Group. Kindle-versio.

HSP Suomi ry. URL: https://erityisherkat.fi. Viitattu 20.5.2024.

IFS Institute (2021) IFS Online Circle. Koulutusmateriaalit. IFS Institute.

Jarrett, Christian (2015) Great Myths of the Brain. Wiley-Blackwell. Kindle-versio.

Kauppila Heli (2022) Holistinen ihmiskäsitys. https://disco.teak.fi/anttila/holistinen-ihmiskasitys/. Viitattu 9.7.2024.

Kolk, Bessel van der (2015) The Body Keeps the Score – Brain, Mind and Body in the Healing of Trauma. Penguin. Kindle-versio.

Käypä hoito (2020a) Oirekartoituslomake The Impact of Event Scale -Revised (IES-R). URL: https://www.kaypahoito.fi/nix01369. Viitattu 20.5.20125.

Käypä hoito (2020b) Monimuotoinen traumaperäinen stressihäiriö (complex PTSD) ja ICD-11. URL: https://www.kaypahoito.fi/nix02771. Viitattu 28.5.2024.

Käypä hoito (2020c) Traumaperäiset stressireaktiot ja -häiriöt. URL: https://www.kaypahoito.fi/khp00086. Viitattu 28.5.2024.

Käypä hoito (2022) Traumaperäinen stressihäiriö. URL: https://www.kaypahoito.fi/hoi50080. Viitattu 20.5.2024.

Laukkala, Tanja & Tuisku, Katinka ym. (2024) Monimuotoinen traumaperäinen stressihäiriö – muuttuvat käsitteet ja vaikutus hoitoon. Duodecim. https://www.duodecimlehti.fi/xmedia/duo/duo16842.pdf. Viitattu: 14.7.2024.

Laing, R. D. (2020) The Divided Self. Penguin. Kindle-versio.

LeDoux, Joseph (2015) Anxious – Using the Brain to Understand and Treat Fear and Anxiety. Penguin Books. Kindle-versio.

McManus Denis (2021) Being-in-the-world teoksessa Wrathall, Mark (toim.) The Cambridge Heidegger Lexicon. Cambridge University Press. Kindle-versio.

Maté, Gabor (2011) In the Realm of Hungry Ghosts – Close Encounters with Addiction. North Atlantic Books. Kindle-versio.

Morey, Jennifer & Boggero, Ian ym. (2015) Current Directions in Stress and Human Immune Function. URL: https://www.ncbi.nlm.nih.gov/pmc/articles/PMC4465119/. Viitattu 22.5.2024.

Mulder, Roger & Tyrer, Peter (2023) Borderline personality disorder: a spurious condition unsupported by science that should be abandoned. Journal of The Royal Society of Medicine. URL: https://www.ncbi.nlm.nih.gov/pmc/articles/PMC10164266/. Viitattu 28.5.2024.

Neuroscience News (2019) Study finds psychiatric diagnosis to be 'scientifically meaningless'. Uutinen. URL: https://neurosciencenews.com/meaningless-psychiatric-diagnosis-14434/. Viitattu 28.5.2024.

Niiles-Mäki, Anne & Sadeaho, Minna (2020) Johdatus logofilosofiaan. Mediapinta.

Niiles-Mäki, Anne & Sadeaho, Minna (2021) Käsikirja logoterapeuteille. Tarkoituskeskeisen filosofian koulutusyhteisö.

PACEs Connection. URL: https://www.pacesconnection.com/. Viitattu 23.5.2024.

Packalén, Jukka (2019) Trauma, tajunta ja transsendenssi. Academic Associate of Logotherapy and Existential Analysis -koulutuksen opinnäytetyö. Viktor Frankl Institute Finland.

Palomino, Irene (2023) Trauma ja rakenteellinen dissosiaatio. Disso ry. URL: https://www.disso.fi/wp-content/uploads/2023/04/Trauma-ja-Rakenteellinen-Dissosiaatio-Opas-2023-1.pdf. Viitattu 27.5.2024.

Polyvagal Institute (2024a) Autonomic Nervous System States per Dr. Stephen Porges' Polyvagal Theory. Polyvagal Institute.

Polyvagal Institute (2024b). The Polyvagal Certificate Course. Luennot ja luentomateriaalit. Polyvagal Institute.

Porges, Stephen (2017) The Pocket Guide to Polyvagal Theory – The Transformative Power of Feeling Safe. Norton. Kindle-versio.

Porges, Stephen (2022) Transforming Trauma Episode 074: The Polyvagal Theory and Developmental Trauma with Dr. Stephen Porges. Nettihaastattelu. URL: https://narmtraining.com/transformingtrauma/episode-074/. Viitattu 5.6.2024.

Purjo Timo (2012) Viktor Franklin logoteoria – tie arvopitoiseen ja tarkoituksentäyteiseen elämään. Porrum.

Purjo, Timo (2014) Arvot ovat ihmisen toiminnan perusta. Tampere University Press.

Purjo, Timo (2016) Mielekäs, merkityksellinen ja tarkoituksellinen elämä – perustana Viktor Franklin ajattelu. Books on Demand.

Purjo, Timo (2019) Logoterapian ohjaajaopintojen koulutuksen luennot ja ope-tusmateriaalit. Viktor Frankl Institute Finland.

Purjo, Timo (2020) The Spiritual Capabilities of Viktor Frankl's Logotheory – Guidelines for Successful Application. Books on Demand.

Rauhala, Lauri (1989) Ihmisen ykseys ja moninaisuus. Sairaanhoitajien kou-lutussäätiö.

Rauhala, Lauri (1993) Eksistentiaalinen fenomenologia hermeneuttisen tie-teenfilosofian menetelmänä. Filosofisia tutkimuksia Tampereen yliopistosta.

Rauhala, Lauri (2009) Henkinen ihminen. Gaudeamus.

Rauhala, Lauri (2017) Tajunnan itsepuolustus. Gaudeamus.

Rhoton, Robert (2020) Certified Trauma Support Specialist -koulutus. Luen-not ja kurssimateriaalit. Arizona Trauma Institute.

Rhoton, Robert & Gentry, Eric (2021) Trauma Competency for the 21st Cen-tury – A Salutogenic "Active Ingredients" Approach Treatment. Outskirts Press.

Rosenberg, Stanley (2017) Accessing the Healing Power of the Vagus Nerve – Self-help Exercises for Anxiety, Depression, Trauma and Autism. North Atlan-tic Books. Kindle-versio.
Rovasalo, Aki (2021) Dissosiaatiohäiriöt. Lääkärikirja Duodecim. URL: https://www.terveyskirjasto.fi/dlk00360. Viitattu 5.6.2024.

Saarinen, Päivi (2024) EMDR psyykkisten traumojen hoidossa. Traumaterapiakeskus. PDF-artikkeli. URL: https://traumaterapiakeskus.com/wp-content/uploads/2021/04/Emdr_psyykkisten_traumojen_hoidossa.pdf. Viitattu 5.6.2024.

Sarvela, Kati (2024) Traumainformoitu paradigmasiirtymä terveydenhuollossa. Blogiartikkeli. URL: https://www.iloajatoivoa.fi/blogs/traumainformoitu-paradigmasiirtyma-terveydenhuollossa. Viitattu 21.6.2024.

Schwartz, Arielle (2016) The Complex PTSD Workbook – A Mind-Body Approach to Regaining Emotional Control and Becoming Whole. Callisto. Kindle-versio.

Schwartz, Arielle (2024) Polyvagal Theory, Movement, and Regulation: An Embodied Approach to Trauma Recovery. Luento. Polyvagal Institute.

Schwartz, Richard & Sweezy, Martha (2020) Internal Family Systems Therapy. The Guilford Press. Kindle-versio.

Schwartz, Richard & Falconer, Robert (2017) Many Minds, One Self – Evidence for a Radical Shift in Paradigm. Trailhead Publications. E-kirja.

Seematter G., Binnert C. & Tappy L. (2005) Stress and Metabolism teoksessa Vella, Adrian (toim.) Metabolic Syndrome and Related disorders. URL: https://www.liebertpub.com/doi/10.1089/met.2005.3.8. Viitattu 22.5.2024.

Seikkula, Jaakko (2023) Dialogi parantaa – mutta miksi? Kuva ja mieli.

Siegel, Daniel (2012) Pocket Guide to Interpersonal Neurobiology. Norton. Kindle-versio.

Stanley, Elizabeth (2019) Widen the Window – Training Your Brain and Body to Thrive During Stress and Recover from Trauma. Avery. Kindle-versio.

Stackhouse Tracy (2024) Neuroception – Surveilling Safety, Detecting Threat. Koulutusmateriaali. Polyvagal Institute.

Taylor, Jessica & Shrive, Jaimi (2023) Indicative Trauma Impact Manual. Victim Focus.

Victim Focus (2024) Pathologisation Temperature Check Tool. Victim Focus.

Walker, Peter (2013) Complex PTSD – From Surviving to Thriving. Azure Coyote. Kindle-versio.

Wikipedia (2024) Platonin teoria sielusta. URL: https://fi.wikipedia.org/wiki/Platonin_teoria_sielusta. Viitattu 9.7.2024.

YLE (2012) Mielenterveyspotilaat saavat huonompaa hoitoa sydänkohtauksen jälkeen. Uutinen. URL: https://yle.fi/a/3-5371541. Viitattu 28.5.2024.